_____ 님의 소중한 미래를 위해
이 책을 드립니다.

왜 우리는
술에 빠지는 걸까

술로 고통받는 사람들과
가족들을 위한 70가지 이야기

왜 우리는
술에 빠지는 걸까

하종은 지음

초록북스

초록북스

우리는 책이 독자를 위한 것임을 잊지 않는다.
우리는 독자의 꿈을 사랑하고,
그 꿈이 실현될 수 있는 도구를 세상에 내놓는다.

왜 우리는 술에 빠지는 걸까

초판 1쇄 발행 2014년 10월 20일 | **초판 9쇄 발행** 2024년 6월 1일 | **지은이** 하종은
펴낸곳 (주)원앤원콘텐츠그룹 | **펴낸이** 강현규·정영훈
편집 안정연·신주식·이지은 | **디자인** 최선희
마케팅 김형진·이선미·정채훈 | **경영지원** 최향숙
등록번호 제301-2006-001호 | **등록일자** 2013년 5월 24일
주소 04607 서울시 중구 다산로 139 랜더스빌딩 5층 | **전화** (02)2234-7117
팩스 (02)2234-1086 | **홈페이지** matebooks.co.kr | **이메일** khg0109@hanmail.net
값 16,000원 | **ISBN** 978-89-6060-359-2 03180

이 도서의 국립중앙도서관 출판시도서목록(CIP)은 e-CIP홈페이지(http://www.nl.go.kr/ecip)에서
이용하실 수 있습니다.(CIP제어번호 : CIP2014028510)

문제란 사라지지 않는다.
문제는 부딪쳐서 해결하지 않으면 그대로 남아 있어서
영혼의 성장과 발전에 영원히 장애가 된다.

• 스캇 펙(심리상담자, 정신과 의사) •

"왜 하필 알코올중독인가?"

나는 2008년에 전문의 자격을 취득했다. 당시에 알코올중독 전문 병원으로 진로를 정하자 여러 선배들이 만류했다. 그도 그럴 것이 정신과 의사들에게조차 중독은 기피하는 분야이기 때문이다.

중독에 대해 절망감을 느끼는 것은 비단 중독자와 가족만은 아니다. 때로는 치료자도 절망한다.

'이렇게 열과 성을 다해 도와주려고 하는데도 보람이 없구나! 중독자들은 주치의마저 속이고 원망하는구나!'

전공의 시절 만났던 중독자들도 마찬가지였다. 수십 번이나 폐인이 되어 입원을 하면서도 다른 사람을 탓하며 핑계만 대는 중독자들을 이해하기란 쉽지 않았다. 그들은 정말 인생을 완전히 포기한 것일까?

꼭 술을 끊겠다고 약속하고 퇴원했던 환자가 몇 달 뒤 숨을 거두었다는 소식을 들었을 때는 잠에 들지 못하고 뒤척였다.

'그가 나보다 더 좋은 의사를 만났다면 살 수도 있지 않았을까? 다른 좋은 치료 방법은 없는 것일까? 왜 중독자들은 이리도 실패만 하는 것일까?'

나는 풀리지 않는 수수께끼의 답을 찾기 위해 호랑이 굴에 들어가는 심정으로 중독 분야에 첫 발을 내딛었다. 이후 알코올중독 전문 병원에 근무하며 수천 명의 중독자를 만났다.

하지만 나는 여전히 중독자를 손쉽게 구할 수 있는 비방祕方을 찾지 못했다. 달라진 것은 이 절망적인 병에 대해 작지만 큰 희망을 가지게 되었다는 점이다.

'중독 분야는 아무도 관심이 없는 불모지가 결코 아니구나!'

우선 중독자들과 함께하기를 주저하지 않는 많은 전문가들을 만날 수 있었다. 의사, 사회복지사, 간호사, 종교인 등 많은 이들이 중독자와 함께 희망을 찾기 위해 노력하고 있었다. 한국중독정신의학회에서 간사로 일하는 동안 여러 연구가 진행되는 과정과 치료 방법이 정립되어가는 과정을 지켜보았다. 선배나 동료 정신과 의사들의 열정은 나에게도 용기를 주었다.

중독의 치료에 참여하는 어느 누구도 이 병이 낫지 않는다거나, 희망이 없다는 생각을 하지 않았다. 중독을 극복하기로 결심하는 순간 우리는 많은 동지들을 만날 수 있다.

그러나 무엇보다 내게 큰 희망을 준 것은 중독자들이었다. 때로는 지치고 그만두고 싶을 때도 있었다. 그러나 그럴 때면 여지없이 회복에 성공한 중독자가 내게 용기를 주었다. 중독자들은 나의 스승이요, 가장 믿음직한 동지였다.

"제가 술을 끊은 것은 기적입니다. 도와주신 덕분에 절망 대신 희망을 가지게 되었습니다."

의외로 이 병을 극복하는 사람들이 많았다. 죽기 직전의 폐인이 되어 걷지도 못하는 상태로 병원을 방문했던 환자가 당당한 사회인으로 돌아가는 과정을 지켜보는 일은 실로 즐거웠다.

그러나 회복에 성공하느냐 실패하느냐는 오로지 환자의 몫이었다. 중독에서 벗어날 수 있다는 자신감과 의지를 가지고 적극적으로 치료에 참여하는 상당수의 환자는 몇 번씩 실패를 경험하더라도 결국에는 중독에서 벗어나 자유로워졌다.

"OOO님이 잘 회복해가고 있는 이유가 뭐라고 생각하십니까?"

몇 년간 술을 끊은 회복자를 대할 때 나는 습관처럼 물었다. 그리고 이제 지난 6년간 내가 보아온 희망을 다른 모든 중독자들에게 전해주고 싶은 욕심을 느꼈다. 절망에 빠진 중독자가 희망을 발견한다면 분명 변화에 관심을 가지게 될 것이라고 믿기 때문이다.

나는 이 책에서 중독자라는 용어를 쓰는 것을 주저하지 않는다. 최근까지도 정신과 의사들은 중독이 뇌에 생기는 병이라는 점을 강조하기 위해서 '알코올 의존증 환자'라는 용어를 주로 사용해왔다. 이는 중독자에게 절망의 낙인이 찍히는 것을 피하기 위한 궁여지책이기도 했다.

그러나 환자라는 단어는 중독자를 수동적인 위치에 남겨둔다. 또한 중독자의 현실을 감싸주는 것은 결코 그들을 진정으로 존중해주는 것도 아니다. 중독자가 현실을 받아들이고 변화의 동기를 회복한다면 그들은 당당한 회복의 주체가 될 수 있다. 현실을 알려주는 것이야말로 그들에 대한 진정한 존중이다.

나는 중독자가 회복의 길에 접어든 순간부터 그들을 회복자라고 바꿔 부른다. 회복의 길에 발을 내딛는 순간 그들이 처한 현실 역시 변화하기 때문이다.

인간 존재의 불안을 통찰했던 작가 카프카Franz Kafka는 소설 『변신』에서 저자의 말에 다음과 같이 썼다.

우리가 읽는 책이 우리 머리를 주먹으로 한 대 쳐서 우리를 잠에서 깨우지 않는다면, 도대체 왜 우리가 그 책을 읽는 거지? 책이란 무릇, 우리 안에 있는 꽁꽁 얼어버린 바다를 깨뜨려버리는 도끼가 아니면 안 되는 거야.

나는 이 책이 중독자들을 위한 도끼가 되기를 기대한다. 물론 도끼를 집어 들고 내리치는 것은 온전히 중독자의 몫이다. 처음에는 꽁꽁 얼어버린 단단한 현실에 작은 금 하나 만들기도 힘들지 모른다. 그러나 힘찬 도끼질을 반복하는 동안 절망을 깨부수고 희망을 발견할 수 있다는 용기를 회복할 수 있을 것이다.

이 책이 중독자와 가족들로 하여금 현실을 직시하는 대신 희망을 꿈꾸게 하는 하나의 계기가 되기를 바란다.

하종은

차례

지은이의 말 "왜 하필 알코올중독인가?" 6

 • 1부

완전한 회복은 충분히 가능하다

인정하는 사람만이 회복할 수 있다 21

알코올중독은 왜 인정하기 어려운가? | 알코올중독을 극복한 사람들은 어떻게 변화를 시작할 수 있었나? | 변화를 간절히 원한 만큼 희망은 살아난다

알코올중독이란 무엇인가? 30

"나는 단지 술버릇이 나쁜 애주가이지 않을까요?" | 도대체 알코올중독이란 무엇인가? | 물에 빠져 죽은 사람보다 술에 빠져 죽은 사람이 더 많다?

술로 인한 문제가 있는지 스스로 진단해보자 40

알코올중독, 스스로 진단해볼 수 있는 방법은? | 일주일에 몇 번 마시지도 않는데, 왜 알코올중독자인가?

중독의 길에서 회복의 길로 이르는 방법 51

중독자의 결말과 회복자의 결말은 어떻게 다른가?

변화하고 회복하고 싶은, 그 마음을 깨워라 61

술만 마시던 사람이 어떻게 변화할 수 있나?

완전한 회복은 충분히 가능하다 74

알코올중독은 완치가 가능한가? | 알코올중독에서 완전히 회복될 수 있다

 • 2부

중독은 사람을 가리지 않는다

알코올중독은 뇌에 생기는 질병이다 85

술은 뇌에 어떻게 작용해서 기분을 좋아지게 할까? | 우리의 뇌는 어떻게 알코올에 중독되나? | 중독된 상태로 계속 술을 마시면 치매에 걸릴까?

중독성 사고, 이보다 더 무서운 건 없다 94

중독성 사고란 무엇인가? | 중독성 사고는 어떻게 표현되는가? | 중독성 사고가 생기는 이유는 무엇인가? | 중독성 사고는 어떻게 극복하는가?

어느 누구도 술 앞에 장사 없다 113

술로 인해 간은 얼마나 손상되나요? | 알코올은 소화기관에 어떤 영향을 미치는가? | 알코올은 심장과 혈관에 어떤 영향을 미치는가? | 알코올중독자가 되면 또다른 건강의 문제는 없나요? | 중독자는 신체적 질환이 심각하다는 것은 알면서도 왜 술을 마시죠? | 정말 건강이 심각해졌을 때 술을 끊으면 안 되나요?

단주만이 유일한 희망이다 127

중독자는 절주에 집착한다! | 정말 절주에 성공할 수 있는 가능성이 전혀 없나요? | 절주보다 단주가 쉽다는 것이 사실입니까? | 술을 못 마시는 것은 불치병인가? | 단주만 하면 치료를 받을 필요는 없지 않은가?

술은 더이상 나를 위로해주지 않는다 139

술이 정말 마음을 위로해줄까? | 술이 주는 것은 가짜 위로다! | 중독자는 정말 마음이 괴로워서 술을 마실까? | 술잔을 내려놓고 진정한 감정을 느끼자!

술병과 마음의 병은 상호 의존적이다 150

중독과 다른 정신과적 문제를 함께 겪는 경우가 많나요? | 중독자가 다른 정신질환을 함께 가지고 있는지 어떻게 알 수 있나요? | 중독과 기분장애는 어떤 관련이 있나요? | 중독과 불안장애는 어떤 관련이 있나요? | 술을 마시면 잠이 잘 오는데 불면증이 악화되나요? | 술과 관련이 있는 다른 정신질환은 없나요?

감정적 성숙이야말로 회복에 이르는 지름길이다 164

중독자는 술을 마시지 않을 때 왜 우울해 보이나요? | 어떻게 억압하고 있는 부정적인 마음을 발견할 수 있나요? | 부정적인 사고방식을 바꾸려면 어떻게 해야 하나요? | 새로운 방식으로 생각할 수 있게 되었다면, 이제 어떻게 행동해야 할까?

알코올중독자의 가장 치명적인 적은 분노다 181

분노하는 나의 마음을 헤아릴 수 있는 방법은 무엇인가요? | 분노를 어떻게 다루는 것이 좋을까요?

알코올중독은 사랑의 병이다 189

중독이 왜 사랑의 병인가? | 중독자는 왜 사랑하지 못할까? | 어떻게 해야 다시 사랑할 수 있나요?

 • 3부

알코올중독은 우리 모두의 병이다

알코올중독, 누구나 걸릴 수 있다 201

알코올중독에는 왜 걸리나요? | 사회생활을 잘하는 사람도 치료가 필요한 중독자일까?

그녀가 늘 은밀하게 술에 취해 있는 이유 210

술이 여성에게 더 해로운가? | 여자들은 정말 마음의 상처 때문에 술을 마시나? | 여성 중독자를 위한 특별한 치료 방법이 있는가?

청소년 알코올중독은 왜 위험한가? 220

청소년들은 술을 얼마나 마시나요? | 어릴 때 술을 접하면 중독자가 될 수 있나요? | 청소년 음주 어떻게 대처할 것인가?

노인은 술을 마시다 죽어도 여한이 없을까? 229

노인 알코올중독은 왜 위험한가요? | 알코올성 치매에 걸릴 수 있다 | 노인 알코올중독에서 벗어나는 방법

중독의 대물림, 이제는 끝내야 한다 240

알코올중독도 유전이 되나요? | 중독의 대물림을 끊으려면 어떻게 해야 하나요?

 •4부

알코올중독은 가족도 병들게 한다

술은 가족에게 어떤 영향을 미치나? 253

중독자는 왜 그렇게 가족을 못살게 구나요? | 중독자는 왜 가족의 아픔을 헤아리지 않나요? | 술 마시고 하는 이야기가 진심일까? | 중독자의 가족은 왜 우울증을 앓게 되나요? | 가족이 먼저 위로받아야 한다!

가족이 빠지는 함정은 무엇인가? 263

공동의존이란 무엇인가요? | 공동의존에 빠진 것을 쉽게 알아차릴 수 있는 방법이 있을까요? | 공동의존을 겪고 있는 가족의 구체적인 양상은?

치료를 거부하는 중독자를 어떻게 도울 것인가? 276

치료를 거부하는데 강제 입원 말고 다른 방법이 있을까요? | 현실을 부정하고 있다는 것을 알려주어야 한다 | 그를 위한다면 조력자가 되어주어야 한다

가족도 회복의 방법을 배우고 익혀야 한다 284

중독자와 대화를 하는 것이 의미가 있을까요? | 어떻게 해야 싸우지 않고 대화할수 있나요? | 중독자와 공감을 나누는 것이 가능한가요?

술꾼보다 내가 회복하는 것이 우선이다 298

먼저 나 스스로를 구하라! | 가족이 술을 못 마시도록 말리지 않으면 누가 중독자를 말리나요? | 가족들을 위한 자조모임에 어떻게 참여할 수 있나요?

 • 5부

알코올중독, 회복에 이르는 길은 무엇인가?

회복의 정석은 무엇인가? 307

단주만으로는 부족한가요? | 술을 끊는 데 특별한 비법이 있나요? | 힘든 단계를 거쳐야 회복할 수 있다!

술을 마시지 않기 위해 무엇을 해야 하는가? 315

확신하고 실천하라! | 중독자로 남지 말고 회복자가 되어라! | 술을 끊으면 자존감을 회복할 수 있다! | 어떻게 계획을 실천할 것인가?

음주 충동, 어떻게 대처해야 하나? 329

술을 얼마 동안 끊어야 갈망감이 사라질까요? | 술은 피하는 것이 상책이다! | 갈망감을 줄이려면 환경을 어떻게 조정해야 하나요? | 갈망감을 이겨낼 수 있는 좋은 방법이 있나요? | 파도를 타듯 갈망감을 타고 넘어라! | 술을 거절하는 특별한요령이 있나요?

재발을 각오하면 재발하지 않는다 345

재발은 언제 시작되나요? | 재발을 경고하는 증상에는 어떤 것들이 있나요? | 재발하지 않으려면 어떻게 해야 하나요? | 실수로 술을 마셨을 때는 어떻게 해야 하나요?

알코올중독, 어떻게 치료하나? 363

왜래(통원) 치료는 어떻게 진행되나요? | 입원 치료는 어떻게 이루어지나요? | 알코올 상담센터는 어떻게 이용하나요?

중독이라는 병을 극복하려면 약이 필요하다 370

약을 먹지 않고 술을 끊을 수는 없나요? | 중독 치료제에는 어떤 종류가 있나요? | 날트렉손에 대해서 자세히 설명해주세요! | 아캄프로세이트에 대해서 자세히 설명해주세요! | 알코올중독 치료를 위해 먹는 다른 약은 없나요?

회복을 함께할 진정한 벗을 만들자 379

A.A.모임에는 어떻게 참여하나요? | A.A.모임의 이념과 목적은 무엇인가요? | 어떻게 하면 조력자를 만들 수 있을까요?

진정한 의미의 회복은 무엇인가? 388

알코올중독자에게 희망이 있는가? | 회복자들은 무엇이 다른가요? | 진정한 회복이란 무엇인가?

찾아보기 396

『왜 우리는 술에 빠지는 걸까』 저자와의 인터뷰 398

알코올중독은 끝도 없는 나락으로 떨어지는 절망의 여정과 같다. 그러나 중독자들은 현실을 인정하지 않는다. 중독을 인정하고 변화하고자 하는 마음 motivation을 일깨워야 비로소 회복자가 될 수 있다. 회복은 오랜 시간 포기하지 않고 노력할 때 단계적으로 진행된다. 그러나 중독에 빠지고 회복되는 과정도 길게 보면 성숙을 추구하는 인생의 한 과정이다. 완전한 회복은 가능하다.

1부

완전한 회복은
충분히 가능하다

인정하는 사람만이
회복할 수 있다

알코올중독을 인정하는 것이 얼마나 어려운 일인지 충분히 공감한다. 많은 전문가들은 알코올중독이라는 병에 걸렸다는 것을 받아들이는 순간이 회복의 시작이라고 이야기한다.

"간혹 술을 조절하지 못해서 실수를 하게 됩니다."

알코올클리닉의 정신건강의학과 전문의가 치료를 받기로 결심한 이유를 물었을 때 김원석 씨는 한참을 망설이다 겨우 입을 뗐다. 그도 그럴 것이 며칠 전에 있었던 사건만 아니었다면, 아내의 손에 이끌려 상담을 받으러 오는 일 따위는 없었을 것이기 때문이다.

김원석 씨의 아내는 남편의 술버릇에 상당히 예민해져 있는 상태였다. 원래 술을 자주 마시는 편이기도 했지만, 몇 년 전부터는 적정선을 넘겨 필름이 끊긴 채로 끝까지 술을 마시는 버릇이 생겼다. 그 덕에 인사불성이 되기 일쑤였고 심지어 음주운전을 하는 경우도 있었다. 술에 취해 몸을 가누지 못하는 원석 씨에게 아내가 잔소리를 하면 언성을 높여 화를 내는 일도 늘어갔다.

그날은 "내가 보기에 당신은 알코올중독자예요."라는 아내의 말에 격분해 뺨을 때린 것이 화근이었다. 결혼 후 처음으로 손찌검을 당한 아내는 아이들을 데리고 친정에 가버렸다. 원석 씨가 술을 끊겠다며 사과했지만 예전에도 여러 번 약속을 했다 지키지 못한 일이 있어서인지 아내는 요지부동이었다. 이번에는 다르다는 것을 보여주기 위해 몇 달 전부터 아내가 권하던 알코올중독 치료를 받기로 결심한 것이다.

그러나 막상 병원에 가려고 하니 마음이 불안해졌다. '의사가 나를 알코올중독자라고 진단하면 어쩌지….' 원석 씨는 자신이 알코올중독일 리 없다고 자위했다. 번듯한 직장이 있고 승진도 빠른 편이었다. 아파트와 승용차는 15년 결혼생활이 일궈낸 노력의 산물이었다. 주말에는 술을 마시지 않았고 틈틈이 가족 여행도 다녔다. 따지고 보면 술도 일을 잘하기 위해, 일에서 받은 스트레스를 풀기 위해 마신 것이었다. 게다가 술에 취해 실수를 하고 나면 몇 주 동안은 술을 입에 대지도 않았다.

"술만 줄이면 1등 남편, 1등 아빠라는 말을 들어온 제가 알코올중독일 리 없어요. 알코올중독자들은 늘 술에 취해 비틀거리며 노숙자 같은 꼴을 하고 있는 사람들이 아닌가요?" 김원석 씨는 어렵게 찾은 의사 앞에서 자신도 모르게 술 문제가 그렇게 심각하지는 않다는 변명만 하고 있다.

알코올중독은 왜
인정하기 어려운가?

알코올중독을 겪고 있는 대부분의 사람들은 자신의 문제를 알지 못하거나 애써 부정denial한다. 무슨 일이 있어도 치료만은 거부하면서 누구보다 자신의 상황은 자신이 잘 안다고 주장한다. 주변의 권유로 알코올중독 관련 책을 읽게 되었을 때도 마찬가지다. "이미 다 알고 있는 뻔한 내용이야."라며 한두 쪽 읽는 시늉만 하다가 책을 덮어버린다. 하지만 자신의 문제를 인정하지 못하는 것이야말로 알코올중독자가 보이는 가장 큰 특징 중 하나다. 결국 술 때문에 가장 큰 피해를 보는 것은 자기 자신인데 왜 그러는 것일까?

사람의 마음은 의식적·무의식적으로 상처받지 않는 쪽으로 작용하려는 성질이 있다. 심각한 상황이 닥쳤을 때 우리의 마음이 택하는 가장 쉽고 원초적인 방법은 현실을 인정하지 않고 부정하는 것이다. 암을 진단받은 사람은 대개 처음에는 병을 받아들이지 못하고 "진단이 잘못된 거야. 내가 하필 암에 걸렸을 리가 없어. 좀더 큰 병원에 가봐야겠어."라며 상황을 부정한다. 병을 인정한 다음에 직면하게 될 앞날이 두렵기 때문이다. 암이든 알코올중독이든 시간을 지체하면 병은 진행되고 치료는 점점 어려워지는데도 말이다.

게다가 알코올중독은 회복하기 힘들다는 인식이 있는데, 이 병에 걸리는 것은 상당히 불명예스럽게 여겨지기 때문에 인정하기가 더욱 쉽지 않다. "오죽 못났으면 술 하나 조절하지 못하고 알코올중독이 되었느냐."라는 비난은 너무나 자연스럽다. 우리 사회에서 알코올중독은 인생에 실패한 나약한 사람이 이르는 절망의 종착지처럼 생각되어 왔다. 치료할 수도 없는 모욕적인 낙인을 받아들일 수 있을 만큼 용기 있는 사람이 몇이나 되겠는가? 잘못된 편견을 극복하고 회복에 대한 희망을 가질 수 없는 한, 우리의 마음은 결코 알코올에 중독되었다고 인정하지 않는다.

알코올중독을 인정하기 힘든 또 다른 이유는 이 질환 고유의 특징인 '의존성'에 있다. 알코올에 중독되는 사람들은 한동안 술로 삶에 위로를 얻은 경험이 있다. 힘든 일이 있을 때 술 한잔에 마음을 풀고, 사람 사이의 갈등도 술을 마시며 털어냈다. 평소에 하기 어려웠던 이야기도 술을 마시면 술술 할 수 있었다. 불면증에 시달리는 사람은 술 한잔이면 하루의 피로를 잊고 푹 잘 수 있었다.

술을 끊는 일은 가장 절친했던 친구와 절교하는 일과 같다. 비록 그 친구가 지금에 와서는 득이 되는 것은 없이 해만 끼치고 있더라도 지금껏 친구와 인생을 함께해온 탓에 애써 친구를 감싸주며 작별을 거부한다. 친구와 작별할 때 아픔이 따르듯, 술을 끊으려 할 때는 금단 증상이 나타난다. 술을 오랜 기간 섭취하다 보면 술이 주는 즐거움은 점차 소멸된다. 오히려 술을 끊으려고 할 때 왠지 모를 불편한 감정에 견딜 수가 없고, 손이 떨리고 식은땀이 나며 잠이 오질 않는다. 이런 금단 증상과 함께 갈망감craving이라고 불리는, 딱 한잔만 술을 마시면 모든 문제가 해결될 것만 같은 마음이 솟구친다. 금단 증상과 갈망감이 심해지면 의지만으로는 술을 끊기가 거의 불가능해진다. 언제든지 술을 끊을 수 있기 때문에 술 문제를 부정하는 것이 아니라, 술을 끊을 수가 없어서 술 문제를 부정하게 되는 것이다.

알코올중독을 인정하는 것이 얼마나 어려운 일인지 충분히 공감하면서도 이를 첫 번째로 언급하는 이유가 있다. 많은 전문가들은 알코올중독이라는 병에 걸렸다는 사실을 받아들이는 순간이 회복의 시작점이라고 이야기한다. 회복하기 위해 절실히 노력하지 않고는 좀처럼 낫기 힘든 병인 까닭이다.

인정하려는 마음 없이 지식만 습득했을 때 우리의 마음은 "책을 읽어보니 나는 아직 괜찮아."라며 지식을 이용해 교묘히 문제를 회피하고 합리화해버린다. 이것이 알코올중독을 겪고 있는 사람들이 가장 흔히 빠지는 함정이다. 잔뜩 웅크린 채 불편한 감정을 피하려고만 하던 마음이 활짝 열릴 때 비로소 회복의 시작점에 서게 된다.

알코올중독을 극복한 사람들은
어떻게 변화를 시작할 수 있었나?

자신의 문제를 끝까지 인정할 수 없었던 한 사람이 변화해 회복을 온전히 이루려면, 먼저 밑바닥까지 떨어지는 최악의 상황을 느껴보아야 한다. 그런 경험 없이 변화의 필요성을 부정하는 마음을 이겨내고 회복하기 위해 많은 시간과 노력을 투자하기란 쉽지 않다.

뤼시엥 뒤발 신부는 천부적인 음악적 재능을 겸비한 프랑스 예수회 소속 신부로 샹송 작곡가, 연주자, 가수로도 활동했다. 유럽뿐만 아니라 미국을 순회하며 신을 찬양했고 사람들을 감동시켰다. 그러나 명예에 대한 책임감과 그에 따른 불면증은 뒤발 신부를 알코올 중독자로 만들어버렸다. 50세 무렵 술을 마시다 병원에 실려갈 지경에 이르렀을 때, 뒤발 신부는 혼자 술을 줄여보려던 발버둥이 덧없음을 깨닫고 절망했다.

'용기도 아무 소용이 없노라. 의지도 아무 소용이 없노라. 자신에 대한 힘도 아무 소용이 없노라. 자신에 대한 미움도 아무 소용이 없노라. 격려도 아무 소용이 없노라. 지식도 아무 소용이 없노라. 재산도 아무 소용이 없노라. 영광도 아무 소용이 없노라. 학문도 아무 소용이 없노라. 자격증과 학위도 아무 소용이 없노라. 기도, 나는 애썼으나 소용이 없노라.'

이처럼 뒤발 신부는 혼자 힘으로는 어쩔 수 없는 완전한 패배를 시인했다. 술로 위로를 얻을 수 있는 능력도, 술을 조절할 수 있는 능력도 이제는 사라져버렸다. 그러나 바로 그때, 자신의 삶을 지배해왔던 중독의 허울을 벗어던질 수 있었다. 비로소 회복하기 위해 타인의 도움을 수용하고 모든 것을 투자할 용기를 낼 수 있었던 것이다. 꾸준히 치료를 받고 중독자 모임에 참여한 끝에 뒤발 신부는 마침내 회복에 성공했다. 이후 뒤발 신부는 많은 알코올중독 환자들이 회복

• 단주를 해야 하는 많은 이유

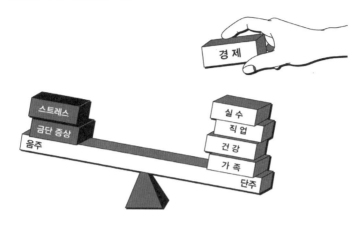

할 수 있도록 도왔으며 그들에게 희망이 되는 삶을 살았다.

　그러나 회복으로의 전환점은 누구에게나 같은 순간에 오지는 않
는다. 술 때문에 모든 것을 잃고 간경화로 생명이 위태로워져 입원
해 있으면서도 의사 몰래 술을 사다 먹는 사람들도 적지 않다. 반면
에 건강은 온전하고 가정과 일자리에도 탈이 없지만, 자신의 밑바
닥을 발견하고 회복의 용기를 내는 사람들도 있다.

　이러한 차이는 자신이 처한 현실에 대한 인식이 다르기 때문에
생긴다. 현실을 외면하는 사람은 어떠한 절망적인 상황이 닥쳐도
둔감하기만 하다. 현실에 의구심을 가지고 세세히 살펴보는 사람만
이 예민하게 반응하고 변화를 준비할 수 있다. 이렇게 보면 자신이
겪고 있는 문제를 발견하는 일은 자존심에 상처를 입는 과정이 아

니다. 오히려 잊고 있었던 회복의 동기motivation를 되살리는 과정이다. 밑바닥을 치고 올라가게 되는 순간은 회복의 동기가 마음을 요동치게 하는 때다. 밑바닥은 절망의 끝에 우연히 만나게 되는 것이 아니라 스스로 만들고 다져야 하는 회복의 전환점인 것이다.

이제 우리에게는 결정을 내리기 위한 저울 하나가 필요하다. 이 저울은 현실을 외면하는 대신 정확하게 측정하기 위한 것이다. 저울의 한쪽에는 변화하지 않아도 되는 이유를 달고, 나머지 한쪽에는 변화해야 하는 현실적인 이유들을 꼼꼼히 달아볼 것이다. 이 책은 우리가 저울에 달아볼 질문들을 생각해내고, 정확히 계량하는 데 도움을 줄 것이다. 저울의 주인, 변화의 주체는 자기 자신이다. 현실을 외면하거나 포기하지 않는다면 언젠가 저울은 한쪽으로 기울 것이고, 그때 자신의 마음과 행동을 정할 수 있을 것이다. 절망감은 지나가고 희망이 시작될 것이다.

변화를 간절히 원한 만큼
희망은 살아난다

김원석 씨는 2개월 정도 치료를 받았으나 곧 중단해버렸다. 아내의 마음도 어느 정도 풀렸고 혼자 힘으로 술을 조절할 수 있을 것 같았기 때문이다. 원석 씨가 다시 병원을 찾은 것은 3년이 지난 후였다. 과거에 함께 내원했던 아내는 오지 않았고 원석 씨는 혼자였다. 원석 씨의 표정에서 깊은 절망이 느껴졌다.

"마지막으로 병원을 다녀간 이후로도 한동안 술을 마시지 않았습니다. 3개월 정도 술을 끊었으니 이제는 괜찮겠지 싶은 마음이 생기더군요. 다시 술을 입에 댔을 때 상황은 더 안 좋았습니다. 필름이 끊긴 후 벌이는 사고는 점점 심해졌고 가족의 실망도 커졌습니다. 이제는 아내뿐만 아니라 사춘기에 들어선 자녀들도 저를 비난합니다. 그런 상황인데도 오히려 자기연민에 빠져 술을 더 마시게 됩니다. 다음 날 자책하며 얼마간 술을 끊으려고 발버둥치다가 다시 술에 손을 대는 일이 반복되었습니다."

아내는 이혼을 고려중이라고 한다. 작년 건강검진에서는 간경화 초기 진단을 받았다. 게다가 직장에서도 원석 씨에 대한 소문이 나쁘게 나기 시작하면서 능력마저 의심받았다. 주사가 심한 그와 술을 마시려는 사람은 비슷한 술 문제가 있는 주당 친구 몇 명뿐이었다.

"선생님과 나눴던 상담 내용이 계속 마음 한구석에 남아 있었습니다. 하지만 얼마 전까지도 저는 상담 내용이 틀렸다는 것을 입증하려고만 했던 것 같습니다. 그러던 중 제가 저의 술 문제를 인정하든 말든 틀림없이 제 상황이 계속 안 좋아질 것이라는 점을 깨닫게 되었습니다. 아차! 싶더군요."

원석 씨는 다시 치료를 시작하겠다고 했다. 상황은 더 절망적으로 변했고 알코올중독도 심해져서 술을 끊기가 쉽지는 않을 것이다. 그러나 변화를 간절하게 원하게 된 지금, 김원석 씨의 희망은 살아나고 있었다.

알코올중독이란
무엇인가?

알코올중독이란 술에 의존하게 되어 술 없는 삶은 상상할 수도 없게 된 상
태를 말한다. 술에 관한 한 어떠한 강한 의지도 소용이 없는 비교적 흔한 질
병으로 이해하는 것이 더 타당하다.

통계에 따르면 우리나라 남자 5명 중 1명은 술 문제를 가지고 있
다. 그래서인지 밤이면 도심은 술에 취해 비틀거리며 고성을 지르
는 사람들로 넘쳐난다. 술로 인해 여러 사고가 일어나고 음주운전
으로 적발되는 사람도 적지 않다. 술 때문에 다음 날 직장에 결근하
고 배우자와 다투고 몸이 축나는데도 사람들은 또 술을 마신다.

그들은 모두 알코올중독자일까? "내가 알코올중독이라면 우리나
라에 중독자가 아닌 사람은 아무도 없을 것입니다." 중독자로 몰린
사람들이 흔히 하는 말이다. "술 문제가 있는 사람이 한둘이 아닌데
왜 나에게만 힘겨운 회복의 과정을 강요하느냐?"라는 항의는 일견

타당해 보일 수도 있다.

그러나 알코올중독이 무엇인지 질문하면 정작 자신은 중독자가 아니라고 목소리를 높여 항변하던 사람조차 우물쭈물한다. 심지어 그의 술 문제로 근심에 빠진 가족들과 그의 안위를 걱정하는 친구들조차 마찬가지다.

대부분의 사람들은 알코올중독에 대해 피상적으로만 이해하고 있다. 잘못된 이해는 잘못된 대처를 만든다. 알코올중독이란 도대체 무엇인가? 회복을 위한 첫 번째 고민을 살펴보자.

"나는 단지 술버릇이 나쁜 애주가이지 않을까요?"

명망 있는 정형외과 의사가 회식에서 지나치게 과음을 했다. 다음 날 눈을 떠보니 오전 10시가 다 되어간다. 9시에 중요한 수술이 있었는데 한 시간이 지나버렸다. 핸드폰을 확인하니 수십 개의 부재중 통화와 문자가 와 있다. 머리가 지끈지끈 아파오는 가운데 어제 일을 떠올린다. 다음 날 수술을 위해 몇 잔만 하고 일어나려 했는데 기분이 고양되자 몸을 가누지 못할 정도로 마셔버렸다. 환자와 보호자, 동료 의료진의 얼굴이 떠오르자 눈앞이 캄캄하다. 이런 일은 처음이다. 앞으로는 술을 줄이고 수술 전날에는 절대 입에도 대지 않기로 결심한다. 약속은 지켜지고 더이상 아무 문제도 생기지 않는다.

애주가란 술을 조절하면서 즐길 수 있는 사람을 일컫는다. 애주가는 애당초 술로 인한 문제가 생기지 않거나, 설령 문제가 생긴다고 해도 단기간에 술을 줄이거나 끊을 수 있다. 애주가들에게 술은 기분을 상승시켜주는 좋은 물질이지만 가족, 직장, 건강만큼 중요하지는 않다. 술로 인해 소중한 것을 잃을 위기가 찾아오면 언제든지 술을 포기할 수 있다. 따라서 어느 누구도 그에게 술 문제를 지적하지 않고, 술을 더 줄이기를 바라지 않는다.

애주가가 술을 마시는 패턴은 술을 처음 배웠을 때나 수십여 년이 지나고 나서나 큰 차이가 없다. 늘 같은 양이면 취기가 오르고 기분이 좋아진다. 술을 줄이거나 끊더라도 잠이 안 오거나 공허한 마음이 드는 금단 증상도 나타나지 않는다. 중독자는 술이 마시고 싶으면 무슨 수를 써서라도 마셔버리지만, 애주가는 술을 마시고 싶은 날에도 상황이 여의치 않으면 얼마든지 참을 수 있다.

애주가는 술을 조절해서 마신다. 애주가에게는 필름 끊김 현상이나 심한 주사 같은 중독의 징후가 나타나지 않는다. 이런 징후는 혈중 알코올 농도가 0.15 이상은 되어야 나타난다. 정상인의 뇌는 적당히 술이 들어오면 몸이 거북함을 느끼도록 하거나 졸음이 오도록 해 더이상 술을 마시지 못하게 한다. 혈중 알코올 농도가 높은데도 계속 술을 마실 수 있는 것은 술에 중독되었기 때문이다. 급기야 나중에는 치사량까지 술을 마시고 생명을 잃는 경우도 생긴다.

그러나 알코올중독자들은 하나같이 자신이 애주가라고 주장한다. 자신을 술버릇이 나쁜 애주가 정도로 묘사한다. "저 역시 언제든지 술을 끊거나 줄일 수 있습니다." 다만 그 언제가 지금이 아니라는 것이 문제다.

술을 줄이라는 주변의 압박을 받고 있거나, 술을 줄일 필요성을 본인 역시 느끼면서도 술을 줄이는 것을 보류하는 사람은 대부분 애주가가 아니다. 술을 줄이려고 시도했으나 실패한 사람, 잠시 성공했으나 다시 술에 손을 대서 문제가 되풀이되는 사람은 결코 애주가가 될 수 없다. 오늘 당장 술 문제에 종지부를 찍을 수 없다면 그 사람은 절대 애주가가 아니다.

설령 애주가라고 하더라도 무조건 안심할 수 있는 것도 아니다. 많은 애주가들이 시간이 흐른 후에 중독자가 되곤 한다. 알코올중독자도 과거에는 꽤 오랜 기간 큰 문제없이 술을 즐겼던 사람들이다. 어제 애주가로 남을 수 있었다고 해서 오늘 중독자가 아니라고 안심할 수는 없다. 과거에 술을 조절했던 기억은 아무런 도움이 되지 않는다. 중요한 것은 현재고 앞으로 다가올 미래다.

도대체 알코올중독이란 무엇인가?

알코올중독이란 심리적·신체적으로 술에 의존하게 되어 술 없는 삶은 상상할 수도 없게 된 상태를 말한다. 술로 인해 가족의 근심이 깊어지고, 친구는 멀어지고, 경제적으로 손실을 입고, 건강이 상하는 등 크고 작은 사고가 반복되는 것을 알지만 "어떻게 하루아침에 술을 끊나요? 서서히 줄여나가겠습니다."라며 지키지 못할 약속만 되풀이한다.

얼마간 술을 참아보기도 하지만 한 번 술을 입에 대면 조절할 수 없고 계속 마시게 되어 술을 줄이거나 끊으려는 시도는 번번이 실패한다. 흔히 알코올중독은 의지가 약한 사람에게나 생기는 특별한 문제로 여겨지지만, 사실은 술에 관한 한 어떠한 강한 의지도 소용없게 되는 비교적 흔한 질병으로 이해하는 것이 더 타당하다.

비유를 하자면, 정상적인 사람이 술을 마시는 것은 과속 운전과 같다. 운전자가 속도가 지나치다는 것을 인식하고 가속 페달을 더 이상 밟지 않고 브레이크 페달을 밟으면 속도는 줄어들고 사고가 날 위험은 사라진다.

그러나 알코올중독은 반복되는 과속 때문에 브레이크 장치가 파열된 상태와 같다. 이때는 운전자의 판단과 노력은 아무런 소용이 없다. 속도가 아무리 높아도 기름이 소진될 때까지 혹은 사고가 날 때까지 차는 멈추지 않는다. 브레이크 장치를 원상태로 수리할 수 없다면 유일한 해결책은 다시는 그 차에 오르지 않고 가속 페달을 밟지 않는 것이다.

사람의 마음과 행동을 제어하는 장치는 뇌brain에 있다. 과음을 즐겼던 모든 사람이 알코올중독자가 되는 것은 아니다. 그러나 반복되는 과음으로 인해 불운하게도 뇌가 의존성을 체득하고 술을 조절하는 능력을 상실하게 되면 영원히 애주가로는 살 수 없다. 뇌는 한 번 손상을 받거나 변형되면 거의 회복되지 않는 성질이 있기 때문이다. 어떤 사람은 몇 십 년, 어떤 사람은 몇 년, 그리고 어떤 사람은 불과 수개월 만에 과음으로 인해 돌아올 수 없는 다리를 건넌다.

• **알코올사용장애**alcohol use disorder**의 진단 기준**(미국정신의학회 DSM-V)

다음에 열거한 항목 가운데 해당하는 항목에 체크해보자.
- 2~3개에 해당: 경도mild 알코올사용장애
- 4~5개에 해당: 중등도moderate 알코올사용장애
- 6개 이상에 해당: 중증severe 알코올사용장애

	예	아니오
1. 종종 의도했던 것보다 더 많은 양의 술을 마시거나 오랫동안 마신다.		
2. 술을 끊거나 줄이기를 지속적으로 원하고 노력하지만 성공하지는 못한다.		
3. 술을 구하고 마시고 회복되기 위해 많은 시간을 소모한다.		
4. 갈망감을 느낀다. 혹은 술을 마시는 것에 대한 강한 욕구가 있다.		
5. 반복되는 음주로 인해 직장·학교·가정에서 중요한 역할을 수행하지 못한다(직장인은 반복적으로 결근하고 근무태만을 한다. 학생은 시험을 망치고 결석을 되풀이한다. 주부는 양육과 살림에 소홀하게 된다).		
6. 음주로 인해 사회적 문제나 대인관계 문제가 반복되는데도 불구하고 계속 술을 마신다(술로 인해 배우자와 다툼이 반복된다).		

7. 중요한 사회적·직업적 또는 여가활동이 술 때문에 줄어들거나 포기하게 된다.　　────　────

8. 신체적으로 해로운 상황에서도 반복적으로 술을 마신다(음주운전을 하거나 음주 상태에서 기계를 조작한다).　　────　────

9. 술로 인해 지속되고 반복되는 신체적(간염, 위궤양 등)·심리적 문제(알코올성 우울증 등)가 있음을 알지만 술을 계속 마신다.　　────　────

10. 술에 대한 내성이 나타난다(원하는 효과를 얻기 위해 술을 마시는 양이나 횟수를 늘려야 하거나, 똑같은 양을 마셨을 때 그 효과가 감소한다).　　────　────

11. 술에 대한 금단 증상이 나타난다(술을 줄이거나 마시지 않을 때 식은땀, 빈맥, 손 떨림, 불면증, 오심, 구토, 초조, 긴장과 불안 같은 금단 증상이 나타난다. 심한 경우 환시, 환청, 환촉, 간질 같은 증상을 겪을 수도 있다. 이러한 증상들은 술을 마시면 완화된다).　　────　────

물에 빠져 죽은 사람보다
술에 빠져 죽은 사람이 더 많다?

　　우리 몸의 제어장치에 문제가 생겼다는 강력한 신호로 내성tolerance과 금단 증상withdrawal symptom이 있다. 내성과 금단 증상이 생겼다면 하루라도 빨리 이를 파악해서 새로운 선택을 준비해야 한다.

　　그러나 많은 알코올중독자들은 여전히 브레이크가 고장난 자동차에 오르는 위험을 감수한다. 오늘 밤에는 무사히 운전했을 수도 있다. 그러나 가장 큰 문제는 알코올중독이 회복이 어려운 질병일 뿐만 아니라, 술을 마시는 한 만성적으로 계속 악화되어 결국 치명적인 상태에까지 이른다는 데 있다.

알코올중독은 술을 끊지 않는 한 죽음에 이르기 전까지 끝없이 악화된다. 술을 줄이면 병의 진행 속도가 늦춰질 것 같지만 곧 다시 과음을 하게 되기 때문에 아무런 효과가 없다. 술을 끊지 못한다면 현재 술로 인해 어떤 어려움을 겪고 있든지 간에 앞으로 겪을 어려움의 시발점에 불과하다는 사실을 잊지 말아야 한다.

처음에는 술을 마시면 마음이 편안해지고 푹 잘 수 있는 긍정적인 효과 때문에, 나중에는 술기운이 떨어지면 몸과 마음이 불편해지는 금단 증상을 피하려고 술을 마신다. 결국 술을 좋아해서liking 마시는 수준을 넘어 술을 간절히 원해서 도저히 마시지 않을 수 없는 갈망감craving을 느끼게 된다. 그리고 마침내 본인마저 왜 이렇게 여러 손해를 감수하면서까지 술을 포기하지 못하는지 그 이유조차 모호한 상태에 이른다. 더이상 술을 좋아하는 것도 아니고 술을 마셔봐야 죄책감과 수치심만 느낄 뿐인데도 계속해서 술을 마신다. 이것을 강박적인 음주Obsessive compulsive drinking라고 한다. 마치 마약중독자들이 법적 처벌과 죽음을 감수하면서도 마약을 끊지 못하는 것과 같다.

알코올중독이 진행되었을 때 알코올중독자가 보이는 술에 대한 집착은 마약중독자들의 그것 못지않다. 국내의 한 연구에 따르면

1989~2006년 사이에 알코올중독으로 입원 치료를 받았던 환자들을 조사한 결과 2009년 12월 조사 시점에 29%의 환자가 이미 질병·사고·자살로 사망한 것으로 나타났다. 조사 대상자 중 절반 정도가 성공적으로 술을 끊은 것을 감안하면 회복에 실패한 사람들이 사망할 확률은 매우 높은 것이다.

유사 이래 물에 빠져 죽은 사람보다 술에 빠져 죽은 사람이 더 많다는 이야기도 있다지만, 어떻게 죽음에 이를 때까지 술을 마실 수 있단 말인가! 그러나 실제 임상에서 알코올중독으로 인해 간경화 말기가 되고, 우울증이 심해져 자살 시도를 반복하고, 치매에 걸려 자립적인 삶이 불가능한 사람들이 오히려 술에 더 집착하는 모습을 흔하게 목격할 수 있다.

문제를 발견한 초기에 술을 끊는 것만이 알코올중독에서 벗어나는 유일한 해결책이다. 술을 끊는 시기를 미루면 미룰수록 지금보다 술을 끊기가 더욱 어려워질 뿐이다. 술을 끊기 가장 좋은 최적의 시기는 바로 지금 이 순간이다.

알코올중독의 가장 안타까운 점은 이 병이 전인적全人的 질환이라는 점이다. 병이 깊어지면 모든 사고와 판단과 마음이 술을 중심으로 움직이게 된다. 술에 빠져 사는 동안 숙명처럼 주어지는 마음의 상처도, 수많은 시련도 또 다시 술을 마시는 이유밖에 되지 않는다. 우울증과 무력감에 사로잡히고 인지기능과 사고력에 문제가 생기며, 성격마저 변해버린 채 술에만 집착한다. 더이상 나는 내가 아니다.

현실을 직시하고 변화를 결심할 수 있는 자아^{self}가 남아 있다면 아직 희망은 있다. 중독자로 남아 세상을 탓하며 고난이 가득한 삶을 감내할지, 회복자가 되어 변화를 시작할지는 자신의 선택에 달려 있다.

술로 인한 문제가 있는지
스스로 진단해보자

알코올에 중독되었는지 스스로 점검을 시작하는 것이야말로, 어린 새가 알을 깨려고 힘차게 부리를 움직이는 것과 같다. 알이 깨지면 새 생명을 얻어 하늘을 향한 날갯짓을 시작하게 될 것이다.

췌장이 혈당을 조절하지 못하면 당뇨병이 생긴다. 심장과 혈관이 혈압을 조절하지 못했을 때는 고혈압이 생긴다. 누구나 알고 있듯이 당뇨병이 있는 사람에게는 혈당계가, 고혈압이 있는 사람에게는 혈압계가 유용하게 쓰인다. 자신의 상태를 매일 측정하는 것은 운동을 하고 음식을 조절하고 체중을 감량해 병을 극복할 수 있는 좋은 동기motivation가 된다.

그러나 유감스럽게도 뇌가 술을 조절하지 못하는 알코올중독에는 적당한 진단기기가 없다. MRI와 CT는 알코올중독 말기에 뇌가 위축되어 회복되기 힘들어졌을 때에야 비로소 병을 입증해준다.

고혈압이나 당뇨병은 심각한 합병증이 발생하기 전에는 증상을 인지하기 힘들다고 해서 '조용한 살인자'라고 불린다. 알코올중독은 더 심각하다. 알코올중독 역시 초기 단계에는 알아차리기 힘들 정도로 은밀하게 병이 진행된다. 물건을 잃어버리거나 직장에 지각을 하는 사소한 실수가 알코올중독의 징조일 수도 있다.

우리가 흔히 떠올리는 뼈만 앙상한 채로 매일 술을 마시다 죽어가는 중독자의 모습은 최후에 이르는 종착지일 뿐이다. 초기부터 매일매일 조금씩 병이 진행되어 한참이 지난 뒤에야 여기에 이른다. 그러나 대부분의 사람들은 자신이나 가족에게 이런 변화가 시작되었다는 사실을 놓치고 만다.

알코올중독과 같이 계속 진행되고 악화되는 성질이 있는 만성병은 조기에 진단하고 자주 상태를 확인하는 것이 무엇보다 중요하다. 그러나 알코올중독은 혈압계 같은 간단한 측정기기가 없기 때문에 스스로 증상을 체크하기가 쉽지 않다. 치료의 적기를 놓쳐버리는 바람에 회복이 어려워지는 것만큼 안타까운 일은 없다.

그래서 전문가들은 당사자나 가족이 몇 가지 문항을 체크해 알코올중독의 상태를 파악할 수 있도록 몇 가지 자가진단 테스트를 고안해냈다. 이 검사법들은 조기에 병을 진단하거나, 이미 이 병을 진단받은 사람이 자신의 상태를 파악해 효과적으로 대처하는 데 도움을 준다.

알코올중독,
스스로 진단해볼 수 있는 방법은?

케이지CAGE 질문법

간단한 4가지 질문의 영문 첫 글자를 따서 'CAGE'라고 불리는 이 테스트는 혈액검사보다 오히려 더 정확하게 알코올중독 환자를 구분해내는 것으로 알려져 있다.

	예	아니오
1. 술을 끊어야겠다고 생각한 적이 있습니까?	___	___
2. 음주와 관련해 다른 사람들에게 잔소리나 비난을 들은 적이 있습니까?	___	___
3. 음주 때문에 죄책감을 느낄 때가 있습니까?	___	___
4. 술을 마신 다음 날 아침에 숙취 때문에 해장술을 마신 적이 있습니까?	___	___

이 중 1가지만 해당해도 일단 술을 조심할 필요가 있다. 2가지에 해당한다면 알코올중독일 가능성이 높기 때문에 진료를 받아보는 것이 좋다. 3가지 이상이라면 적극적인 치료가 시급한 상태다.

한국형 알코올중독 선별검사Alcoholism Screening Test of National seoul mental hospital

일반인 중에서 알코올중독 환자를 발견하고, 병원을 찾은 환자의 경우에는 심각도를 짧은 시간 내에 평가해 적절한 치료계획을 세우기 위해서 국립서울병원에서 개발한 척도다.

	예	아니오
1. 자기연민에 잘 빠지며 술로 이를 해소하려 한다.		
2. 혼자 마시는 것을 좋아한다.		
3. 술 마신 다음 날 해장술을 마신다.		
4. 취기가 오르면 술을 계속 마시고 싶은 생각이 지배적이다.		
5. 술을 마시고 싶은 충동이 일어나면 거의 참을 수 없다.		
6. 최근 취중에 일어난 일을 기억하지 못한 적이 있다(6개월 내에 2회 이상).		
7. 대인관계나 사회생활에 술이 해로웠다고 느낀다.		
8. 술로 인해 직장생활을 하는 데 상당한 손상이 있다.		
9. 술로 인해 배우자(가족)가 나를 떠났거나 떠난다고 위협한다.		
10. 술이 깨면 진땀, 손 떨림, 불안이나 좌절 혹은 불면을 경험한다.		
11. 술이 깨면서 공포를 느끼거나 몸이 심하게 떨리는 경험을 하거나, 헛것을 보거나 헛소리를 들은 적이 있다.		
12. 술로 인해 생긴 문제로 치료를 받은 적이 있다.		

이 중 1~3개에만 해당해도 알코올중독의 위험 신호가 온 것이기 때문에 주의가 필요하다. 4가지 이상이라면 알코올중독일 가능성이 상당히 높아 치료가 필요하다. 다만 10번과 11번 문항 중 하나

라도 해당한다면 알코올중독으로 진단할 수 있다.

오디트 검사 AUDIT; Alcohol Use Disorder Identification Test

　세계보건기구에서 위험 음주자를 사전에 선별해서 과도한 음주로 인해 발생할 수 있는 질병이나 폐해를 조기에 예방하고자 이 검사법을 개발했다. 각 문항 중 자신에게 해당하는 대답에 동그라미 표시를 한 후 점수를 더한다(질문에 나오는 1잔이란 술의 종류와 상관없는 1잔을 의미한다. 즉 맥주의 경우 맥주잔 1잔, 소주의 경우 소주잔 1잔, 양주의 경우 양주잔 1잔을 뜻한다).

질문	0점	1점	2점	3점	4점
1. 술을 얼마나 자주 마십니까?	전혀 마시지 않는다.	월 1회 이하	월 2~4회	일주일에 2~3회	일주일에 4회 이상
2. 평소 술을 마시는 날 몇 잔 정도 마십니까?	1~2잔	3~4잔	5~6잔	7~9잔	10잔 이상
3. 한 번 술을 마실 때 소주 1병 또는 맥주 4병 이상 마시는 음주는 얼마나 자주 하십니까?	전혀 없다.	월 1회 미만	월 1회 정도	일주일에 1회 정도	거의 매일

질문	0점	1점	2점	3점	4점
4. 지난 1년간 술을 한 번 마시기 시작하면 멈출 수 없었던 때가 얼마나 자주 있었습니까?	전혀 없다.	월 1회 미만	월 1회 정도	일주일에 1회 정도	거의 매일
5. 지난 1년간 당신은 평소 잘하던 일을 음주 때문에 못했던 적이 얼마나 자주 있었습니까?	전혀 없다.	월 1회 미만	월 1회 정도	일주일에 1회 정도	거의 매일
6. 지난 1년간 술을 마신 다음 날 아침에 해장술을 마셨던 적이 얼마나 자주 있었습니까?	전혀 없다.	월 1회 미만	월 1회 정도	일주일에 1회 정도	거의 매일
7. 지난 1년간 음주 후에 죄책감이 들거나 후회를 한 적이 얼마나 자주 있었습니까?	전혀 없다.	월 1회 미만	월 1회 정도	일주일에 1회 정도	거의 매일
8. 지난 1년간 음주 때문에 전날 밤에 있었던 일이 기억나지 않았던 적이 얼마나 자주 있었습니까?	전혀 없다.	월 1회 미만	월 1회 정도	일주일에 1회 정도	거의 매일

질문	0점	1점	2점	3점	4점
9. 음주로 인해 자신이나 다른 사람이 다친 적이 있었습니까?	전혀 없다.		있지만 지난 1년 내에는 없었다.		지난 1년 내에 있었다.
10. 친척이나 친구 또는 의사가 당신이 술 마시는 것을 걱정하거나 술을 끊으라고 권유한 적이 있었습니까?	전혀 없다.		있지만 지난 1년 내에는 없었다.		지난 1년 내에 있었다.

- 정상음주군: 남성 0~9점, 여성 0~5점
- 위험음주군: 남성 10~19점, 여성 6~9점
- 알코올사용장애군: 남성 20~40점, 여성 10~40점

합계: (   ) 점

　　세계보건기구는 점수에 따라 대상자를 세 군으로 나누고 각 경우에 적합한 대처법을 제시했다.

　　'정상음주군'에 해당하는 사람은 남성의 경우 하루에 2~4잔, 여성의 경우 하루에 1~2잔 이내로 술을 줄이고 일주일에 2~3일은 금주하도록 권고했다. 다만 임산부, 청소년, 가족 중 알코올중독이 있는 사람, 질환(고혈압·당뇨·협심증·우울증·불면증 등)이 있는 사람, 음주 후 난폭한 행동을 하거나 사고를 낸 경험이 있는 사람은 정상음주군에 속하더라도 술을 끊도록 권고했다.

　　'위험음주군'의 경우에는 정상음주군과 마찬가지 방법으로 술을 줄이되, 알코올 전문가의 상담을 받도록 했다. 상담을 통해 자신의

음주 패턴을 파악하고 알코올중독을 예방할 필요가 있다. 음주 일지 작성, 술 마시는 속도 줄이기, 폭탄주나 독주 피하기, 스트레스 대처 훈련, 술 마시지 않는 날 정하기 등의 인지행동기법이 주로 사용된다. 주기적으로 검사를 재시행하며 술 문제를 잘 해결했는지, 알코올사용장애로 진행되었는지 여부를 점검해야 한다.

'알코올사용장애군'에 해당하는 사람은 술을 줄이는 것이 더이상 불가능한 상태이기 때문에 술을 끊을 것을 권고했다. 이 역시 혼자만의 노력으로는 대부분 실패하므로 반드시 치료를 병행하도록 했다. 하루 속히 전문병의원, 알코올 상담센터, 정신보건센터의 도움을 받아야 한다. 본인의 치료 의지가 부족할 경우에는 관계기관과 가족이 나서서라도 치료를 받도록 배려해야 한다.

일주일에 몇 번 마시지도 않는데, 왜 알코올중독자인가?

알코올중독에 걸린 사람들이 가장 흔히 하는 착각은 자신이 며칠간 혹은 몇 주간 술을 마시지 않을 수 있기 때문에 아직은 술을 조절할 수 있다는 것이다. 그러나 이것은 알코올중독의 전형적인 임상 양상 중 하나일 뿐이다. 다음과 같은 유형 중에 자신이 어디에 해당하는지 확인해보자(미국의 생물학자 루이스Lewis와 카슨 Carson의 분류를 참고했다).

종일 음주형pattern of whole day drinking

　밤낮을 가리지 않고 매일 술을 마시며 늘 취한 채로 살아간다. 낮에는 해장술을 마시고 반주를 즐기며 밤에도 술을 마신다. 이 때문에 직장을 잃거나 생활을 관리할 수 없는 경우가 많다. 영양소를 제대로 섭취하지 못해 건강 상태도 불량하다. 항상 기회가 되면 조금씩 술을 마시기 때문에 다른 유형처럼 폭음을 하는 일은 의외로 드물다. 사람들이 흔히 알고 있는 알코올중독 환자의 모습에 가장 가까운 유형이다. 쉽게 문제가 드러나기 때문에 병원을 찾기 전부터 주변에서 이미 알코올중독자로 여기고 있는 경우가 많다.

저녁 폭음형pattern of heavy drinking limited to evening and night

　직장인에게서 많이 볼 수 있는 유형으로 퇴근 후 스트레스와 피로를 풀기 위해 마시던 술에 중독된 경우다. 근무를 하는 낮에는 술을 마시지 않지만 퇴근 후에 술을 마시고 늦게 귀가하는 때가 많다. 이로 인해 배우자와 갈등을 겪고, 다음 날 숙취 때문에 지각을 하거나 근무에 지장을 받기 쉽다. 스트레스를 풀기 위해 술을 마실 수밖에 없다고 믿지만 술 때문에 가족과 갈등을 겪고 직장에서 능력을 인정받지 못하면 오히려 자기연민에 빠져 술을 마시는 이유는 늘어난다. 때로는 주변 사람들을 탓하며 주사를 부리기도 해서 가족을 힘들게 한다. 본인과 가족이 알코올중독에 걸린 것을 인지하지 못해 치료가 늦어질 경우 종일 음주형으로 진행하기도 한다.

휴일 폭음형 pattern of heavy drinking limited to weekends

근무를 하는 평일에는 술을 마시지 않지만 공휴일이나 주말 저녁에는 어김없이 술을 마시는 유형이다. 교대 근무자의 경우에는 비번일 때마다 술을 마신다. 일에 큰 지장이 없기 때문에 본인은 물론 직장 동료, 가족까지도 알코올중독에 걸린 것을 인지하지 못해 치료 시기가 늦어진다. 한 번에 폭음을 하는 경향이 있어서 필름이 끊길 때까지 마시고 실수를 반복한다. 때로는 크고 작은 사고가 나기도 한다. 쉬는 날이면 밤에는 술에 취해 있고 낮에는 늦잠을 자며 몸을 추스르고 다음 날 다시 근무에 복귀한다.

단주 폭음 반복형 pattern of period of sobriety interspersed with binge

단주와 폭음의 주기 cycle를 반복하는 유형이다. 며칠에서 수개월까지 술을 마시지 않다가 한 번 입에 대면 발동이 걸린다. 일단 발동이 걸리면 스스로 음주를 중단할 수 없어서 거의 매일 술을 마시다가 체력이 고갈되면 비로소 멈춘다. 이후 또 실수를 했다는 것에 후회하고 자책하며 한동안 술을 참는다. 그러나 시간이 흐르면 어떤 계기로든 다시 술을 입에 대게 되고 동일한 사이클을 다람쥐 쳇바퀴 돌듯이 반복한다. 점차 단주 기간이 짧아지고 폭음 기간이 늘어난다. 또한 지나치게 폭음을 하고 음주 기간에는 자기 관리를 전혀 하지 못하기 때문에 치명적인 사고가 일어나기 쉽다.

키친 드링커 kitchen drinker

주로 주부들이 해당하는 유형으로 가족들이 일을 나간 낮 시간이나 잠든 밤 시간에 자신만의 공간인 부엌에서 몰래 술을 마신다. 말 못할 가정 내 스트레스, 우울증, 불면증이 계기가 되는 경우가 많다. 남들의 눈을 피해 은밀하게 술을 마시기 때문에, 함께 사는 가족조차 상황이 심각해지기 전까지 문제를 전혀 파악하지 못한다. 여성의 경우 남성에 비해 알코올중독 자체는 물론 신체적 · 정신적 합병증도 빠르게 진행된다. 게다가 일반적으로 우울증이나 불면증 때문에 술을 마시면 오히려 상태가 악화된다. 이로 인해 가정불화, 간경화, 자살 같은 최악의 결과를 갑작스럽게 맞을 수도 있다.

중독의 길에서
회복의 길로 이르는 방법

많은 사람들이 평생 동안 중독의 길에서 헤매며 알코올중독자로 살다가 죽은 반면, 또 다른 많은 사람들은 회복의 길을 걸으며 자신의 인생을 구해냈다. 당신은 과연 두 길 중 어느 길을 걷고 있는가?

중독자의 가족은 그가 언젠가는 정신을 차리고 술을 줄이거나 끊을 수 있으리라 기대한다. 지금보다 더 나쁜 상황은 상상도 하고 싶지 않다.

"설마 평생 저렇게 살겠어요? 몸이 견디지 못하면 알아서 술을 줄이겠지요."

그러나 수십 년간의 연구 결과 알코올중독이 만성적으로 진행되는 질병이라는 것에는 더이상 이견이 없다. 한 인간의 성격·의지·능력·건강 등 모든 영역이 망가지는 전인적인 질환이라는 점은 더 절망적이다.

• 알코올에 중독되는 단계

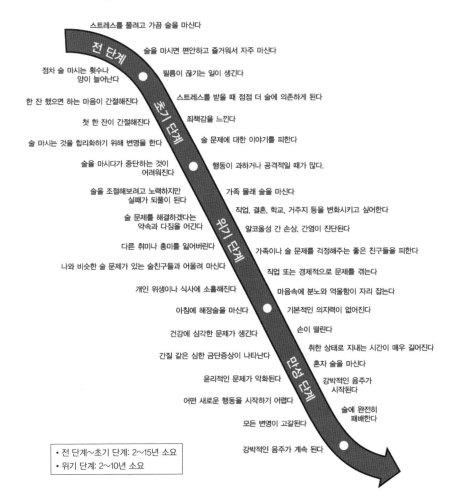

스트레스를 풀려고 가끔 술을 마신다

전 단계

술을 마시면 편안하고 즐거워서 자주 마신다

점차 술 마시는 횟수나 양이 늘어난다

필름이 끊기는 일이 생긴다

초기 단계

한 잔 했으면 하는 마음이 간절해진다

스트레스를 받을 때 점점 더 술에 의존하게 된다

첫 한 잔이 간절해진다

죄책감을 느낀다

술 마시는 것을 합리화하기 위해 변명을 한다

술 문제에 대한 이야기를 피한다

술을 마시다가 중단하는 것이 어려워진다

행동이 과하거나 공격적일 때가 많다.

술을 조절해보려고 노력하지만 실패가 되풀이 된다

가족 몰래 술을 마신다

위기 단계

직업, 결혼, 학교, 거주지 등을 변화시키고 싶어한다

술 문제를 해결하겠다는 약속과 다짐을 어긴다

알코올성 간 손상, 간염이 진단된다

다른 취미나 흥미를 잃어버린다

가족이나 술 문제를 걱정해주는 좋은 친구들을 피한다

나와 비슷한 술 문제가 있는 술친구들과 어울려 마신다

직업 또는 경제적으로 문제를 겪는다

개인 위생이나 식사에 소홀해진다

마음속에 분노와 억울함이 자리 잡는다

아침에 해장술을 마신다

기본적인 의지력이 없어진다

건강에 심각한 문제가 생긴다

손이 떨린다

취한 상태로 지내는 시간이 매우 길어진다

간질 같은 심한 금단증상이 나타난다

혼자 술을 마신다

만성 단계

윤리적인 문제가 악화된다

강박적인 음주가 시작된다

어떤 새로운 행동을 시작하기 어렵다

술에 완전히 패배한다

모든 변명이 고갈된다

강박적인 음주가 계속 된다

• 전 단계~초기 단계: 2~15년 소요
• 위기 단계: 2~10년 소요

이 끔찍한 병은 회복의 과정을 밟지 않는 한 예외 없이 현재보다 더 악화된다. 중독자가 어떤 모습이든지 간에 그나마 현재가 가장 나은 상태다.

알코올중독을 질병으로 표현한 의사 중 한 명인 예리네크^{Jellineck}는 중독 환자 2천여 명을 조사한 후 이 병의 진행 과정을 4단계로 분류했다. 개인에 따라 차이가 있기 때문에 모든 사람에게 꼭 들어맞는다고 할 수는 없다. 그러나 중독의 길을 전반적으로 이해하고, 자신의 상태를 가늠해보기 위해서라면 유용할 것이다.

1단계: 알코올중독 전 단계 pre-alcoholism stage

처음부터 알코올중독자였던 사람은 아무도 없다. 지금은 비록 중독자일지라도 남들처럼 아무런 문제없이 술을 즐겼던 시절이 몇 년 이상 혹은 수십 년까지 지속되기 마련이다.

긴장과 스트레스를 풀고 지인들과 즐거움을 누릴 수 있기 때문에 술을 좋아했던 것뿐이다. 누군들 처음부터 술 문제가 있었겠는가? 또 자신이 알코올에 중독될 줄 알았다면 그렇게까지 술을 마셨겠는가? 술을 마시는 것이 좋았고 별 문제가 없었으니 즐겼던 것이다. 안타까운 점은 점차 조절능력을 상실하고 있는 징후가 있었는데도 이를 눈치 채지 못한 것이다.

알코올중독으로 진행할 징조를 미리 알아차리기란 쉽지 않다. 그러나 중독자가 되는 사람에게는 몇 가지 두드러진 특징이 있다. 우선 술을 통해 근심 걱정을 덜고 기분이 좋아지는 것과 같은 긍정적인 효과 positive reinforcement가 남들보다 더 강하게 나타난다. 반면 술을 마실 때 느끼는 고통이나 숙취 등 부정적인 효과 negative reinforcement는 약한 편이다.

술에 취하면 어지럽고 머리가 아프고 속이 울렁거리는 것이 정상이다. 기분이 적당히 좋아지는 대신 졸음이 오고 몸을 가누기 힘들어 더이상 술을 마실 수 없어야 한다. 술을 마시는 것이 힘들지 않고 숙취도 없는 사람은 위험하다. 술을 마시면 쉽게 기분이 좋아지고 스트레스가 해소되는 체질은 곧 술에 잘 중독되는 체질이다. 이런 사람들은 술을 마시면 마실수록 심신心身이 이에 익숙해져 점점 더 술을 원하게 된다.

점차 다른 사람들보다 술을 자주 마시게 되고 몸이 술에 강해져서 폭음을 하는 빈도도 늘어난다. 다른 사람들보다 술을 더 잘 마시는 것에 으쓱할 때도 있지만, 사실은 조절능력이 상실되고 있는 것이다.

술을 아무리 좋아해도 20대 때는 대부분 이 선을 넘지 않고 그저 '술이 센 사람' 정도에 머무른다. 그러나 최근에는 청소년 음주나 여성 음주가 늘어나면서 훨씬 이른 시기에 다음 단계로 이행하고는 한다.

2단계: 알코올중독 초기 단계 early alcoholism stage

술을 조절할 수 있는 능력이 점차 상실되어 음주가 일상이 되어버리는 단계다. 기쁜 일이 있을 때나 속상하고 우울할 때, 또는 힘든 일을 마친 이후에는 어김없이 술을 마신다. 무슨 일이든 간에 '한잔했으면' 하는 마음으로 연결되어서 그냥 넘어가기가 쉽지 않다. 술을 마실 때 가장 기분이 좋고 편안한데 굳이 다른 선택을 할 이유가 없는 것이다.

술을 마시지 않는 모임은 재미가 없고, 어떤 술을 얼마만큼 즐길 수 있을지에 주로 관심이 간다. 원샷을 하게 되고 필름이 끊기는 일black out도 늘어난다. 적당히 마시고 일어나야 한다는 것을 알지만 자신의 의지로는 술자리를 끝내기가 쉽지 않다. 한 번 마시면 취할 때까지 마시는 것이 당연하고 실수도 잦아진다.

이 시기에 이르면 주변 사람들이 술 문제에 대한 충고를 하기 시작한다. 그러나 귀에 잘 들어오지는 않는다. "어떻게 한 번에 술을 끊나요? 줄이도록 노력하겠습니다."라고 둘러댄다. 사실은 의존성이 생긴 탓에 술을 끊는 것이 어렵게 느껴지는 것이다. 실수가 반복되면 술을 마실 수밖에 없었다고 변명하고 때로는 주변 사람들을 탓하며 짜증도 낸다. 때에 따라서는 몰래 마시고 주변 사람을 속이기도 한다.

가정불화 같은 여러 사회적인 문제들이 시작된다. 성격은 급하고 예민하게 변하며 자기연민에도 잘 빠진다. 우울증·불안증·불면증이 생길 수도 있다. 건강도 나빠지기 시작한다.

객관적으로는 술로 인해 몸과 마음에 문제가 생겼기 때문에 술을 끊을 필요가 있다. 이 단계에 있는 사람들 대부분은 언제든지 자신이 마음만 먹으면 술을 끊을 수 있다고 생각한다. 그러나 정작 행동에 옮기지 못한다. 억지로 술을 참을 수는 있어도 몇 개월을 넘기지 못한다. 30~40대 초반에 이 단계에 이르는데 선택이 늦어지면 점차 회복하기도 어려워진다.

3단계: 위기 단계 crucial stage

술에 대한 통제력이 거의 상실된 시기다. 소중한 모든 것을 잃을지도 모르는 중대한 위기에 봉착했는데도 일단 술을 입에 대면 쓰러질 때까지 마시고는 한다. 해장술을 마시거나 다른 사람의 간섭을 피해 혼자 술을 마시는 등 술 마시는 패턴도 위태롭다.

친구와 직장을 잃을 수도 있고 배우자는 이혼을 생각하며, 부모와 형제조차 그를 중독자로 여긴다. 주변 사람들이 술을 끊으라고 훨씬 강하게 압박하기 시작한다. 하지만 도저히 술을 끊을 수 없기 때문에 주변의 따가운 시선은 오히려 수치심과 자기증오만을 유발한다. 이러한 마음이 주변 사람들에 대한 분노와 적개심으로 변하면 술에 취해 욕설을 하는 등 공격적으로 행동한다. 이미 술이 인생의 중심에 자리 잡고 있어서 다른 소중한 것들을 포기할지언정 술에서 벗어날 수는 없는 술의 포로가 되어버린 것이다.

술 마시는 것 이외에는 세상에 대한 관심도 줄어들어 점점 외롭고 고립된 사람으로 변해간다. 술을 마시지 않는 모임에는 나가지 않고, 술친구가 아니면 사람들을 만나지도 않는다. 술과 관계가 없는 여가활동에는 흥미가 없다. 손이 떨리고 알코올성 간질환을 진단받는 등 건강에도 문제가 생기지만 여전히 관심은 술 마시는 일에 쏠려 있다.

이 단계에서도 일시적으로 술을 끊거나, 덜 독한 술로 주종을 바꾸는 일이 불가능한 것은 아니다. 그러나 그러한 노력은 자신이 알코올중독자가 아니라는 것을 증명하기 위한 자기위안에 그친다. 스스로 위안을 얻고 상황이 나아지면 다시 술을 입에 대고 금세 예전 상태로 돌아가 술을 조절하지 못한다. 술 문제를 해결하겠다던 약속은 거짓말을 한 꼴이 되어 가족의 실망도 깊어진다. 이러한 실패가 되풀이되면 다음 단계로 넘어가기까지 얼마 걸리지 않는다.

4단계: 만성 단계chronic stage

술에 완전히 집착하게 되어 며칠씩 계속 술을 마시고 하루 종일 취해 있는 경우가 빈번한 단계다. 특별히 술을 마시는 이유도 없고 그저 술을 마시기 위해 사는 사람처럼 보인다. 때와 장소를 가리지 않고 술에 취해 있으면서도 수치심이나 죄책감을 거의 느끼지 못한다. 더이상 가족, 친구, 직장을 지키는 일은 안중에도 없어서 모든 것이 무너져버린다. 자신의 외모나 사회적 위치조차 잃어버리고 중독자가 되어버린 것을 스스로도 더이상 부정하지 않는다. 주변 사람들도 그가 술을 끊을 수 있을 것이라고 더이상 기대하지 않는다.

몸과 뇌는 술기운이 남아 있는 상태를 정상인 것처럼 여긴다. 며칠간 술을 마시지 않으면 금단 증상이 생겨 술을 마시지 않고는 단 하루를 넘기는 것도 쉽지 않다. 몸이 떨리고 불안해지는 것을 넘어서 심한 경우에는 정신착란과 환각을 경험하는 금단섬망delirium tremens이나 간질seizure을 겪기도 하는데, 이는 생명을 위협한다.

뇌 손상에 의해 사고력이나 인지기능에 장애가 생기고 윤리적인 판단력도 퇴보한다. 원래의 자아自我는 사라지고 온전했던 시절과는 전혀 다른 사람이 되어버린다. 우울증이나 불안증이 심하면 자살시도를 하는 사람도 있다. 간경화, 합병증을 동반한 당뇨, 심한 통증이 지속되는 말초신경염 등 신체적인 문제도 심각한 수준에 이른다.

건강이 악화되어 체력이 소진되면 오히려 술을 줄여 마시기도 하는데, 이는 회복하려는 조짐이 아니라 이제 한계에 도달해 더이상 버틸 수 없게 되었다는 것을 암시한다.

이 단계에서도 술 문제를 해결하지 못할 경우에는 건강 악화, 사고, 자살 등으로 인해 결국 사망에 이른다. 평균 사망 연령은 50대 중반밖에 되지 않는다. 이때마저 회복의 과정을 밟는 것을 회피한다면, 이제 폐인이 되거나 죽음을 맞는 2가지 선택만이 남는다.

중독자의 결말과 회복자의 결말은
어떻게 다른가?

중독자가 맞는 미래는 3가지밖에 없다. 하나는 죽는 것이다. 다른 하나는 병원에 격리되어 여생을 보내는 것이다. 마지막 하나는 술을 끊고 회복되는 것이다.

당신이 중독의 길 어디 즈음에 있는지와 상관없이 사실 해결책은 하나뿐이다. 다른 길을 찾아 새로운 길로 걸어야 한다!Walk down another street! 그러나 중독자의 길에 머무는 동안에는 다른 길이 있다는 사실을 도무지 믿을 수가 없다.

"술을 완전히 끊으면 영업도 못 하게 되고, 친구도 잃고 손해가 한두 가지가 아닙니다."

전영훈 씨는 처음 의사를 만났을 때 단주가 도저히 불가능하다고 한참을 토로했다. 그러나 의사와 대화한 후 용기를 얻었고 1년간 성공적으로 술을 끊을 수 있었다. 1년간의 단주를 축하하는 의사에게 영훈 씨는 다음과 같은 고백을 했다.

"선생님, 저는 지금 술을 마실 때와는 완전히 다른 새로운 세상에 있는 기분입니다. 술을 마실 때는 술에 취해서만 웃을 수 있었어요. 나머지 인생은 짜증나고 우울했습니다. 표정도 살벌했다고 하더군요. 그런데 요즘 주변에서 제 표정이 많이 밝아졌다고 합니다."

"하루하루 힘든 일이 많다고 하지 않으셨나요?"

"물론 지금이 좋기만 한 것은 아닙니다. 술 한잔 하고 나면 일시적으로나마 고달픈 현실을 잊고 편해질 테니까요. 하지만 그렇게 희망 또한 잃어버리겠지요. 저는 이제 희망을 가지고 삽니다. 술을 마시지 않으니 잘되든 못되든 뭐라도 한번 해볼 수 있습니다. 조금씩은 제 인생이 나아지는 것을 느낍니다. 그것이 힘든 와중에도 제가 웃을 수 있는 이유입니다."

오랜 세월 술에 빠져 살다가 바닥을 친들 고작 바닥 바로 위에 있을 뿐이다. 가야 할 길은 힘겹고 멀기만 하다. 그러나 적어도 끝 모르게 악화되어가던 시간은 멈출 수 있다. 뭔가 나아질 수 있다는 희망이 생기는 것은 이때부터다. 이는 그 무엇과도 바꿀 수 없는 큰 변화다.

회복에 이르는 길을 밟는 사람들의 표정은 밝고 당당하다. 현실은 여전히 고단한데도 말이다. 그들의 표정이 나아질 수 있었던 비결은 내일은 오늘보다 조금이라도 더 좋아질 수 있다는 '희망', 바로 그것이다.

사실 우리가 중독에 빠지게 된 상황이나 이유에 대해 아는 것은 그렇게 중요한 문제가 아니다. 정녕 우리가 깨달아야 할 것은 중독이 우리를 절망의 구렁텅이에서 헤어나지 못하게 하고 있다는 점이다. 절망의 독이 더 멀리 퍼지기 전에 중독이라는 독화살을 먼저 제거하고 상처를 치유해야 한다. 타인을 원망하고 핑계를 대느라 시간을 지체하며 정작 독화살은 우리 몸에 그대로 둔다면, 그보다 어리석은 일도 없을 것이다.

변화하고 회복하고 싶은,
그 마음을 깨워라

이제 더이상 길을 찾아 헤매지 않아도 된다. 혼자 힘으로 낯선 길을 개척할 필요도 없다. 회복의 길을 자신에게 적용하고 유지할 수 있는 용기와 의지만 있으면 된다.

입원중인 중독자를 대상으로 강의를 하며 의사가 물었다.

"여러분 중 과연 몇 명이나 술을 끊는 데 성공할까요?"

환자들이 대답했다.

"저희 중 5%는 끊지 않을까요?" "솔직히 한 명도 성공하지 못할 것 같습니다."

환자들은 하나같이 통계보다 훨씬 낮은 성공률을 예상했다. 그들은 패배감에 젖어 있었다. 몇 번의 실패를 맛보고 나면 희망은 사라지고 절망만 느끼게 된다.

사실 과거에 알코올중독은 낫지 않는 병이었다. 희망은 없었다.

이 몹쓸 병에 걸린 사람들은 우울한 인생을 살다 주어진 수명도 다 채우지 못한 채 죽어갔다.

1935년 미국의 알코올중독자들 스스로가 이 병에서 해방되기 위해 자조모임Alcoholic Anonymous을 만들었다. 이후 약물치료를 포함한 여러 가지 치료 방법들이 개발되었다. 회복에 대한 희망은 점차 현실이 되어갔다. 회복의 과정은 체계적으로 정리되었고 치료기관도 늘어났다. 수많은 사람들이 알코올중독에서 해방되었다.

이제 더이상 길을 찾아 헤매지 않아도 된다. 혼자 힘으로 낯선 길을 개척할 필요도 없다. 회복의 길을 자신에게 적용하고 유지할 수 있는 용기와 의지만 있으면 된다.

"내가 알아서 할 테니 참견하지 마세요!"

이렇게 고집을 부리다가는 회복의 길이 없던 시절에 외롭게 죽어갔던 중독자처럼 되고 말 것이다.

술만 마시던 사람이
어떻게 변화할 수 있나?

알코올중독에 걸렸다고 할지라도 술만 끊으면 모든 것이 해결될까? 결코 그렇지 않다. 아이러니하게도 술을 끊으면 그때부터 모든 문제가 시작된다. 술에 빠져 살았던 몇 년간 외면하고 감춰왔던 문제들은 술을 끊는 순간 냉정한 채무자가 되어 하나하나 나

• 알코올에서 회복되는 단계

과거 어느 때보다도 나은 삶을 영위한다

유지 단계

치료와 모임을 유지한다

참을성이 늘어난다

자신이 변명해왔던 것을 인정한다

맨 정신인 것에 만족감을 느낀다

용모가 깔끔해진다

경제적으로 안정되기 시작한다

직장에서 신뢰를 얻는다

감정을 잘 조절할 수 있게 된다

행동 실천 단계

진정한 삶의 의미를 음미한다

인정하기 어려웠던 사실을 직면할 용기가 생긴다

인생의 가치관을 회복한다

술을 마시지 않는 좋은 친구들을 사귄다

새로운 흥미가 늘어난다

가족과 친구들이 나의 노력을 인정해준다

가족에게 좋은 역할을 한다

자연스럽게 잠에 들고 휴식을 취한다

현실성 있는 생각을 한다

현실을 피하고 싶은 욕구가 사라진다

준비 단계

식사를 규칙적으로 한다

자신감이 회복된다

새로운 삶이 가능하다고 느낀다

알 수 없는 미래에 대한 두려움이 감소한다

새로운 희망이 시작된다

치료와 자조모임에 참여한다

영적으로 회복할 필요를 느낀다

숙고 단계

신체건강이 회복된다

자아(self)가 회복된다

올바르게 사고(思考)할 수 있게 된다

술을 끊는다

행복하고 안정된 감정을 느낀다

알코올중독이라는
병에 대해서 배운다

숙고 전 단계

중독을 멈춰야겠다고 말한다

강박적인 음주가 계속된다

도움을 원하는 진실한 욕구가 생긴다

를 찾아온다. 회복의 길은 그 채무를 갚아나가는 쉽지 않은 여정이
다. 그래서 많은 중독자들은 회복의 길에 접어들 엄두를 내지 못한
다. 회복의 길 주변을 배회하다가 이내 포기해버리고는 한다.

그러나 오늘도 묵묵히 회복의 길을 걷는 사람들도 있다. 분명한 것은 그들 역시 한때는 중독자였다는 점이다.

오랜 세월을 술에 의지한 끝에 무력해 보이기만 하던 사람이 어떻게 그 힘겨운 과정을 견뎌낼 수 있을 정도로 변한 것일까? 그들은 변하지 않는 중독자들과 무엇이 다른가? 저명한 심리학자 밀러Miller는 중독에서 해방되는 사람들이 변화하는 과정을 다음과 같이 5단계로 설명했다.

1단계: 숙고 전 단계 precontemplation

"도대체 내 술버릇이 뭐가 그렇게 큰 문제라고 다들 난리인지 모르겠어요."

성지환 씨는 술을 끊으려는 의지가 전혀 없었다. 술 문제를 인식하지 못했기 때문에 변화하려는 의지 또한 없었다. 주변 사람들이 지환 씨에게 문제가 있다고 말해도 당사자는 도통 관심이 없었다. 오히려 좌절감에 사로 잡혀 어차피 술을 끊는 것은 불가능하다고 여겼다.

성지환 씨에게 변해야만 하는 절박한 이유가 생기지 않는다면 평생 동안 이 단계에서 헤맬 것이다. 죽을 때까지 아무것도 나아지지 않고 점점 악화되기만 할 것이다.

이를 벗어나려면 술 문제에 대해 걱정하고 염려하는 마음이 되살아나야 한다. 이런 감정은 정상이라면 당연히 있어야 하지만 술의 덫에 빠져버리면 종적을 감춘다. 성지환 씨도 술 문제가 자신에게

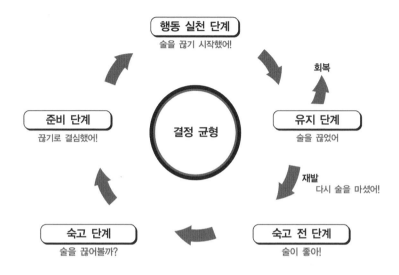

해가 되지 않는다는 고집만 부렸다.

그러나 사람은 원래 누구나 긍정적인 방향으로 변하고 싶어하는 본성이 있다. 알코올중독자라 할지라도 이는 마찬가지다. 술이 그 마음을 억누르고 있는 것뿐이다. 변화의 첫 단계는 그 마음을 깨우는 것이다.

단지 자신의 상황을 모르기 때문에 이런 상태에 있는 사람이라면, 알코올중독에 대한 올바른 정보를 접하는 것이 중요하다. 현재의 음주가 앞으로 어떤 부정적인 결과를 초래하게 될지, 술을 끊는다면 인생 전체가 어떻게 긍정적인 방향으로 변할 수 있는지 깨달

는 것이다. 자신의 상황에 대해 의구심을 가지게 되면 대책을 찾게
되고 이 단계를 극복할 수 있다.

치료를 받으면 술 마시는 권리를 빼앗길까 봐 회복을 피하는 사
람들도 있다. 이런 사람은 회복의 과정이 어떻게 진행되는지 미리
살펴보면 특히 도움이 된다. 치료는 구속하고 간섭하는 과정이 아
니다. 오히려 인생을 스스로 통제할 수 있도록 돕는 과정이다. 치료
를 받으면 받을수록 자유롭고 당당해진다. 이 점을 이해하면 치료
에 대한 오해와 불안이 줄어든다.

사실 회복을 결심하고 스스로 치료기관이나 자조모임을 찾은 사
람은 이미 이 단계를 극복했을 가능성이 많다. 심지어 가족에 의해
혹은 법적 문제나 사회적 압력 때문에 어쩔 수 없이 치료를 받게 되
는 사람들도 그나마 다행이다. 많은 전문가들이 이 단계를 극복할
수 있도록 돕는 방법을 이미 연구해두었기 때문이다.

문제는 이 단계에 머물러 있지만 변화할 수 있는 어떠한 계기도
갖지 못하고 있는 사람들이다. 그들을 구하기 위해서는 가족과 주
변 사람들의 일관된 태도가 중요하다. 이에 대해서는 뒤에서 다시
설명하기로 한다.

2단계: 숙고 단계 contemplation

김정배 씨는 자신의 술 문제를 잘 알고 있었다. 그러나 2가지 마
음이 충돌해 결정을 내리기가 쉽지 않았다. 하나는 '이대로 술을 마
셨다가는 큰일이 나겠어. 술을 끊는다면 모든 것이 지금보다는 나

아질 거야. 그래! 변화가 필요해.' 하는 마음이었다. 나머지 하나는 '역시 술을 끊는 것은 엄두가 나지 않아. 술을 끊으면 무슨 낙으로 살지? 저번에도 며칠간 술을 안 마셨더니 잠도 안 오고 짜증만 났었잖아.' 하는 마음이었다.

이를 양가감정ambivalence이라고 부른다. 한편으로는 변화에 관심을 갖지만 다른 한편으로는 변화를 주저하는 것이다. 이는 변화 과정에서 반드시 겪게 되는 지극히 정상적인 감정이다. 좋은 결정을 내리기 위해 서두르는 감정을 애써 억누를 필요는 없다. 어차피 최상의 결과가 무엇인지 가장 잘 판단할 수 있는 능력은 자신에게 있다.

오히려 이런 감정을 존중하고 술로 인해 야기되는 손실과 이득을 정확하게 저울질할 수 있어야 한다. 마음의 저울이 필요하다.

'내가 술을 끊으면 사람들이 나를 얕잡아 볼까? 더 건강해질 수 있을까? 노력해봤자 실패하는 것은 아닐까? 가족이나 친구들이 나를 좋게 봐줄까? 사는 즐거움이 사라질까? 주변 사람들의 삶이 나아질까? 가족이 행복해질까? 경제적으로 좋아질까?' 끊임없이 질문을 만들고 이를 끊임없이 마음의 저울에 달아봐야 한다.

근본적인 질문 중 하나는 '원래 나의 인생의 목표와 가치관이 무엇이었는가?' 하는 것이다. 누군가는 자신의 행복을 위해 살 것이고, 누군가는 화목한 가정을 위해 살 것이다. 남들보다 명성과 재물을 쌓아 성공하는 것이 목표인 사람도 있고, 종교적인 신념을 지키는 것에 삶의 가치를 두는 사람도 있다. 당신 역시 과거에는 분명 인생을 살아가는 지향점이 있었을 것이다. 그것이 술로 인해 어떻게 변해버렸는지 스스로에게 물어보자. 자신이 처해 있는 현실과 꿈꿔왔던 삶이 달라지지 않았는가? 술이 그것에 어떤 영향을 주었는가?

김정배 씨는 방어적으로 자신의 상황을 회피해봤자 아무런 도움이 되지 않았다는 것을 깨달았다. 정배 씨는 술을 계속 마셨을 때 초래되는 고통스러운 장면과 상황들을 구체적으로 상상해보았다. 때로는 감정이 흔들리고 당황하게 되거나 슬픔에 사로잡혔지만 점차 괜찮아졌다. 그런 격정적인 감정들이 오히려 변화의 힘이 회복되고 있다는 좋은 징조라는 것을 알게 되었기 때문이다. 또한 신뢰할 만한 전문가를 자주 찾으면서 위로를 받고 힘을 얻을 수 있었다. 이대로라면 다음 단계로 넘어가는 것도 어렵지만은 않을 것 같았다.

3단계: 준비 단계 preparation

"아무래도 술을 끊는 방법밖에 없겠어. 언제부터 어떻게 시작해야 하지?"

한승재 씨는 변화해야겠다는 마음을 굳혔다. 그는 이제 준비 단계에 접어든 것이다. 이제 변화하기 위한 구체적인 전략을 세워야 한다. 계획 하나하나에 대한 최종 선택은 본인이 하되 이에 대한 책임도 본인이 지겠다는 마음가짐이 필요하다.

그러나 이것을 자신의 의지와 고집만으로 술을 끊으라는 뜻으로 오해한다면 곤란하다. 굳은 결심만으로는 결코 변화에 성공할 수 없다. 아직 회복의 길을 완주해보지 않은 사람이 술을 끊는 순간 닥치게 될 여러 문제와 유혹과 수많은 함정들을 모두 예견하며 대처하기란 쉽지 않다. 우리에게 필요한 것은 성공 가능성이 높은 현실적인 대안이다. 따라서 전문가와 회복에 성공한 선배들에게 도움을 받아야 한다.

한승재 씨는 알코올중독 치료 병원, 자조모임, 지역사회 상담기관을 어떻게 활용하면 좋을지 날짜 하나하나까지 자세히 계획을 수립했다. 전문가들과 함께 예상되는 장애물과 그에 대한 대처 방법을 세세하게 준비했다. 준비를 잘하는 것 자체가 변화를 시작하고 유지하는 가장 큰 힘이 된다. 경제 문제·법적 문제·건강 문제 등을 해결할 대책들도 세웠다. 가족과 친구들에게도 적극적으로 자신의 계획을 설명하고 도움을 청했다. 변화 계획은 여러 사람과 공유할수록 성공 가능성이 높아진다.

한승재 씨는 이런 준비 과정을 거쳐 실패할지도 모른다는 절망 대신 성공할 수 있다는 희망을 가지게 되었다. 장차 일어날 여러 어려움들을 이겨내고 목표하는 바를 이룰 수 있다는 긍정적인 믿음이 생긴 것이다. 조난을 당했을 때 구조되는 사람들은 마지막까지 버티며 희망을 포기하지 않은 사람들이다.

4단계: 행동 실천 단계action

"한 달 동안 술을 끊었더니 몸도 가볍고 가족들도 좋아해서 만족스럽습니다. 하지만 아직 뭔지 모를 허전함이 있습니다. 언제까지 술을 끊을 수 있을까요?"

한태성 씨가 깊은 한숨과 함께 자신의 심정을 의사에게 토로했다. 술을 끊기 시작했더라도 3~6개월까지는 안정권에 접어들었다고 속단할 수 없다. 때로는 그 이상이 걸리기도 한다. 단주를 행동에 옮기면 좋아질 수 있다고 믿었는데, 오히려 마음이 허전하고 우울하기까지 하니 이게 어찌된 일이란 말인가? 술을 끊으면서 시작된 금단 증상과 한잔 마시고 싶은 갈망감은 만만치가 않다.

한태성 씨도 현실적인 난관에 직면할 때면 자신도 모르게 술잔에 손이 가려는 것을 느꼈다. 술 없이 평생을 산다고 생각하면 어색하고 자신이 없었다. "정말 치료가 나에게 효과가 있는 것일까?" 하는 회의감이 들 때면 실패가 가까워진 것처럼 느껴졌다.

계획했던 행동을 실천에 옮기려면 매일매일이 새로운 도전이다. 아침에 눈을 떠서 밤에 눈을 감는 순간까지 유혹은 강력하고 집요하게 찾아온다. 이를 몇 개월 전에 세워둔 계획만으로 이겨내기란 애초에 불가능하다. 매 순간을 예측하며 계획을 수정하고 보완해서 행동으로 실천하고 유지하는 힘을 지켜내야 한다. 단주는 지금 이 순간과의 싸움이다.

우리가 실천해야 하는 행동은 한두 가지가 아니다. 술을 마실 수밖에 없게 되는 상황과 감정을 피하려는 행동, 피치 못하고 그 상황에 놓였을 때 위기를 넘기기 위한 행동, 술의 빈자리에 남은 공허함을 채우기 위한 행동, 술의 힘을 빌리지 않고 사람들과 어울려 대화를 나누고 마음을 나누기 위한 행동, 취미생활을 하며 인생의 재미를 되찾으려는 행동, 술 없이도 스트레스를 해소하고 어려움을 이겨내는 행동 등 여러 가지다.

술을 끊겠다는 결심을 하고 통찰을 하는 것도 물론 중요하다. 그러나 단주를 시작한 이후 가장 중요한 것은 '바로 지금 내가 어떤 행동을 실천하고 있는가.'이다.

한태성 씨는 의사와 함께 현재 상태를 점검하고 새로운 계획들을 세웠다. 단주모임에 참여해 다른 회복자들에게 자신의 고민에 대한 조언도 들어보기로 했다. 일기장을 마련해서 매일매일 계획을 세우고 점검해볼 예정이다. 이런저런 계획을 세우고 실천할 때마다 자신감은 살아날 것이다.

회복자가 절대 포기해서는 안 될 행동은 무엇보다도 치료를 유지하는 것이다. 얼마간 술을 끊은 것에 고무되어 혼자 힘으로 해보려던 사람들은 대개 중도에 실패하고 만다. 회복의 길은 치료자나 조력자들과 맺은 신뢰관계rapport가 깨지면 신기루처럼 사라진다. 모임에 참여하고 병원을 방문하는 일만 꾸준히 해도 변화를 향한 발걸음에는 여전히 힘이 있다.

5단계: 유지 단계maintenance

"지난 몇 개월간 술을 끊었더니 나와 가족의 삶이 회복되고 있는 것을 느낍니다."

이창우 씨는 비로소 술 없이 살아가는 새로운 삶에 익숙해졌다고 느꼈다. 술을 끊은 지 6개월에서 수년이 지나면 어느 정도 안정기에 접어든다. 행동 실천 단계에서 힘겹게 술과 사투를 벌여 얻어낸 긍정적인 변화들이 결실을 맺기 시작한다. 갈망감과 금단 증상도 잦아든다. 이 생활을 계속 유지할 수 있을 것 같은 자신감도 생긴다.

이제 이창우 씨에게 가장 중요한 과제는 방심하지 않는 것이다. 재발을 막기 위해 긴장의 끈을 놓아서는 안 된다. 오랜 기간 성공적으로 단주를 유지하던 사람들조차 한두 번 정도는 재발한다. 재발의 와중에 병의 초기 단계로 되돌아가버리는 경우도 드물지 않다.

더군다나 단주 의지가 있는 사람일수록 재발의 신호는 알아채기 힘들 정도로 교묘하게 찾아온다. 어떤 사람은 사소한 일에 짜증이 나고 어떤 사람은 괜히 몸이 무겁다. 어떤 사람은 텔레비전에 나오는 술 마시는 장면이 눈에 들어오고, 어떤 사람은 잠들기까지 걸리는 시간이 늘어난다. '이제는 이렇게 좋아졌는데 평생 단주를 해야 하나?' 하는 자신감의 회복 같은 좋은 감정조차 재발의 신호일 수도 있다.

재발의 위험을 경계하고 관리하는 데 드는 시간에 굳이 제한을 둘 필요는 없다. 서둘러 치료를 종결할 이유도 없다. 재발의 신호가 어떻게 찾아오는지, 변화를 위해 결심했던 행동들은 잘 유지되고 있는지, 위기에 대처하는 방법은 적절한지, 새로운 전략을 세울 필요는 없는지 검토하는 일은 오래 유지하면 유지할수록 도움이 된다.

이창우 씨의 또 다른 숙제는 행복해지는 것이다. 자원봉사를 하거나 자조모임에 참여하는 것은 새로운 대인관계를 늘려주고 자존감도 높여준다. 직업·공부·건강에 대한 새로운 목표를 정해보는 것도 좋다. 가족과 시간을 함께 보내거나 종교활동을 하는 것도 좋다. 문화·예술·운동 같은 좋은 취미생활도 행복해지기 위한 좋은 방법이다. 술을 끊은 이후의 삶이 술을 끊기 전보다 행복하지 않다면 이를 유지하는 것은 요원해진다. 술 없이도 행복하게 사는 방법을 개발하는 일은 그래서 중요하다.

작심삼일作心三日이라고 했다. 자기 스스로 한 결심을 지키기가 왜 이리도 어렵단 말인가. 회복의 길을 걷는 사람들이 높은 단계에만 머물러 있을 수 있다면 조금 더 쉽게 희망을 이야기할 수 있을지도 모르겠다. 그러나 행동 실천 단계나 유지 단계에 있던 사람들이 어떤 이유로든 다시 술을 입에 대고 숙고 단계로 후퇴하는 일은 부지기수로 흔하다. 그러나 그렇다고 해서 희망이 아예 사라지는 것은 아니다. 노력의 발자국은 희미해질지언정 사라지지 않는다.

중독의 땅 위에 희망의 길 같은 것은 처음부터 없었다는 사실을 기억하자. 다시 회복을 향해 묵묵히 한 단계 한 단계 걸어나가면 그것으로 족하다. 다니는 걸음이 많아지면 척박한 땅에도 곧 길이 생긴다. 본래 없었고 앞으로도 없을 것만 같았던 '희망'은 그 길을 따라 확고히 자리 잡아 '확신'이 될 것이다.

완전한 회복은
충분히 가능하다

알코올중독은 개인의 도덕적 문제가 아니므로 수치심이나 죄책감을 가질 필요가 없다. 애초에 당신은 술이 필요 없는 사람이었다. 알코올중독에서 완전히 회복할 수 있고, 얼마든지 발병하기 전 상태로 돌아갈 수 있다.

　　김민호 씨에게 3개월은 넘을 수 없는 장벽처럼 느껴졌다. 단주를 결심한 이래 몇 번이나 술을 끊으려고 시도했지만 3개월을 넘기지 못하고 번번이 실패했다. 이런 사정을 잘 아는 주치의는 자조모임 Alcoholic Anonymous에 참여해볼 것을 권유했다.

　　처음 모임을 방문했던 날, 민호 씨는 머리를 한 대 얻어맞은 것 같은 충격을 받았다. 몇 년간 술을 끊은 사람이 한둘이 아니었고 심지어 30년간 단주를 했다는 노신사도 있었기 때문이다. 그들의 표정은 자신감에 차 있었다. 쉬는 시간이 되자 민호 씨는 용기를 내어 노신사에게 조심스럽게 말을 걸었다.

"초면에 이런 질문드리면 실례인 줄은 알지만 꼭 여쭙고 싶은 것이 있습니다."

"예, 기꺼이 대답해드리지요."

"선생님께서는 30년이나 술을 끊으셨다고 들었습니다. 저는 3개월을 넘기기가 너무 힘들었습니다. 어떻게 30년이라는 어머어마한 세월 동안 술을 끊으실 수 있으셨는지요? 비법이 있다면 한 가지만 알려주십시오."

민호 씨는 지푸라기라도 잡고 싶은 간절한 심정으로 물었다. 노신사는 잠시 침묵하더니 빙그레 웃으며 대답했다.

"김 선생님은 오늘 몇 시에 일어나셨습니까?"

"아침 6시에 일어났습니다."

"그렇군요. 저는 오늘 8시에 일어났습니다. 제가 술을 끊은 시간이 2시간 모자라네요. 김 선생님께서 저보다 더 오랜 시간 단주에 성공하고 계십니다."

노신사는 민호 씨에게 과거의 세월보다는 오늘 이 순간 술을 마시지 않기 위해 노력하는 것이 더 중요하다는 메시지를 전하고 있었다. 30년이나 술을 끊은 노신사에게도 단주는 여전히 치열한 투쟁이었던 것이다. 지나간 1만 일, 25만 시간보다 오로지 지금 이 순간 마음을 다잡고 술을 뿌리치는 것만이 중요하다는 담담한 메시지였다.

알코올중독은
완치가 가능한가?

알코올중독에서 완치될 수 있을까? 대부분의 전문가들과 단주에 성공한 사람들은 단호하게 '아니오.'라고 대답할 것이다. 한 번 알코올중독에 걸리면 평생 술을 조절할 수 없는 상태가 된다. 몇 년간 단주에 성공했던 사람조차 '이제는 남들처럼 사람들과 어울릴 때만 조금씩 마시면 술을 조절할 수 있지 않을까?'라는 생각을 하는 순간 오래가지 못하고 재발하게 된다.

이는 알코올중독이 근본적으로 뇌에 생기는 질병이기 때문이다. 뇌는 손상을 받으면 가장 회복되기 어려운 장기다. 피부는 열상을 입어도 봉합과 소독만 잘하면 1~3주 뒤에는 어김없이 회복된다. 간은 70%를 절제해도 2~3개월 후면 대부분 재생된다. 신체 장기 대부분은 어느 정도 손상을 받아도 저절로 회복되는 자생기능이 있다. 그러나 뇌만큼은 예외다. 한 번 치매에 걸리면 기억력이 회복되는 것은 거의 불가능하다. 뇌출혈이나 뇌경색으로 뇌의 중요한 부분에 손상을 입으면 운동장애와 같은 후유증이 평생 남게 된다. 알코올중독은 술에 반복적으로 노출된 끝에 뇌가 손상을 입고 오작동을 일으키는 병이다. 이 때문에 한 번 걸리면 완치되기가 매우 어렵다.

그렇다고 알코올중독이 불치병인 것은 아니다. 혈당을 조절할 수 없는 당뇨나 혈압을 조절할 수 없는 고혈압은 평생 지속되는 경우가 흔한데도 불치병이라고 하지 않는다. 잘 관리하지 못하면 치명적인 결과를 초래하지만, 관리만 잘하면 오랫동안 아무런 문제를 일으키지 않기 때문이다. 우리는 이런 특성을 가진 병들을 만성병 chronic disease이라고 부른다.

당뇨는 관리하지 못하면 다리를 절단해야 하는 치명적인 상태에 이른다. 고혈압을 관리하는 데 실패하면 뇌경색이나 심장마비로 사망할 수도 있다. 알코올중독 역시 술을 완전히 끊고 재발하지 않도록 관리하지 않으면 결국 폐인이 되거나 사망에 이르는 무서운 병이다.

그러나 사람들은 당뇨나 고혈압을 진단받았을 때 암을 진단받은 것처럼 절망하지는 않는다. 당뇨나 고혈압은 불치병이 아닌 만성병이기 때문이다. 알코올중독도 마찬가지다. 완치될 수는 없지만 단주에 성공하고 재발의 위험을 잘 관리한다면 살아가는 동안 아무런 문제도 일으키지 않는 만성병 중 하나일 뿐이다.

알코올중독에서
완전히 회복될 수 있다

그러나 질문을 조금만 바꿔보면 대답이 달라질 수도 있다. '완치'를 '완전한 회복'으로 바꿔 묻는 것이다. 술을 마시기 이전의 온전했던 몸과 마음으로 완벽하게 돌아갈 수 있을까? 이 역시 쉽지는 않겠으나 가능성은 충분히 있다.

오재영 씨는 3년 전 어머니와 아내의 손에 이끌려 강제로 알코올 전문병원에 입원을 했다. 어찌나 몸을 사리지 않고 술을 마셔댔는지 뼈밖에 보이지 않을 정도로 앙상해진 상태였다. 몇 주 동안은 제대로 걷지도 못해서 기저귀까지 사용해야 했다. 그러나 재영 씨는 건강이 회복되자마자 어머니와 아내를 원망하기 시작했다.

"나를 위해서 입원시킨 것이 아닙니다. 골치 아프니까 나를 병원에 가둬두려고 하는 것입니다. 선생님이 제 어머니와 아내를 타일러서 저를 퇴원시켜주십시오."

그랬던 재영 씨가 퇴원 이후 3년이라는 긴 시간 동안 단 한 번도 결석하지 않고 외래치료와 단주모임에 참여하면서 술을 마시지 않은 것은 차라리 기적에 가까운 일이었다. 처음에는 가족들이 다시 입원시키는 것이 두려워서였다. 시간이 지나자 단주를 유지하는 것이 자존심과 오기가 되었다. 그리고 좀더 시간이 흐르자 진심으로 스스로를 돌아보게 되었다. 이때 재영 씨는 다시 한 번 주치의를 놀라게 했다.

"지금 와서 생각해보면 알코올중독에 걸린 것은 신이 제게 주신 선물 같습니다."

주치의는 자신의 귀를 의심하지 않을 수 없었다. '마녀의 저주'라고 표현하려던 것을 실수로 '신의 선물'이라고 잘못 말한 것일까? 어떻게 알코올중독이 축복이 될 수 있단 말인가? 재영 씨는 다음과 같이 설명했다.

알코올중독이 발병하기 훨씬 이전부터 재영 씨의 마음속에는 경쟁심과 분노가 가득 차 있었다. 어린시절 개구쟁이였던 자신에 비해 형은 착실하고 점잖은 성격이어서 부모님에게 늘 신뢰를 받았다고 한다. 이 때문인지 재영 씨는 형에게 열등감이 심했다. 재영 씨가 좋은 대학에 진학해 전문직에 종사하게 된 데는 형을 이겨보려는 마음도 한몫했다.

그러나 경쟁심과 분노는 인생을 뒤틀리게 만들었다. 사람들이 자신에게 별 뜻 없이 한 말도 자신을 비꼬는 것으로 받아들여 격노하기 일쑤였다. 사람들을 미워하고 이기려고만 하다 보니 가정에서도 직장에서도 늘 긴장의 연속이었다. 재영 씨의 인생은 전쟁터 같이 살벌했다. 그는 끓어오르는 화와 경쟁의 긴장감을 풀기 위해 술에 빠져들었다.

"그 시절에는 이 모든 것이 주변 사람들 때문이라고 생각했습니다. 어머니, 형, 아내, 직장 동료들이 나를 이렇게 만들었고 화나게 한다고 생각했습니다. 닥치는 대로 원망만 했던 것 같습니다. 사소한 일에도 술을 마시고 주사와 행패를 부리기 일쑤였습니다."

단주를 유지하는 동안 재영 씨에게 근본적인 변화가 일어났다.

"술을 끊자 많은 것이 변하기 시작했습니다. 나 자신도 가족들도 희망을 갖게 되었지요. '혹시 내가 품었던 분노와 화도 마찬가지가 아닐까? 다른 사람들을 원망하는 것을 멈추고 내가 먼저 변하면 희망이 생기지 않을까?'라는 기대를 하게 되었습니다."

원래 그런 성격을 타고났든 부모님의 양육방식에 문제가 있었든, 주변 사람들이 실제로 나를 화나게 하는 그럴듯한 이유가 있든 중요한 것은 그것이 아니었다. 다른 사람을 원망해서는 아무것도 해결할 수 없었다. 재영 씨는 자신의 분노가 누구 때문이든 간에 그 감정을 위로하고 진정시킬 수 있는 것은 자기 자신밖에 없다는 것을 깨달았다고 했다.

더이상 주변 사람들과 싸울 필요도 이길 필요도 없어졌다. 그러자 직장과 가정에서도 점차 긴장감이 사라지고 웃음꽃이 피기 시작했다. 재영 씨 앞에서는 늘 움츠러들던 가족도 이제 함께 지내는 시간을 편하게 느끼게 되었다.

그가 알코올에 중독되고 회복되었던 지난 3년간의 여정은 수십 년간 풀지 못했던 마음의 상처를 푸는 중요한 시발점이 되었다.

알코올중독을 극복하기 위한 여러 프로그램들을 공부하다 보면 간혹 이 프로그램이 술을 끊는 방법을 배우는 과정인지 몸과 마음을 갈고 닦는 수양의 과정인지 헷갈릴 때가 있다. 그도 그럴 것이 대부분의 치료 방법들은 단지 술을 끊는 것에만 국한해서 다루지 않는다.

감정을 다스리는 법, 대인관계를 이어나가는 법, 스트레스를 이겨내는 법, 가족과의 갈등을 푸는 법 등에 많은 시간을 할애한다. 결국 인생에서 마주치는 모든 주제를 다룬다고 해도 과언이 아니다. 그 과정을 제대로 완주했을 때 우리는 자아 정체성ego identity을 회복하게 된다.

수십 년간 알코올중독을 치료해온 정신건강의학과의 한 교수님은 이렇게 이야기한다.

"알코올중독에 걸려서 회복되는 과정도 길게 보면 인생수양의 한 과정일 뿐입니다."

우리가 쾌락에 빠져 헤어나지 못하고, 원하는 삶을 살지 못해 좌절하고, 누군가를 미워하고, 몸과 마음이 병드는 일이 어디 비단 알코올중독 때문이겠는가? 어떻게 보면 알코올중독을 겪는 동안 느끼는 고통에는 인생에서 느낄 수 있는 여러 가지 고통이 집약되어 있다고 해도 틀린 말이 아니다.

알코올중독을 극복하고 난 뒤에 오히려 발병하기 전보다 훨씬 더 나은 삶을 살게 되었다는 사람들을 심심치 않게 만난다. 그들은 평생 술을 마실 수 없다는 한 가지 불편함을 얻은 대신에 훨씬 더 많은 이점이 생겼다고 말한다.

대부분의 사람들은 자신을 성찰하고 수양하는 데 시간을 투자하지 않는다. 단점과 결손이 있어도 그냥 그대로 아무것도 변화시키지 못한 채 본성대로 살다 인생을 마감한다. 그렇게 살아가다 보면 마음속 번뇌와 고통이 어디에서부터 시작되었는지는 영원한 수수께끼로 남고 만다.

단주의 과정은 자신의 문제를 숙고contemplation하고 성찰하며 마침내 변화를 도모하는 위대한 역사와 같다. 그 역사를 이룬 사람이 한 번도 변화의 기회를 가지지 못한 사람들보다 못한 삶을 살 이유가 없다. 훨씬 더 윤택한 삶을 살 수도 있다. 이때 알코올중독은 마녀의 저주가 아닌 신이 주신 선물로 우리의 기억에 남게 된다. 발병하기 전의 상태로 완전히 회복되는 것은 물론 그 이상의 긍정적인 변화도 기대할 수 있다.

사람들은 매일 술을 마시고 엉망진창으로 망가진 사람들만 중독자라고 생각한다. 그러나 만성화된 심한 중독자는 전체 알코올중독자 중 9%밖에 되지 않는다. 나머지 사람들은 술에 중독되기는 했으나 사회생활을 나름대로 영위하고 있다. "아직은 괜찮다."라며 아무런 대책 없이 술 문제를 방치해서는 안 된다. 중독은 뇌에 생기는 질병이고 치명적인 신체 질환의 원인이 된다. 회복의 비법 중 하나는 한시라도 일찍 치료를 시작하는 것이다.

2부

중독은 사람을
가리지 않는다

알코올중독은
뇌에 생기는 질병이다

알코올중독은 뇌에 생기는 질병이다. 술이 뇌에 영향을 준다는 것은 누구나 다 아는 상식이다. 그렇다면 술이 뇌에 병을 일으킬 수 있다는 것도 상식이 되어야 한다.

"무엇보다 중요한 것은 술을 끊겠다는 본인의 의지야!"

박상동 씨는 자신이 강한 의지를 가질 수만 있다면 술 문제를 해결할 수 있을 것이라 믿어 의심치 않았다. 가족 역시 의지가 부족해서 술을 끊지 못할 뿐이라고 믿으며 상동 씨를 채근하는 데 시간을 낭비했다. 놀랍게도 몇 년 동안 술 문제 때문에 골머리를 앓으면서도 상동 씨나 가족 모두 선뜻 치료를 떠올리지 않았다.

치료 없이 중독에서 벗어나기가 거의 불가능하다는 사실을 알고 있는 사람은 흔치 않다. 그렇다 보니 알코올중독이 아주 심각해지기 전까지 혼자 힘으로 술을 조절해보려는 무의미한 노력을 반복한다. 그 결과 치료 시기가 늦어지는 경우가 비일비재하다.

"술을 끊어보려는 박상동 씨의 의지는 결코 부족하지 않습니다!"

오랜 시간을 허비한 끝에 처음 병원을 찾았을 때 의사는 의외의 대답을 내놓았다.

"알코올중독은 뇌에 생기는 질병입니다. 병을 이기는 데 의지가 중요한 것은 사실이지만 그것만으로는 부족하지 않겠습니까?"

알코올중독에 대한 최근의 연구에서 나타난 가장 큰 변화는, 알코올중독이 뇌에 생기는 질병이라는 사실이 의학적으로 확실하게 입증되었다는 점이다.

독감에 걸렸을 때를 생각해보자. 식은땀을 흘리고 기침을 하는 당신을 보며 주변 사람들은 병원에 가서 치료를 받으라고 조언할 것이다.

"감기가 더 심해지기 전에 빨리 치료받도록 해. 괜히 큰 병 만들지 말고…."

암 같은 중병도 마찬가지다. 조기진단과 조기치료가 중요한 것은 기본 상식이다. 항암치료든 수술이든 간에 다들 치료를 서두르라고 권유한다. 이렇듯 병에 대한 대처로 치료를 떠올리는 것은 너무나 당연하다. 그러나 알코올중독을 대하는 사람들의 모습은 이와 같지 않다. 우리의 의지를 올바르게 사용하기 위해서는 알코올중독도 질병 중 하나라는 사실을 이해해야 한다.

술은 뇌에 어떻게 작용해서
기분을 좋아지게 할까?

술은 에탄올(알코올)로 이루어진 화학물질이다. 우리가 마신 술이 뇌에 도달하기까지 5~6분 정도면 충분하다. 금세 술에 취해 기분이 좋아지고 목소리와 행동이 격해진다. 그래서 술이 뇌를 흥분시키는 물질이라고 생각하기 쉽다. 그러나 술은 본래 뇌를 마비시키고 억제하는 물질이다.

술을 마시면 알코올은 뇌의 구석구석을 마비시킨다. 전두엽과 대뇌피질이 억제되면 이성적인 판단력과 자제력이 마비된다. 기분과 행동이 격앙되는 것은 사실 이성이 마비되어서 나타나는 부수적인 현상이다. 소뇌가 마비되면 운동기능과 평형감각을 잃고 몸이 비틀거린다. 기억중추가 마비되면 필름이 끊긴다. 만약 생명 유지를 담당하는 뇌간brain stem이 마비될 때까지 술을 마시면 호흡과 심장 박동에 이상이 생겨 사망에 이르기도 한다. 학기 초에 대학 신입생들이 술을 마시다 생명을 잃는 경우가 이에 해당한다.

술은 뇌의 신경회로에도 이상을 일으킨다. 뇌세포는 신경전달물질을 통해 정보를 주고받는데 술이 이를 교란시킨다. 가바GABA, 세로토닌serotonin, 도파민dopamine, 오피오이드endogenous opioid 등의 물질들은 활성화되고 글루타메이트NMDA-glutamate 같은 물질은 억제된다.

가바가 활성화되면 뇌가 진정되기 때문에 술을 마시면 마음이 안정된다. 그러나 지나치면 졸음이 오고 심한 경우에는 마취 상태나 혼수 상태에 이르게 된다. 세로토닌이 활성화되면 졸리고 속이 매스꺼운 증상이 나타난다. 도파민이 활성화되면 흥분이 되고 술을 더 마시고 싶은 마음이 강해진다. 오피오이드가 활성화되면 다행감·황홀감을 느끼고 통증이 줄지만 심한 경우에는 환각을 경험하는 등 이상 증상이 나타난다. 글루타메이트가 억제되면 기억능력과 학습능력이 저하되어 필름이 끊기는 블랙아웃black-out현상이 발생한다.

보통 사람들의 경우에는 뇌가 마비되고 신경전달물질에 변화가 생겨도 큰 문제가 되지는 않는다. 술을 마시지 않는 동안 뇌가 거의 원래 상태로 회복되기 때문이다. 그러나 오랜 시간 과음을 한 사람이라면 이야기는 달라진다. 이러한 변화가 축적되어 뇌에 영구적인 이상이 생긴다. 뇌의 일부는 파괴되고 일부는 변형된다. 본인도 모르는 사이 뇌에 질병이 발생하는 것이다. 중독자의 뇌를 가지게 되면 결코 의지만으로는 술을 끊을 수 없다.

우리의 뇌는
어떻게 알코올에 중독되나?

장기간 술을 마시면 부드럽고 유연했던 뇌세포들이 점차 딱딱하고 뻣뻣해진다. 유연성을 잃은 뇌세포들은 마치 윤활유가 말라 굳은 기계처럼 잘 작동하지 못하거나 오작동을 일으킨다.

• 대뇌 보상회로(중독회로)

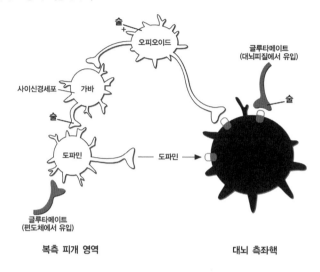

복측 피개 영역　　　　　　　　대뇌 측좌핵

　중요한 변화 중 하나는 '즐거움을 느끼는 회로(대뇌 보상회로)'에 발생한다. 이 회로는 어떤 자극을 받았을 때 즐거움을 느끼고, 그 즐거움을 다시 느끼기 위한 행동을 하게 한다. 대화·운동·취미활동·문화생활 같은 건강한 자극은 아무런 문제가 되지 않는다.

　그러나 술로 이 회로를 인위적으로 자극하는 것에는 위험이 따른다. 술은 지나치게 강력한 자극을 주기 때문이다. 술을 마셨을 때 그 어떤 다른 상황(자극)보다 큰 즐거움을 느끼고 술을 또 마시고 싶은 마음이 강렬해진다면 회로가 왜곡되기 시작한 것이다. 이제 대뇌 보상회로는 중독회로로 변해버린다.

　과음을 반복할수록 뇌는 점차 술에 아주 민감sensitization한 상태로 변해버린다. 다른 자극은 점차 시시해지고, 술을 마실수록 술을 더 마시고 싶은 마음을 불러일으키는 도파민이 지나치게 많이 분비된다. 뇌는 술을 찾는 도파민으로 가득 차게 된다. 이는 마치 뇌 속에 술을 마시라고 유혹하는 수많은 술친구가 북적대며 아우성치는 것과 같은 상태다.

"한 잔만 해! 내일 일은 내일 생각하고 오늘은 일단 마시라고!"

뇌의 속삭임은 사람의 의지로는 도저히 극복할 수 없을 정도로 집요하다. 이제 '내'가 아니라 '나의 뇌' 자체가 알코올이라는 자극을 갈구한다. 처음에는 그저 술을 좋아하는liking 정도였던 사람이 점차 술에 집착하고 갈망craving하는 사람으로 변해간다.

스트레스를 받았을 때 단주 의지가 무너지는 것도 의지의 문제만은 아니다. 술은 스트레스호르몬에도 이상을 일으킨다. 중독자가 되면 스트레스를 받았을 때 분비되는 부신피질자극호르몬corticotropin releasing factor에 이상이 생겨서 음주를 부추기게 된다. 배가 고프면 밥을 찾는 것처럼 스트레스를 받으면 반사적으로 술을 마시게 되는 것이다.

술을 마시는 동안 뇌의 전두엽도 손상을 받는다. 전두엽의 부피와 신경세포의 밀도가 감소하고 혈류량도 줄어든다. 전두엽은 우리의 마음과 행동을 조절하는 역할을 하는 부위다. 술을 마시지 않도록 제어해주는 마지막 브레이크가 바로 전두엽이다. 이 브레이크가 과음으로 인해 파열되는 것이다.

뇌가 술에 중독될 때 일어나는 중요한 변화가 하나 더 있다. 그것은 뇌가 알코올에 의해 억제되어 있는 상태를 정상인 것으로 오인

한다는 것이다. 손으로 스프링을 누르고 있다가 갑자기 손을 떼면 스프링은 높이 튀어 오른다. 이와 마찬가지로 중독된 뇌에서 술이 갑자기 사라지면 뇌는 지나치게 흥분해 혼돈 상태에 빠진다. 이것이 바로 금단 증상이다.

술을 마시지 않으면 괜히 불안하고 안절부절하게 된다. 식은땀이 나고 잠이 오지 않으며 손이 떨리는 등 금단 증상이 나타난다. 심한 경우 간질이나 환청 · 환시 증상을 경험할 수도 있다. 의식장애가 일어나 날짜와 장소가 헷갈리고 사람조차 알아보지 못하는 금단섬망 상태에 빠지면 생명이 위태롭게 된다.

중독자의 뇌는 정상적인 행복감과 즐거움을 느끼지 못한다. 스트레스에 취약하고 갈망과 금단 증상을 술로 달래는 것을 위안이라고 착각한다. 의지와 조절력은 상실되고 술을 마시지 않으면 금단 증상, 무기력, 우울감에 시달린다. 몇 개월간 술을 끊어도 중독된 뇌는 정상으로 완전히 돌아오지 않는다.

뇌가 술이라는 자극에서 완전히 자유로워지기 위해서는 5년간 술을 한 방울도 마시지 않아야 한다고 한다. 최소 3개월은 술을 마시지 않아야 안정적으로 단주를 유지할 수 있다. 뇌의 중독 상태를 완화시켜주는 약물치료도 반드시 필요하다. 일단 알코올에 중독되면 치료 없이 의지만으로 이 병에서 벗어나는 것은 결단코 불가능한 일이다.

중독된 상태로 계속 술을 마시면
치매에 걸릴까?

만성적인 음주는 뇌를 중독 상태에 빠트린다. 동시에 그 자체가 뇌에 대한 독성을 가지고 있다. 직접적으로 뇌를 포함한 신경계를 공격해 파괴하고, 뇌에 꼭 필요한 영양분인 비타민B1^{티아민, thiamine}의 흡수와 섭취를 방해해 뇌를 아사 상태에 빠뜨린다. 그 결과 오랜 시간 술을 마신 사람의 뇌는 결국에는 만신창이가 되어 쪼그라든다.

뇌가 파괴되어 가는 과정에서 가장 흔히 나타나는 증상은 기억력이 감퇴하는 것이다. 초기에는 술을 마신 날의 기억이 떠오르지 않는 필름 끊김^{black out} 현상을 경험한다. 이는 뇌의 기억중추인 해마가 술로 인해 일시적으로 마비 상태에 빠지기 때문이다. 다음 날이면 멀쩡해진다고 이를 대수롭지 않게 생각하기 쉽다. 그러나 만성적인 음주로 인해 필름 끊김이 반복되는 동안 해마를 포함한 뇌 전반으로 문제가 확대된다. 필름 끊김 현상은 알코올성 치매를 향한 급행열차가 출발했다는 기적소리와 같다.

술로 인한 대표적인 기억상실증은 베르니케 코르사코프 증후군^{wernicke-korsakoff syndrome}이다. 이는 오랜 기간 반복된 과음으로 인해 비타민B1을 충분히 공급받지 못한 뇌의 시상이나 유두체 등 주요 부위가 손상을 받아 발생한다. 먼저 걸음걸이가 서툴러지고 눈동자가 떨리며 의식이 혼탁해지는데, 이때 빨리 치료를 받지 않으

• 건강한 뇌와 과음으로 위축된 뇌

건강한 뇌   위축된 뇌

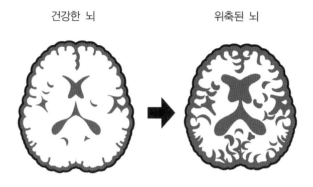

면 영영 기억이 돌아오지 않는 기억상실증에 걸리고 만다. 새로운
기억을 형성할 수 없고 과거의 기억도 점차 잃어버린다. 기억이 돌
아올 확률은 약 20%밖에 되지 않는다. 사라진 기억을 메우려고 없
었던 일을 지어내고 사실이라고 믿는 작화증confabulation 같은 안타
까운 증상도 생긴다. 블랙아웃의 상태에서 깨어나지 못하고 영원히
시간이 멈춰버리는 것이다.

또한 알코올은 치매dementia를 일으키는 원인 중 하나다. 전체 치
매의 10%가량이 알코올중독성 치매라는 통계도 있다. 장기간 과음
을 한 결과 기억중추인 해마는 물론, 뇌 전체가 쪼그라들어 발생한
다. 일반적인 치매에 비해 젊은 나이에 발생할 수 있고, 전두엽이 알
코올에 쉽게 영향을 받는 탓에 충동적이거나 폭력적으로 변하는 경
우가 많다. 기억력뿐만 아니라 인지능력, 판단력, 인성, 도덕성도 황
폐화된다. 소뇌가 위축되면 운동장애를 동반한다.

중독성 사고,
이보다 더 무서운 건 없다

술로 인해 마비된 감정과 혼란을 극복하는 것은 회복을 위한 중요한 과제다.
술이 노리는 표적은 결국 사람의 감정이다. 자신의 감정을 평가하고 관리하
려는 노력과 인내심이 중요하다.

"우리 현구는 술만 마시지 않으면 나무랄 데 하나 없는 좋은 아이
입니다."

고현구 씨의 모친은 의사 앞에서 아들을 두둔했다. 주사가 심해
부모에게까지 행패를 부리는 현구 씨지만, 이 말의 절반 정도는 진
실이다. 아무리 심한 중독자라도 술에 의존하기 전에는 성실하고
배려심이 많은 좋은 사람이었던 경우가 드물지 않기 때문이다. 술
좋아하는 사람치고 나쁜 사람이 없다는 말도 있다. 내성적이고 착
한 사람들이 알코올중독자가 되곤 한다. 고현구 씨 역시 술에서 깨
면 취중에 한 행동에 대해 죄책감을 느끼고 가족에게 더 잘하려고

노력했다.

그러나 나머지 절반은 거짓이다. 고현구 씨가 정말로 여전히 좋은 사람이라면 술 때문에 고통받는 배우자, 자녀, 부모, 무엇보다 자신의 모습을 살폈을 것이고 이미 술을 끊었을 것이기 때문이다. 그러나 고현구 씨는 여전히 그럴듯한 이유를 대면서 오늘도 술을 마시고 실수를 되풀이한다. 단주를 해야만 하는 현실적인 상황들은 구렁이 담 넘어가듯 피해버린다. 도대체 무슨 생각을 하고 있는 건지 왜 그렇게 행동하는 건지 가족들은 도무지 이해할 수가 없다.

중독성 사고란
무엇인가?

중독자의 사고방식이 왜곡되는 현상을 '중독성 사고 addictive thinking'라고 한다. 가족들이 아무리 술을 끊으라고 권유해도 중독자에게는 술을 마시는 나름의 이유가 있다. 오히려 가족들이 잔소리를 하기 때문에 술을 마시고 화를 낸다는 논리가 중독자에게만큼은 정당하다.

"난 술을 조절할 수 없는 것 같아. 입에만 대면 폭음을 하게 되니 말이야. 이제 정말 술을 줄여야겠어. 주말에만 조금씩 마셔야지."

알코올에 중독되었다는 것을 인식한 순간에도 왜곡된 생각은 중독자를 놓아주지 않는다. 술을 조절할 수 없다면서 술을 조절해서 조심해서 마시겠다는 모순된 논리를 펴고 만다.

그러나 중독성 사고는 술을 마시기 위한 의도적인 핑계나 거짓말과는 다르다. 본인도 의식하지 못하는 사이에 미묘하고 그럴듯하게 생각이 왜곡되기 때문이다. 자기만의 생각에 빠져 자기 자신을 기만하고 희생양으로 만들지만 정작 본인은 이러한 상황을 전혀 알아채지 못한다. 때로는 주변 사람들 또한 중독자의 논리에 말려들어 중독성 사고의 의도대로 움직이게 된다.

따라서 중독자와 그 가족이 중독성 사고를 찾아내고 극복하는 것은 회복의 과정에서 꼭 거쳐야 하는 가장 어렵고 중요한 관문 중 하나다. 우선 중독성 사고가 어떤 방식으로 표현되는지 알아보자.

중독성 사고는 어떻게 표현되는가?

시간 개념이 왜곡된다

"나는 마음만 먹으면 언제든지 술을 끊을 수 있습니다."

중독자는 자신이 며칠에서 몇 주간 술을 마시지 않을 수 있었기 때문에 언제든지 술을 끊을 수 있다고 주장한다. 그러나 오래지 않아 다시 술을 입에 대고 원래의 상태로 돌아간다. 중독자는 장기간 나타나는 전체적인 변화의 흐름을 통찰하기보다는 순간의 기억에서 변명거리를 찾아낸다.

이는 중독자의 시간 개념이 몇 초에서 몇 분 단위로 짧아지기 때문이다. 보통 사람들도 즐거운 일을 할 때는 긴 시간이 찰나처럼 짧게 느껴지고, 힘든 일을 할 때는 몇 분이 며칠처럼 길게 느껴진다. 술은 몇 분 이내에 효과가 나타난다. 모든 중독물질은 그 효과가 즉시 나타난다. 만약 술을 마신 후 며칠 뒤에 서서히 기분이 좋아진다면 아마 술에 중독되는 사람은 없을 것이다. 중독자가 되면 자신이 찾고 원하는 효과가 지연되는 것을 참지 못하고 순간의 만족을 추구한다.

중독자에게는 미래 역시 몇 년이 아닌 순간의 개념으로 변해버린다. 몇 년 뒤까지 고려한 가정, 건강, 직업에 대한 계획은 막연하다. 몇 분 뒤에 모든 것을 잊고 마음이 편해지는 방법, 즉 술을 마시는 것이 그들이 생각할 수 있는 익숙한 미래의 모습이다.

단주를 할 때 시간을 쪼개어 대응하면 이를 극복할 수 있다. 즉 '오늘 하루만 생각하기'와 같은 방법을 쓰는 것이다.

"오늘까지만 마시고 내일부터 마시지 말아야지."라는 생각은 중독자를 유혹하는 가장 흔한 중독성 사고다. 중독자에게 내일은 없다. 중독자는 오로지 지금 이 순간 술을 끊는 것에만 집중해야 한다. 술을 끊었던 과거의 어느 순간을 떠올리며 얻는 위안이나, 오늘이 지나고 내일 술을 참는 순간이 올 것이라는 기대는 애당초 하지 않는 것이 좋다. 지금 이 순간 어떻게 행동을 계획하고 실천하느냐가 회복과 악화를 가름한다.

인과관계를 혼동한다

중독자는 앞뒤 사정을 거꾸로 생각한다. 아내와 자녀가 자신을 무시하고 되는 일이 없기 때문에 술을 마신다고 주장한다.

"당신은 왜 술을 마시나요?"

"아내가 이해심이 없고 저만 보면 잔소리를 하니까요."

"무엇 때문에 아내가 잔소리를 하나요?"

"제가 술을 마신다고 잔소리를 합니다."

보통 사람들은 술이 중독자에게 많은 문제를 일으킨다고 생각하지만, 중독자는 그런 모든 문제들이 술을 마시는 원인이라고 믿는다. 가족 간의 갈등, 경제적인 어려움, 불안과 두통 같은 증상 때문에 자신이 술을 마시는 것은 정당하다고 믿는다. 왜곡된 현실 인식은 중독자를 마치 다른 세상에 사는 사람처럼 말이 통하지 않게 만든다.

부정denial, 합리화rationalization, 투사projection를 한다

중독성 사고는 부정, 합리화, 투사로 구성된다고 해도 과언이 아니다. 이를 온전히 극복하는 것은 중독의 회복에 있어 중요한 관건이 된다. 그러나 이는 견딜 수 없는 괴로운 현실 속에서 마음의 상처를 덜기 위해 마음속 깊이 형성된 무의식적인 방어기제defense mechanism다. 따라서 이를 발견하고 극복하기란 좀처럼 쉽지 않다.

"아직 저는 술을 조절할 수 있습니다. 술 문제가 그렇게 심각하지는 않습니다."

부정은 현실을 인정하지 않는 것이다. 중독자인 것을 인정해버리면 스스로 도덕적 타락을 인정하고 낙인이 찍히는 것처럼 느껴진다. 병을 받아들이는 순간 다시는 술을 마실 수 없게 될 것이고, 자신을 스스로 통제할 수 없다는 점을 인정해야 한다. 중독을 인정하기가 두려운 것은 당연하다. 마치 암에 걸린 사람이 자신이 암에 걸렸을 리 없다며 수술과 항암치료를 거부하는 것과 같다. 그러나 병에 걸린 것을 인정하지 않으면 병에 대응할 수 없다. 중독으로 망가진 현실을 부인해서는 그 현실을 극복할 수 없다.

"회사에서 스트레스를 받고 돌아오면 몸은 피곤한데 머리는 복잡하고 잠은 안 오니 술을 마실 수밖에요."

합리화는 술을 마실 수밖에 없는 핑계를 만들어내는 것이다. 이는 교묘하게 문제의 본질을 흐트러뜨리기 때문에 때로는 중독자가 하는 말이 그럴듯하게 들린다. 그러나 어떤 이유를 대든 본질은 술을 계속 마시는 현 상태를 유지하고, 변화의 필요성을 외면하는 것이 목적이라는 점이다. 보통 한 가지 행위를 정당화하기 위해 수많은 이유를 댈 때 대부분의 경우 그것은 핑계일 뿐이다. 술을 마시는 이유가 많을수록 중독자가 합리화의 함정에 빠져 있다는 사실은 더욱 분명해진다.

"오늘은 술을 참으려고 했는데 부모님이 잔소리를 하고 감시를 하니 화가 나고 오기가 생겨서 그만 술을 마시고 말았습니다."

투사는 자신의 잘못을 제3자에게 전가하는 것이다. 중독자는 다른 사람을 비난함으로써 자신이 변해야 한다는 책임에서 벗어나려고 한다. 부모와 아내, 자녀 때문에 술을 마신다고 믿는다면 영원히 중독에서 벗어날 수 없다. 왜냐하면 중독자는 결코 자신의 가족을 변화시킬 수 없기 때문이다. 중독자가 변화시킬 수 있고 변화시켜야 하는 대상은 오로지 자기 자신뿐이다.

갈등을 견디지 못한다

중독자가 술을 끊는 것은 술을 통해 회피해왔던 괴로운 현실을 직면해야 한다는 것을 의미한다. 술을 끊은 지 얼마 되지 않은 중독자는 결코 행복해 보이지 않는다. 술을 마실 이유는 널려 있고 갈등은 계속된다.

중독자는 자신이 현실적인 갈등을 이겨낼 수 있는 사람이라고 믿지 못한다. 술을 마시면서 반복한 실수들과 그에 따른 비난들은 매우 낮은 자존감을 갖게 만들었다. 계속 술을 마시면서 현실을 무시하는 것만이 중독자가 삶을 견디는 유일한 방법이다. 그래서 중독자는 갈등과 음주와 좌절을 무수히 반복한다.

중독에서 벗어나려면 자신의 가치와 능력에 대한 믿음이 필요하다. 그것은 자신이 현실의 어려움과 갈등을 이겨낼 수 있는 존재라는 자존감의 회복을 의미한다. 중독자들 역시 원래는 현실에 대처할 수 있는 건전한 능력이 있었던 사람들이다. 술에 의존하는 동안 내재된 능력을 발휘하는 것을 포기했던 것뿐이다.

갈등 앞에 쉽게 좌절하는 습관을 이겨내기 위해서는 흑백논리를 극복해야 한다. 중독성 사고에 빠진 사람은 자신을 실패자라고 규정한다. 그러나 인생에는 성공과 실패만 있는 것이 아니다. 최선을 이루지 못했다 할지라도 수많은 차선책을 찾을 수 있다. 좌절의 자리를 차선책과 대안으로 채우는 것은 회복의 중요한 기술이다. 좌절 대신 자리 잡은 차선책들은 성숙의 씨앗이 된다.

과민하다

술에 의존하는 사람들은 매우 강렬한 감정을 가지고 있어서 과도하고 예민하게 반응할 때가 많다. 다른 사람이 악의 없이 던진 사소한 말이나 행동에도 쉽게 상처를 받는다. 또한 작은 일에도 감정적으로 휩쓸리곤 한다.

특히 중독자는 소외되거나 거절당하는 느낌에 무척 예민해서 쉽게 절망감을 느낀다. 버림받을지도 모른다는 불안감 때문에 오히려 거칠고 위협적으로 행동하기도 한다. 어떤 부류는 상대에게 집착하고 매달리면서 거절당하는 것을 피하려고 발버둥친다. 또 다른 부류는 거절당하는 것이 너무 두려워 스스로 외톨이가 되어 사회적으로 고립되는 것을 택한다. 과민한 감정이 가져오는 고통을 이겨내기 위해 중독자는 일종의 감정 마취제로 술을 사용한다.

미래가 절망적일 것이라고 믿는다

중독성 사고에 빠지면 아무런 근거가 없더라도 미래에 어떤 재앙이 닥칠 것이라고 예상해 긴장하고 불안해하며 살아가는 경향이 있다. 일이 잘 풀리고 단주가 순조롭게 진행되고 있더라도 중독성 사고를 극복하지 못하면 곧 실패할 것이라는 믿음에 사로잡힌다.

"난 안 돼. 어차피 실패할 거야. 제길, 빨리 끝을 봐야겠어!"

성공의 문턱에 서 있으면서도 언제 닥칠지 모르는 재앙이 너무 불안한 나머지 스스로 무너져버리는 것을 택하기도 한다. 중독자들은 짙은 안개 속을 걸으며 언제 다가올지 모를 파멸을 기다리는 것 같은 심리 상태에 있다. 막연하게 파멸을 기다리는 것보다는 스스로 파멸해버리는 것이 때로는 안심이 된다.

다른 사람을 조종^{manipulation}하려고 한다

중독자가 되면 술 마시는 이유를 그럴듯하게 지어내고 자신의 잘못을 숨기며, 술을 더 마실 수 있는 상황을 조성하기 위해서 주변 사람들을 조종하는 것에 익숙해진다. 이러한 마음과 행동이 반복되면 어느새 뇌 속에 각인되어 하나의 성격적인 특성이 되어버리고 만다. 나중에는 아무런 목적 없이 거짓말을 반복하기도 한다.

치료를 받을 때도 중독자는 스스로를 속이지 않도록 경계해야 한다.

"선생님의 강의를 듣고 큰 깨달음을 얻었습니다. 바보가 아닌 이상 다시는 술을 마시지 않을 것입니다. 술을 끊을 강력한 의지가 생겼습니다."라며 깨달음을 얻었으니 더이상 치료가 필요하지 않다고 퇴원을 요구하거나 치료를 중단하는 환자를 자주 본다. 그러나 이러한 언행은 치료진마저 조종하려는 중독성 사고에 기인한다. 수년간에 걸쳐 서서히 진행되어온 중독과 현실적인 문제들을 극복하는 데 순식간에 목적지에 다다를 수 있는 지름길이 있을 리 없다. 그들은 단지 회복의 길에서 벗어나기 위해 어딘가 지름길이 있다는 헛된 믿음을 가지고 가족과 치료진을 속이게 된다.

수치심을 느낀다

중독자는 수치심에 사로잡혀 있다. 수치심은 죄책감과는 다른 감정이다. 죄책감은 자신이 한 일에 대해 느끼는 감정이다. 자신이 벌인 일에 대해 배상하고 용서를 구하면 얼마든지 극복할 수 있다. 그러나 수치심은 자신의 존재에 대한 감정이다.

"나는 열등하게 태어났어. 아무리 노력해도 나의 본질이 바뀌진 않아. 발버둥 쳐봐야 부질없는 짓이야."

죄책감은 잘못된 행동을 바로잡아야겠다는 동기가 되지만, 수치심은 변화를 포기하고 실의에 빠지게 만든다.

중독의 치료는 수치심을 죄책감으로 바꾸는 일이다. 자신이 벌인 잘못에 대해서는 스스로가 전적으로 책임을 져야 한다. 그러나 중독이라는 병에 걸린 것은 그의 잘못이 아니다. 병에 걸리기 전에는 중독자 역시 존중받고 사랑받을 자격이 있는 선량한 사람이었다. 회복은 수치심을 이겨내고 자존감을 회복해가는 과정이다.

과대망상에 빠진다

중독자는 술을 조절하는 능력을 상실한 것이 분명함에도 불구하고 자신이 모든 것을 통제할 수 있다고 믿는다. 중독자들은 자신이 무능력해졌다는 것을 받아들이지 못한다. 낮아질 대로 낮아진 자존감을 방어하기 위해 마음속에 견고한 성을 쌓고 나약한 자신을 그 속에 감추어버린다.

견고한 성은 과대망상으로 표현된다. 모든 것을 잃은 순간에도 그들은 여전히 자신이 권위 있는 아버지며, 능력 있는 기술자고, 다른 환자들보다 나은 존재라고 주장한다. 마음만 먹으면 언제든지 술을 끊을 수 있는 의지와 능력을 가지고 있다고 믿는다.

자존감을 회복한 중독자는 더이상 자신이 혼자 힘으로 모든 것을 해결할 수 있다고 주장하지 않는다. 그들은 오히려 자신이 무능력해졌다는 것을 받아들이고 도움을 요청할 수 있는 용기를 내게 된다. 나약한 자신의 모습을 더이상 회피하지 않을 때 진정으로 자존감을 회복하는 방법을 발견할 수 있다.

실수를 인정하지 못한다

사람은 누구나 실수를 한다. 실수를 한다고 모든 것이 끝장나는 것도 아니다. 그러나 중독자는 항상 자신이 옳다는 아집에 사로잡혀 있다. 자존심 때문에 자신의 잘못을 인정하지 못하고 방어하기에만 급급하다.

중독자는 자신의 잘못을 감추기 위해 가족과 논쟁하고 변명하고 화를 내는 일에 너무 많은 에너지를 낭비한다. 잘못을 찾아내 즉시 인정하는 것이야말로 에너지를 더이상 낭비하지 않는 가장 효율적인 방법이다.

잘못을 인정함으로써 중독자는 비로소 과거의 속박에서 벗어나

홀가분해진다. 누군가 실수를 인정할 때 대개의 사람들은 그를 이해하고 용서한다. 잘못한 것이 없다고 우기기 때문에 노여움을 사고 갈등이 계속되는 것이다.

분노에 차 있다

중독성 사고에 빠진 사람들은 분노에 차 있는 경우가 많다. 감정뿐만 아니라 지각 또한 쉽게 분노를 느끼는 방향으로 왜곡되어 있다. 상대방이 별다른 뜻 없이 던진 사소한 말에도 쉽게 화를 내고 원한을 품는다.

"나는 가족들을 먹여 살리기 위해 하루 종일 온몸이 부수어지도록 일했는데 술 좀 마셨다고 집에 들어오자마자 핀잔하다니. 분명 날 무시하고 돈 버는 기계 취급하고 있는 거야. 그냥 넘어가선 안 되겠어. 참을 수 없어."

중독자들은 세상이 공평하지 않다고 생각하고 자신이 늘 불의의 희생양이 된다고 여긴다. 세상 사람들이 유독 그에게만 모욕과 차별, 불이익을 준다고 생각한다.

마음속에 분노를 품고 있는 중독자는 필연적으로 다시 술을 마신다. 원한은 싫어하는 사람을 머릿속에 임대료도 받지 않고 공짜로 살게 해주는 것과 같다. 그리고 뇌 속에 자리 잡은 분노의 대상이 자신을 조종하도록 허락하는 것이다. 분노라는 감정 자체가 나쁜 것은 아니다. 하지만 중독자가 그 감정을 어떻게 다루느냐에 따라 회복의 성패가 갈린다.

우선 마음속 감정이나 인식에 대해서 다른 사람들과 의견을 나누는 것이 좋다. 객관적인 시선을 갖게 되면 심한 격노도 어느새 사그라진다. 때로는 울음을 터트리는 등의 방법으로 분노의 감정을 치환해 털어버리는 것도 도움이 된다. 단주를 유지하고 자존감을 회복하면 모든 일들이 자신과 관계되고 자신을 무시하기 때문에 생긴다는 해석이 점차 엷어진다. 분노에서 자유로워지면 다른 사람들의 행동보다는 스스로가 책임져야 할 행동에 더 관심을 가질 수 있다.

세상으로부터 스스로를 격리시킨다

중독자는 고슴도치와 같다. 다른 사람들과 가까이 하고 싶지만 다가서면 스스로 만든 가시로 인해 상처를 입는다. 그들은 늘 외로움과 소외감을 느끼며 살아간다. 다른 사람들이 자신을 멸시하고 비판할 것이라는 두려움 때문에 세상으로부터 스스로를 격리시키고 마음의 벽을 쌓는다. 중독자가 타인과 어울릴 수 있는 유일한 방법은 술을 통해 두려움을 마비시켰을 때다.

중독자들은 가족들이 자신의 마음의 벽을 침범하면 화를 내고 폭력을 행사하기도 한다. 사람들은 점차 실제로 그를 피하게 된다. 처음에는 왜곡된 인식 때문에 스스로 쌓은 벽이지만 점차 단단한 성이 되어간다.

자조모임은 중독자들이 벽을 허물고 새로운 세상과 마주하는 데 큰 도움이 된다. 자신과 비슷한 어려움을 겪고 있는 동료들과의 모임에서는 거절당하거나 배척당할 걱정을 할 필요가 없다. 동료의식이 생기고 이해와 존경을 주고받으며 원래 본인이 가지고 있던 온전한 사회성을 회복하게 된다.

감정을 다스리지 못한다

중독자는 자신의 감정을 조절하는 데 어려움을 겪는다. 분노·증오·시기·죄책감 등 부정적인 감정만 조절하기 어려운 것이 아니다. 중독자에게는 사랑·존경·자신감 같은 긍정적인 감정마저 당황스럽고 감당할 수 없는 것이 되어버린다.

중독자는 감정을 마비시키고 잊기 위해 술을 마신다. 술을 끊으면 억눌렀던 감정들이 봇물처럼 터져버린다. 그 감정을 통제할 능력과 자신감을 상실한 중독자의 마음은 총구에 안전핀을 잠그듯이 스스로 닫혀버린다. 주변 사람들이 보기에는 아무것도 느끼지 않는 산송장 같은 무감각한 사람이 되기도 한다.

술로 인해 마비된 감정과 혼란을 극복하는 것은 회복을 위한 중요한 과제다. 술이 노리는 표적은 결국 사람의 감정이다. 자신의 감정을 평가하고 관리하려는 노력과 인내심이 중요하다.

현실에 만족하지 못한다

"제 인생은 칙칙하고 회색빛이예요. 가족, 친구, 직업 모든 게 회색입니다. 난 다채로운 색깔을 원해요. 그런데 제 인생이 화려한 색으로 변하는 유일한 순간이 있습니다. 바로 술을 마실 때죠."

중독자에게 인생은 무색무취의 싱거운 음식과 같다. 술을 끊었을 때 그들은 만성적인 우울과 욕구불만에 시달린다. 그러나 이것은 실제적으로 뭔가가 부족해서 느끼는 감정이 아니다. 오히려 중독자의 비현실적인 기대가 그 원인이다. 술을 마시지 않을 때 중독자는 마치 자신이 느끼고 경험해야 할 것들을 빼앗긴 것처럼 느낀다. 빈 공간을 채색하는 방법은 술을 마시는 것뿐이다. 그들은 그때야 비로소 다른 사람들이 삶에서 경험하고 있는 것을 자신도 느낄 수 있게 된 것처럼 느낀다.

그러나 사실 중독자가 세상을 회색으로 바라보는 것은 술로 인해 감각체계가 폐쇄된 탓이다. 편안한 감정을 느낄 수 있고 심리적인 방어체계가 완화되면 술을 마시지 않아도 세상에 분명히 존재하고 있는 본래의 색을 발견할 수 있다. 비록 현실이 화려한 색깔은 아닐지라도 전적으로 단조롭고 회색 일색은 아니라는 것을 깨닫게 된다. 중독자의 눈에 비친 화려한 색은 거짓이다. 회복하며 서서히 채워가는 색이 인생의 참다운 색깔이다.

중독성 사고가 생기는
이유는 무엇인가?

술은 일종의 화학물질로 뇌에 복잡한 작용을 일으킨다. 중독자가 되면 생각과 감정과 행동을 조절하는 뇌의 중추들이 술의 영향 아래 작동하게 된다. 그 지향점은 술에 대한 갈망을 해결하는

• 중독성 사고

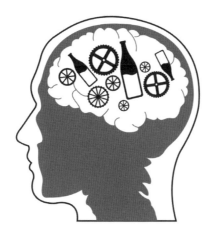

것, 즉 술을 계속 마시는 것이다. 그로 인해 모순되고 일관성이 없는 방식으로 사고를 하게 되지만, 자신의 뇌를 술에게 포로로 빼앗기게 되면 무비판적으로 이를 타당한 것으로 믿게 된다.

따라서 중독성 사고를 극복하기 위해서는 술의 영향권에서 벗어나야 한다. 최소한 수개월에서 길게는 몇 년까지 술을 마시지 않는 시간이 필요하다. 이를 통해 뇌가 다시 정상적으로 기능을 할 수 있게 되었을 때 비로소 중독자는 중독성 사고가 비합리적이었다는 것을 깨닫는다.

중독성 사고가 생기는 또 다른 이유는 심리적인 것이다. 술로 인한 반복된 실패는 자신이 형편없고 쓸모없는 인간이라고 믿게 만든다. 이는 자존감이 낮아지는 원인이 된다. 자존감이 낮은 중독자는 현실의 고통스러운 감정들을 이겨낼 수 없다. 이러한 괴로운 감정을 견디기 위해 왜곡된 자아가 택하는 어쩔 수 없는 심리적 방어가 중독성 사고다. 자존감을 회복하지 않는 한 중독성 사고를 극복하기는 쉽지 않다.

중독성 사고는
어떻게 극복하는가?

중독성 사고를 극복하기 위해서는 밑바닥을 경험rock bottom experience해야 한다. 여기서 밑바닥이란 모든 것을 잃는 재앙을 의미하지는 않는다. 밑바닥 경험은 중독자가 자신의 삶을 변화시켜야겠다는 결심을 하도록 만드는 어떤 사건이면 그것으로도 충분하다. 아내의 눈물, 내과적 진단, 실직의 위기, 기억력 저하 등 사람에 따라 밑바닥을 만나는 순간은 저마다 다르다.

"술을 마시는 것이 나를 얼마나 불행하게 만드는지 이제는 알겠습니다."

밑바닥에 이른 사람은 술을 끊는 것이 덜 고통스러운 일이고, 술을 계속 마시면 자신이 더 고통스러워진다는 것을 깨닫는다.

그 결과 단주를 결심하고 실천하게 되면 중독성 사고는 서서히 힘을 잃는다. 술이 사고체계에 영향을 주는 동안에는 어떠한 노력도 중독자를 무력하게 만든다. 그러나 술의 영향력이 사라지면 사고체계는 제자리를 찾는다. 단주를 통해 나타나는 긍정적인 변화를 마주하게 되면 중독성 사고의 오류도 서서히 정체를 드러낸다.

그러나 중독성 사고는 단주 이후에도 수개월에서 수년간 지속되기 때문에 이를 극복하기 위해서는 조력자의 도움이 반드시 필요하다. 조력자는 술에 의해 생각이 지배당하지 않는 사람이어야 한다. 조력자는 중독자의 생각을 검증해보고 올바른 관점에서 판단할 수 있도록 돕는 역할을 한다. 중독성 사고에 대해 이해하고 있는 치료자와 신뢰관계를 구축하는 것은 조력자를 만드는 가장 쉬운 방법 중 하나다.

심한 감기에 걸린 주방장을 생각해보자. 그가 아무리 훌륭한 요리 실력을 가졌더라도 코가 막혀 냄새를 맡을 수도, 미각이 마비되어 간을 볼 수도 없는데 제대로 된 요리를 할 수 있을 리 없다. 그에게는 음식의 맛과 간을 대신 가늠해줄 믿을 만한 보조요리사가 필요하다. 그 보조요리사의 역할을 하는 것이 조력자다.

술이 인생의 참맛을 느끼는 감각을 마비시켜버렸다는 것을 잊지 말자. 지금은 고집을 지켜야 할 때가 아니라 포기해야 할 때다. 현실에 대한 인식, 특히 최근에 생긴 사고체계에 대해서는 조력자의 조언이 절대적이다. 조력자와 대화를 나누며 그동안 인식해왔던 상황과는 또 다른 현실이 있다는 것을 발견할 수 있어야 한다.

중독성 사고를 극복하는 또 다른 방법은 인간으로서의 존엄성을 회복하는 것이다. 인간만이 성숙을 도모한다. 즉흥적인 만족보다는 행동이 낳을 장기적인 결과를 생각하며 도덕적으로 올바른 결정을

내리려 한다. 존엄성을 지키기 위해 육체가 갈망하는 욕구를 포기
할 수 있다. 인간만이 종교나 가치관 같은 영적인 힘에 의해 행동을
결정한다.

중독은 즉흥적인 쾌감을 맛보는 것만이 삶의 목적이 되는 것이
다. 그 외의 다른 목적은 안중에도 없다. 그들의 행동이 아무리 자
신과 주변 사람들을 파괴한다고 해도 스스로 이를 개선해야 한다는
생각을 하지 못한다. 중독자에게 만족을 지연시키는 인내심과 행동
의 결과를 통찰하는 것은 요원하다. 중독성 사고를 극복하는 것은
인간답게 숙고하고 통찰하는 능력을 회복하는 과정이다.

고현구 씨가 중독성 사고를 극복하고 좋은 사람으로 돌아가려면
어떻게 해야 할까? 우선 현실을 마주하는 고통을 맛보아야 한다. 회
복의 과정에서 느끼는 좌절은 일종의 성장통이다. 회복은 일종의
성장 과정이다. 아니, 사실 모든 사람의 삶은 도전의 연속이며 성장
하는 과정이다.

중독성 사고는 다른 사람들의 문제도 내 것과 다를 것이 없다고
느낄 때 극복할 수 있다. 좌절이 술을 마시는 정당한 이유인가는 논
쟁의 가치가 없다. 그보다는 좌절을 극복하는 과정에서 얼마나 많
이 배우고 성장할 수 있는가가 우리의 유일한 관심이 되어야 한다.
고현구 씨가 좌절에서 배울 때 더이상 현실은 그를 추락시킬 수 없
다. 그는 이제 현실을 극복하고 진정한 회복을 맛보게 될 것이다.

어느 누구도
술 앞에 장사 없다

술을 마시면 한두 달 내에 사망할 수 있다는 통보를 받은 환자가 의사 몰래 병원 근처 슈퍼에서 술을 구해 먹다 결국은 죽음에 이르는 모습도 병원에서는 비일비재하게 일어나는 일이다.

"우리 남편이 술을 끊을 마음을 먹도록, 최대한 건강 상태가 심각하다고 설명해주세요."

면담 전 오성진 씨의 아내는 간절한 마음으로 의사에게 부탁을 해두었다.

"내과 의사가 술만 끊으면 별 문제가 없을 거라고 하던데요?"

그러나 면담이 시작되었을 때 정작 오성진 씨 본인은 천하태평이었다. 의사는 그에게 계속 술을 마실 경우에 닥칠 신체적 질환의 끔찍한 예후를 알려주고, 죽음을 언급하며 겁을 주었다. 그러나 성진 씨는 얼마 지나지 않아 다시 술을 마실 것처럼 보였다.

• 과음으로 간이 손상되는 단계

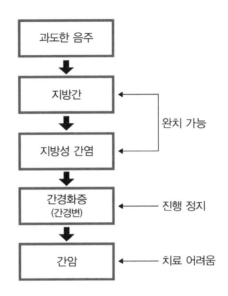

• 과음으로 인한 간의 손상

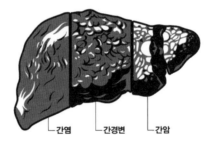

　　내과에 입원했다가 퇴원하기를 수차례 반복하고도 또다시 술을
마시는 중독자들을 보면 마치 술을 마시기 위해서 신체적 질환을

치료받는 것처럼 보일 지경이다. 그들에게 건강은 술보다 중요하지 않다.

이제 중독자가 겪는 신체적인 질환에 대해서 살펴보고 그것이 가진 진정한 의미가 무엇인지, 왜 알코올중독 환자들은 건강 악화를 감수하면서까지 술을 마시다 결국 술의 희생양이 되어 죽음을 맞는지 살펴보도록 하자.

술로 인해 간은
얼마나 손상되나요?

간은 술을 대사하고 해독하는 장기다. 술에 맞서 우리 몸을 보호하는 최전선인 셈이다. 그러나 이로 인해 알코올과 대사산물인 아세트알데하이드acetaldehyde에 의해 가장 먼저 직접적인 손상을 입는다. 과음이 반복되면 우리 신체기관 중 가장 먼저 과부하가 걸려 그 기능을 잃어버리는 것 역시 바로 간이다.

과음으로 인해 간에 과부하가 걸리면 몸은 지방을 밖으로 배출시키지 못한다. 배출되지 못한 지방은 간세포에 축적되어 알코올지방간이 생긴다. 마치 소고기의 마블링처럼 하얀 지방들이 간세포 사이사이에 빼곡히 자리를 차지한다. 이는 음주로 인한 간 손상이 보이는 최초의 신호다.

사실 과음을 반복하는 사람 중에서 지방간을 앓고 있는 사람은 80~90%나 된다. 약간의 복부 통증과 불쾌감, 피로감 같은 경한 증상이 있거나, 아예 증상이 없기 때문에 '에이, 술꾼 치고 지방간이 없는 사람이 어디 있나?'라며 간과하기 쉽다. 사실 지방간은 단주만 한다면 특별한 치료 없이도 정상으로 회복할 수 있는 가역적인 상태인 것이 사실이다.

그러나 중독자가 술을 끊는 것이 어디 그리 쉬운 일이던가? 지방간은 방치하면 간염으로 급속히 진행한다. 매일 소주 반병 이상을 (매주 알코올 400g) 계속 마시면 지방간 환자의 37%는 간경변증(간경화)으로 진행한다. 일부는 이보다 훨씬 적은 양의 음주로도 간경화가 되기 때문에 술을 줄이는 것만으로 안심할 수도 없다.

지방간을 진단받았다면 이제 더이상 간이 술을 견딜 수 없는 과부하 상태에 이르렀다는 점에 주목해야 한다. 간기능 개선제를 복용하면서 술은 술대로 먹는 사람이 많은데 이는 아무런 효과가 없다.

간의 상태를 무시하고 과음을 지속하면 급성 혹은 만성적인 염증이 일어나 간세포가 손상을 입고 파괴된다. 그 결과 알코올간염에 걸리게 된다. 증상이 나타나지 않는 경우도 있지만 경미한 발열, 간비대, 황달, 식욕부진, 우상복부 통증 등의 증상이 나타난다. 다행히 적극적으로 치료를 받고 단주를 한다면 염증이 생긴 간은 지방간과 마찬가지로 완치가 가능하다.

그러나 중증 알코올간염의 경우 간부전이나 문맥고혈압증에 의한 합병증이 나타나 발병 1개월 이내에 사망할 확률이 40%에 이른다.

간염이 진단되면 잠시 술을 줄였다가 피검사 결과 간 상태가 회복되면 다시 술을 입에 대는 경우가 많다. 이렇게 해봐야 알코올간염은 재발을 반복하며 점차 악화될 뿐이다. 알코올간염이 지속되는 기간이 길수록 다음 단계인 알코올간경변증으로 진행하는 속도는 가속도가 붙게 된다. 알코올간염을 앓고도 술을 완전히 끊지 못한 사람 중 상당수(38~56%)는 간경변증으로 이행한다.

안타깝게도 알코올간경변증은 현대의학으로는 치료할 수 없는 질병이다. 이는 술에 의해 반복적으로 손상을 받은 간실질에 간세포는 괴사되어 사라지고 일종의 흉터가 대신 자리를 잡는 병이다. 점차 간 전체가 위축되고 변성을 일으켜 딱딱하게 굳어버리는 섬유화가 일어난다. 이 상태에 이르면 섬유화된 간은 포기할 수밖에 없다. 남은 간세포를 잘 관리하고 대증치료를 통해 생존할 수 있을 뿐 완치를 기대할 수는 없다.

간염과 동반되는 경우가 많고 전신 피로감, 식욕부진, 구역감, 체중 감소, 황달 등의 증상은 더욱 악화된다. 심해지면 복수가 차올라 배가 불룩해지고 몸이 붓는다. 손바닥에 홍반이 생기며 목 부위에 거미 모양의 혈관종이 나타나기도 한다. 남성이 여성처럼 유방이 생기기도 하고 고환이 위축되는 경우도 있다.

위나 식도에 정맥류가 생기는데 이것이 부풀어 올라 터지면 다량의 피를 토하게 된다. 이는 출혈이 발생한 후에 사망할 확률이 50%

에 이르는 위험한 상태다. 간성혼수가 발생하면 의식이 저하되고 사람도 알아보지 못하며 이상행동을 하거나 손발이 휘청거리고 떨린다. 간경변증이 거의 죽음의 문턱 가까이까지 진행했다는 위험한 신호다.

간부전에 이르면 더이상 간은 그 기능을 할 수 없게 되어 생명을 영위할 수 없게 된다. 알코올간경변증에서 간세포암으로 진행되는 경우(7~16%)도 적지만은 않다. 진행된 간경변증의 경우 5년 후에 생존해 있을 확률은 절반(23~50%)도 되지 않는다.

많은 환자들이 AST, ALT, Y-GTP와 같은 간수치에만 관심을 기울인다. 이 수치들이 좋아지면 다시 술을 마셔도 되는 것으로 착각한다. 그러나 이는 간손상의 지표 중 하나일 뿐이지 질환 자체를 의미하지는 않는다. 간경화 환자도 술을 못 마시게 하고 몇 주간 치료를 하면 간수치는 정상으로 회복된다.

중요한 것은 간의 만성적인 변화를 살피고 중독 상태가 심해지기 전에 단주를 결심하는 것이다. 간경화에 걸린 사람들도 단주에 성공하면 5년간 생존할 확률이 90%까지 높아진다. 그러나 많은 사람들이 간경화로 죽음을 맞이하는 것은 중독을 극복하지 못해 간질환에 걸린 채 술을 마시기 때문이다. 단주를 하지 않는 한 중독자의 간을 구원할 방법은 없다.

알코올은 소화기관에
어떤 영향을 미치는가?

알코올은 소화기관에도 영향을 준다. 알코올은 위액의 분비를 억제하고 탈수를 일으킨다. 위장의 상피점막 세포를 자극해 염증도 일으킨다. 이로 인해 위점막과 장벽이 헐게 된다. 흔히 위염과 식도염, 장염이 생기고 과음이 반복되면 위궤양이나 위장천공으로 진행할 수도 있다.

'그렇게 술을 마시다 위장에 구멍이 나겠어.'라는 말은 단순한 농담이 아니라 엄연한 현실이다.

특히 과음을 반복하면 위액이 역류하고 구토를 하게 된다. 이로 인해 식도와 위의 경계 부위가 파열되어 동맥출혈이 발생하는 병을 말로리바이스 증후군Mallory Weiss Syndrome이라고 한다. 이런 상황에서도 계속 술을 마시면 위점막 깊은 곳까지 헐게 된다. 결국 과다출혈이나 식도천공이 발생해 사망에 이를 수도 있다.

장에서는 지방이 분해되지 않아 설사를 하게 되고, 장점막이 손상되면 음식물을 섭취해도 무기질이나 필수 비타민 등의 영양분을 흡수하지 못해 영양장애가 생긴다. 중독자는 입맛을 잃고 음식을 먹는다고 해도 원활히 소화하지 못해 전신이 야위어간다. 특히 엽산, 비타민B1의 섭취에 장애가 생기는데 이는 뇌가 위축되는 원인중 하나다.

또한 반복되는 과음은 췌장염을 일으킨다. 췌장염을 앓는 환자들은 복통으로 인해 가장 힘들어한다. 이 병이 만성화되면 칼로 배를 찌르는 것 같은 극심한 고통이 시도 때도 없이 찾아온다. 이 때문에 마약성 진통제에 의지하게 되거나 췌장절제술을 시행하기도 하지만 이마저도 효과가 없는 경우가 많다. 또한 장기간 췌장염이 지속되면 췌장암 위험률도 증가한다.

또한 술은 췌장에서 생성되고 분비되는 인슐린에 이상을 일으키고 비만을 유발하고 당뇨를 악화시킨다. 간기능이 저하되면 포도당을 관리하는 데 어려움이 초래된다. 또한 식전 혈당은 비교적 낮은 편이지만 식후 혈당은 매우 높아지는 현상을 초래한다.

알코올은 심장과 혈관에
어떤 영향을 미치는가?

알코올은 심장과 혈관에도 이상을 일으킨다. 약간의 음주는 혈관을 확장시켜 혈액순환을 원활히 해준다고 알려져왔다. 하루 한 잔 정도 술을 마시면 건강에 좋다는 이야기는 중독자가 자신의 음주를 정당화하기 위해 자주 하는 말이다. 그러나 이는 사실이 아니다. 적은 양의 술도 매일 마시다 보면 의존성이 생겨 양이 늘고 건강에 해를 준다.

만성적인 음주는 혈압을 상승시켜서 고혈압을 유발한다. 하루에 4잔(35ml) 이상 술을 마시면 고혈압이 발생할 위험률이 50% 증가

한다.

탈수를 초래하고 혈액의 점도를 증가시키기 때문에 혈류량도 감소한다. 이로 인해 협심증이나 심근경색 같은 관상동맥질환(협심증·심근경색)과 뇌졸중(뇌경색·뇌출혈)의 위험이 높아진다

또한 알코올은 혈관뿐만 아니라 심장 근육에도 직접적인 손상을 일으킨다. 심장의 수축력이 저하되어 호흡 곤란, 부종 등의 증상이 나타나고 심장부전에 빠질 수도 있다. 심장의 전도계에 문제가 생기면 심장박동이 불규칙해지는 부정맥이 생긴다. 이런 상태가 되면 어느 날 갑자기 급사할 수도 있다.

심장마비로 사망하거나 뇌경색으로 반신불수가 된 사람들의 가족이 "워낙 술을 좋아하셨던 분이라 이렇게 된 것 같아요."라고 이야기하는 것을 들어보았을 것이다. 거기에는 그만한 이유가 있었던 것이다.

알코올중독자가 되면
또 다른 건강의 문제는 없나요?

만성적인 과음은 간암·구강암·후두암·식도암·위암·직장암·췌장암 등 각종 암이 발병할 확률을 높인다. 알코올 자체가 발암물질로 작용하고 암이 발생하는 것을 촉진하는 매개체 역할을 하기도 한다.

또한 혈액에도 영향을 미친다. 골수의 혈액 생성을 억제해 빈혈이 생기고 백혈구가 감소하면 침투한 병원체에 대한 면역능력에 이상이 생긴다. 항체생산이나 면역기능 저하로 인해 각종 세균성 감염 및 바이러스 감염에 쉽게 걸리고 잘 낫지 않는다. 그래서 중독자는 감기나 몸살을 자주 앓는다, 노인 중독자의 경우 폐렴 등으로 위중한 상태에 빠지기도 한다.

혈소판의 감소를 초래해 지혈에 이상을 일으키고 각종 출혈성 질환의 원인이 된다. 중독자는 식도 정맥류 출혈, 위장 출혈, 낙상으로 인한 출혈을 경험하기 쉽다. 이때 피가 멈추지 않는다면 끔찍한 결과를 초래할 것이다.

적당한 음주가 성생활에 도움이 된다고 알려져 있지만 만성적인 과음은 오히려 성기능 저하를 일으킨다. 남성의 경우 고환이 위축되거나 정자의 수가 감소될 수 있다. 여성의 경우 월경이 불규칙해지거나 사라지고 난소의 크기가 감소한다. 또한 수정률이 낮아지기 때문에 불임이 발생한다. 설사 임신이 되더라도 태아알코올증후군 같은 기형을 유발한다.

손발이 저리고 통증을 느끼는 말초신경염은 알코올중독 환자를 괴롭히는 대표적인 질환이다. 이는 만성적인 질환으로 빠른 회복을 기대하기 힘들다. 이 때문에 환자들이 오랜 시간 고통과 불편을 겪게 된다.

중독자는 신체적 질환이
심각하다는 것을 알면서도 왜 술을 마시죠?

"아직은 술을 완전히 끊을 정도로 심각하지는 않아."

알코올에 중독되면 아무리 심각한 신체적 질환을 진단받더라도, 아직은 괜찮다며 오히려 술을 끊지 않아도 된다고 항변한다.

신체적 질환의 검사 결과에 예민하게 신경을 쓰던 환자가 수치가 좋아지자마자 퇴원을 요구하고, 퇴원한 후에는 다시 술을 입에 대는 일이 흔하다.

그러나 검사 결과가 좋아진 것은 급성 질환의 호전을 의미할 뿐이다. 만성적으로 악화되어가는 건강 상태까지 좋아졌다는 의미는 아니다. 다시 술을 입에 대었을 때는 이미 술을 견딜 수 있는 능력이 소진한 신체가 급속히 무너질 것이다. 검사수치도 이전보다 더 악화된 결과를 보여줄 것이다.

중독자들은 자신의 몸이 술을 버틸 수 있는 한계선(역치)을 넘었다는 점에 주의를 기울여야 한다. 우리의 몸이 술을 충분히 견딜 수 있다면 얼마간 과음을 했다고 검사 결과에 이상이 생기지 않는다. 수치에 이상이 나타났다는 것은 만성적인 과음을 지속할 경우 건강이 급속도로 악화될 것이라는 경고 신호다. 일시적인 단주와 치료 덕분에 검사 결과 간수치, 혈당, 혈압이 다시 정상 범주로 돌아왔다고 하더라도, 호전과 악화를 반복한다면 장기적인 예후는 치명적이다. 경고음이 조용해져도 불을 끄지 않으면 화재는 순식

간에 번진다.

　수명이 10년 남은 노인도 피검사 결과가 정상일 수 있고, 50년이 남은 젊은이도 피검사 결과는 일시적으로 이상소견을 보일 수 있다. 중독자의 경우 일시적으로 검사 결과가 정상으로 나올 수는 있어도 신체기관이 만성적으로 손상을 받은 끝에 이미 술을 견딜 수 있는 능력을 상실한 경우가 많다. 그들은 다시 술을 입에 대면 오래지 않아 위급한 지경으로 회귀한다. 근본적으로 술을 끊지 않는 한 만성적으로 망가진 신체 장기를 회복할 수 있는 다른 방법은 없다.

정말 건강이 심각해졌을 때
술을 끊으면 안 되나요?

　　"일단 서서히 술을 줄여야지. 정말 심각해지면 그때 끊어도 괜찮을 거야."

　주지해야 할 또 다른 사실은 절벽에 다다랐을 때는 절대 브레이크를 걸 수 없다는 점이다. 신체적인 문제가 악화되어가는 동안 알코올중독도 심각해진다. 나중에는 마약중독과 같이 강박적으로 술을 마시는 상태에 이른다.

　술을 끊지 못하면 사망할 정도로 몸 상태가 엉망이 되었다면 이미 알코올중독 역시 심각한 상태다. 술을 마시지 않으면 간질이나 정신이상 같은 심한 금단 증상이 나타나 사망할 수도 있을 것이다.

• 과음으로 나타나는 신체 질환

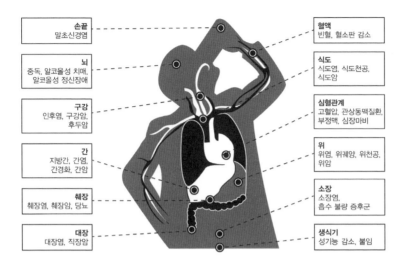

| 손끝 | |
| 말초신경염 | |

| 뇌 |
| 중독, 알코올성 치매, 알코올성 정신장애 |

| 구강 |
| 인후염, 구강암, 후두암 |

| 간 |
| 지방간, 간염, 간경화, 간암 |

| 췌장 |
| 췌장염, 췌장암, 당뇨 |

| 대장 |
| 대장염, 직장암 |

| 혈액 |
| 빈혈, 혈소판 감소 |

| 식도 |
| 식도염, 식도천공, 식도암 |

| 심혈관계 |
| 고혈압, 관상동맥질환, 부정맥, 심장마비 |

| 위 |
| 위염, 위궤양, 위천공, 위암 |

| 소장 |
| 소장염, 흡수 불량 증후군 |

| 생식기 |
| 성기능 감소, 불임 |

술을 마셔도 죽고 술을 마시지 않아도 죽는 상태가 중독자가 다다
르는 종착지다.

술을 마시면 한두 달 내에 사망할 수 있다는 통보를 받은 환자가
의사 몰래 병원 근처 슈퍼에서 술을 구해 먹다 결국은 죽음에 이르
는 모습도 병원에서는 비일비재하게 일어나는 일이다.

알코올중독 환자는 일반인보다 7배 정도 사망률이 높고, 평균 수
명도 20년가량 짧다. 세계적인 통계에 의하면 술은 질병과 신체장
애를 유발하는 세 번째로 위험한 요인이다. 세계적으로는 매년 250
만 명이 술 때문에 사망한다.

중독자가 되면 신체질환에 제대로 대처할 수 없고 결국은 죽음에

이르게 된다. 중독자의 모든 질환은 중독에서 회복되지 못하는 한 호전될 수 없다. 병의 진행 속도조차 늦출 수 없다. 신체를 건강하게 유지하는 유일한 방법은 중독에서 벗어나는 것이다.

"그래도 간장제도 먹고 내과 치료도 받고 있는 걸요?"

오성진 씨가 건강이 나빠질 때마다 내과에 입원하기 때문에 괜찮다고 한다면 이는 참 어리석은 대답이다. 술을 마시기 위해 증상을 감추고 몸을 망가뜨리는 결과만 초래할 뿐이다. 이제 진정으로 자신에게 필요한 치료가 무엇인지 스스로에게 물어볼 때다.

단주만이
유일한 희망이다

알코올중독은 불치병이다. 알코올에서 자유로워지는 유일한 방법은 술을 끊는 것이다. 알레르기와 같이 단 한 가지 물질만 제거하면 정상적인 인격을 가지고 살 수 있다. 알코올중독자에게 그 한 가지는 알코올이다.

로빈 윌리엄스Robin Williams는 누구나 알 만한 세계적인 배우다. 그는 많은 작품을 통해 때로는 세상 사람들을 울게 했고 때로는 웃게 했다. 그런 그가 2006년 대변인을 통해 뜻밖의 발표를 한다.

"지난 20년간 술을 입에 대지 않고 살아왔다. 최근 들어 자꾸만 술병에 손이 가고 나도 모르게 술을 마시게 된다. 다른 알코올중독 증상도 나타났다. 나와 가족을 위해서 적극적으로 치료를 받기로 결심했다."

로빈 윌리엄스가 중독 증상을 자각하고 지난 20년간 단주를 해왔다는 사실이 우선 놀랍다. 그가 술을 끊지 않았더라면 〈패치 아담스〉〈죽은 시인의 사회〉〈굿 윌 헌팅〉〈미세스 다웃파이어〉 같은 명작은 세상에 나오지도 못했을 것이다.

또 다른 놀라운 점은 로빈 윌리엄스는 20년이나 단주를 했지만 조금씩 술을 입에 댄 끝에 알코올중독이 결국 재발했다는 것이다. 스스로 재활원에 입소를 한 것은 천만다행한 일이었다. 그러나 안타까운 소식이 전해졌다. 로빈 윌리엄스는 재활원을 퇴소한 이후에도 술을 완전히 끊지 못했고, 또다시 알코올중독이 재발해 2014년에 다시 재활원에 입소하는가 싶었더니 결국 생을 마감하고 말았다.

20년이나 단주에 성공했고 세계적인 배우의 반열에 오른 로빈 윌리엄스의 의지를 누가 의심하겠는가? 중독은 무서운 병이다. 오랜 세월 단주를 했는데도 뇌는 중독된 기억을 고스란히 저장한다. 그 기억은 마치 잠자는 사자와 같다. 술이라는 자극은 사자의 눈을 뜨게 한다. 로빈 윌리엄스는 그 사자에 의해 오랜 세월 고통받았다. 그가 남긴 좋은 작품과 행복한 웃음은 그의 투쟁이 무의미하지 않았다고 말하며, 절주의 절망과 단주의 희망에 대해 이야기한다.

중독자는
절주에 집착한다!

중독자들은 놀라울 정도로 술을 조절해서 마시는 '절주'의 가능성에 집착한다. 중독자도 사람이고 양심이 있다. 술을 전혀 줄이지 않고 원래대로 마시겠다고 우기는 사람은 거의 없다.

'한 번만 더 시도해보자! 술을 조절할 수 있을지도 모르잖아!'

보통 사람들의 상식으로는 강제로 입원을 당하는 경험을 하고도 며칠만에 다시 술을 입에 대는 중독자가 이해가 가지 않는다. 그러나 그들은 절주에 성공할지도 모른다는 미명하에 또 술을 마신다.

술을 완전히 끊을 수만 있다면 언성을 높이고 행패를 부리는 일이, 다음 날 술에서 깨어나 죄책감과 수치심에 시달리는 일이, 가족이 눈물짓는 일이 모두 사라질 텐데도 중독자들은 여전히 절주를 시도한다. 아니, 중독자는 폐인이 될 때까지나 죽음에 다다를 때까지도 절주를 시도한다. 중독은 술을 원 없이 많이 마시는 병이 아니다. 중독은 죽을 때까지 절주를 시도하고 실패를 반복케 하는 그런 병이다.

알코올중독 전문 병원에서 치료를 받거나 단주모임에 참여하면 귀가 따갑도록 듣게 되는 말이 있다.

"절주는 불가능합니다. 단주를 해야 합니다. 첫 잔을 마시지 않는 것이 중요합니다."

중독자는 생각한다.

"어떻게 술을 한 번에 완전히 끊는단 말입니까? 아주 끊지는 못하더라도 아무런 문제가 생기지 않을 정도로 술을 줄여보겠습니다. 그 다음에 단주도 해볼 의향이 있습니다. 제 의지를 한 번만 믿고 지켜봐주십시오. 다른 사람들은 몰라도 저는 할 수 있습니다."

20년간 단주에 성공했던 로빈 윌리엄스조차도 절주에는 실패했다. 수백만, 수천만에 이르는 경험자들이 절주는 불가능하다고, 그러니 단주를 해야 한다고 증언한다.

정말 절주에 성공할 수 있는 가능성이 전혀 없나요?

중독자라고 하더라도 의지만 있다면 술을 줄일 수 있을 것이라고 기대했던 사람이 한두 명이겠는가? 과거의 중독자들, 심지어 일부 치료자들 또한 그 일말의 가능성에 매달렸다.

1980년대까지도 음주통제모델controlled drinking model, 즉 중독자였던 사람이 술을 마시기는 하지만 적당히 양을 조절할 수 있는 상태로 만들어보려는 시도가 있었다. 혈중 알코올 농도 변별 훈련, 행동적 자기분석 훈련, 긴장이완 훈련, 스트레스 관리 훈련, 자기관리 훈련, 바이오피드백 등 다양한 방법이 시도되었다.

그러나 이러한 모든 시도는 절주를 목표로 했을 때 실패를 맛보았다. 현재는 그 어떤 회복자나 전문가도 절주가 가능하다고 믿지 않는다. 사실 술을 줄여봐야 별 효과가 없다는 점은 중독자라면 이미 숱하게 경험한 바 있다.

"오늘은 알딸딸해질 때까지만 마셔야지!"

"양주나 소주 같은 독한 술 대신에 맥주나 막걸리 같은 연한 술을 마시자!"

"오늘만 마시고 며칠간 안 마시면 되지!"

"사람들과 어울릴 때만 마시고 혼자서는 마시지 말아야지."

술로 인해 난처하고 고통스러운 일을 겪거나 건강이 나빠졌을 때는 누구나 술을 줄이려고 한다. 한 달에 한두 잔만 마시기로 결심한다거나 덜 독한 술로 주종을 바꿔보기도 한다. 그러나 이러한 노력은 한시적으로 성공할 뿐이고 대부분 시간이 흐르면 원래의 음주 습관으로 돌아가게 된다. 중독자가 되기 전까지 수많은 절주 시도를 거치는 것은 일반적인 현상이다.

한 잔의 술은 필연적으로 두 번째 잔을 부른다. 술을 조금만 마셨더니 아무런 문제가 생기지 않았다며 위안을 얻고 안심하게 된다.

'역시 나는 심한 중독자는 아니었어. 절주가 가능하잖아?'

그러나 그러한 안심은 두 번째 잔을 부른다. 게다가 주당에게 몇 잔의 술은 간에 기별도 가지 않는다. 여기서 술을 그만 마시려니 영 찝찝하고 개운치 않다. 조금만 더 마시면 원하는 효과를 얻을 수 있다. 기분도 좋아지고 잠도 잘 오고 스트레스도 잊힌다. 아예 술을 입에 안 대면 모를까, 술을 입에 대었는데 원하는 효과를 얻기 전에 스스로 멈추는 것은 애당초 불가능한 일이다. 특히 어떤 큰 사건이 있거나 화가 나거나 스트레스를 받을 때를 생각해보자. 술을 몇 잔 마시고 충분히 취하기 전에 그만두는 것은 결단코 불가능하다.

'술이 술을 마시고, 술이 사람을 마신다.'

술을 경험해보지 않는 어린이들이 술이 마시고 싶어 힘겨워하는 모습을 한 번이라도 본 적이 있는가? 술을 마셔보았고 그 효과를 학습했기 때문에 술을 마시고 싶어지는 것이다. 일단 한 잔이 들어가면 틀림없이 과거에 학습했던 효과를 충분히 누릴 수 있는 만큼, 흠뻑 취할 정도로 마시게 된다.

첫 잔을 피해야만 단주를 할 수 있다. 술을 마시는 횟수나 양, 알코올 도수를 제한해봐도 아무런 효과가 없다. 중독자가 할 수 있는 유일한 노력은 첫 한 잔의 술을 마시지 않는 것이다. 첫 번째 잔을 마신 중독자는 두 번째 잔을 마시지 않을 능력이 없다.

절주보다 단주가 쉽다는 것이 사실입니까?

회복자들과 치료진들이 하나같이 절주를 만류하고 단주를 권유하는 것은 단주가 깔끔하고 이상적이기 때문이 아니다. 절주는 어렵고 불가능하며 단주가 쉽고 가능성이 있기 때문이다.

완전히 술을 끊지 않는 한 중독자는 영원히 술을 억지로 참는 상태로 남게 된다. 주말에 마시게 될 술을 기다리며 평일에는 스트레스가 쌓이고 우울하며 분노가 쌓여도 억지로 참는다. 마침내 주말이 되고 술을 마시는 것으로 한 주가 완성된다.

술이 없는 무인도에 가서 술을 안 마시거나, 몇 개월을 폐쇄 병동에 입원해서 술을 안 마시는 것은 진정한 회복이라고 볼 수 없다. 회복의 과정은 술 없이도 대인관계를 맺고 스트레스를 풀며 감정을

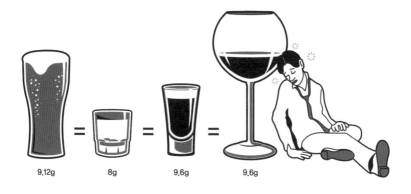

9.12g   8g   9.6g   9.6g

처리하면서 새로운 삶에 적응하는 것이다. 그러나 술을 완전히 끊지 않으면 이러한 도전은 영영 보류된다. 새로운 삶은 술이 완전히 사라져야 시작된다. 일주에 한 번이든 한 달에 한 번이든 술을 마신다면 여전히 술로 위안을 얻는 삶에 머물게 된다.

중독자가 아무리 가끔씩만 술을 마신다고 할지라도, 언젠가 술을 마실 기약이 있다면 그는 여전히 술에 중독된 상태로 남아 있는 것이다. 술이 주는 효과가 부족한데 만족이 있을 리 없다. 시간이 지나면 반드시 나머지 날도 술로 채우게 된다.

앞서 설명한 바 있는 금단 증상, 술에 대한 갈망, 중독성 사고 같은 뇌의 이상 역시 술을 완전히 끊지 못한다면 무조건 악화된다. 오히려 술을 원하는 만큼 마실 때보다 술을 줄였을 때 금단 증상은 심해진다. 술을 줄이면 한 잔만 더 먹고 싶은 갈망감도 요동친다. 다시 술을 마실 핑계를 찾기 위해 중독성 사고도 발동된다.

우리의 뇌는 오랜 시간 술을 맛보지 않아야 비로소 정상 기능을 되찾는다. 중독된 뇌는 술에 취한 상태를 정상으로 인식한다. 술에 취해 스트레스를 잊고 몸과 마음이 이완되어야 평화가 온 것으로 안다. 술을 줄이면 중독된 뇌는 사고가 났거나 병에 걸린 것으로 오판한다. 뇌는 항상성homeostasis를 유지하기 위해 비상사태를 선포하고 술을 달라고 아우성친다.

단주도 초기에는 절주만큼 어렵다. 뇌는 끈질기게 술을 찾는다. 그러나 단주는 절주와 근본적으로 다르다. 뇌가 술을 달라고 아우성을 치는데도 술이 뇌에 공급되지 않으면 뇌는 기능을 회복하기 시작한다. 술을 마시지 않은 상태가 사실은 정상이었고 그동안 술이라는 인위적인 자극에 의해 혼돈에 빠졌었다는 것을 깨닫게 된다. 몇 개월이 지나면 예전처럼 심한 금단 증상, 갈망감, 중독성 사고는 더이상 중독자를 괴롭히지 않는다. 몇 년이 더 지나면 뇌는 완전히 정상 상태를 되찾는다.

술을 못 마시는 것은
불치병인가?

중독자는 술에 일종의 알레르기를 가지고 있는 것과 같다. 땅콩 알레르기가 있는 사람을 생각해보자. 그는 우연이라도 땅콩이 포함된 음식을 먹으면 온몸이 가렵고 두드러기가 나며 심한 경우 호흡곤란으로 사망에 이를 것이다.

땅콩 알레르기가 있는 사람은 실수로라도 소량의 땅콩도 먹지 말아야 한다. 그는 평생 땅콩을 조심하며 살아야 하는 자신의 처지를 불평할지도 모른다. 그러나 상식이 있는 사람이라면 생리적인 체질을 무시하고 땅콩을 먹으려 하는 어리석은 행동을 하지는 않을 것이다. 그는 땅콩만 먹지 않는다면 지극히 정상인이다.

알코올중독은 오랜 시간 술을 마신 끝에 몸이 술에 대한 알레르기를 체득한 것과 같다. 다시 술을 입에 대면 심한 갈망감과 금단 증상, 중독성 사고, 우울감, 주사가 중독자를 위협할 것이다. 그리고 발작이 일어나면 계속 술을 조절하지 못하고 절제력을 잃어 알레르기 상태에 빠져든다. 심지어 죽을 때까지 술을 마시는 쇼크 상태도 온다.

땅콩 알레르기가 있는 사람이 땅콩이 조금 함유된 과자는 먹어도 된다거나, 땅콩의 양을 줄여서 먹겠다고 주장하는 것이 얼마나 아둔한 일인지 우리는 잘 알고 있다. 그렇다면 술 알레르기가 있는 우리가 술을 적당히 줄여 마시겠다고 하는 것도 마찬가지다.

알코올중독은 일종의 불치병이다. 이 불치병에서 자유로워지는 유일한 방법은 술을 끊는 것이다. 알레르기와 같이 단 한 가지 물질만 제거하면 지극히 정상적인 인격을 가지고 존중받으며 살 수 있다. 우리에게 그 한 가지는 바로 알코올이다.

단주만 하면 치료를 받을
필요는 없지 않은가?

　　많은 중독자들이 얼마간 단주에 성공하면 "술도 안 마시는데 굳이 치료까지 받아야 하나?"라며 중대한 실수를 한다. 치료를 중단하는 것이다.

　중독자였던 사람에게 술을 마시지 않은 시간은 하늘이 준 절호의 기회다. 그 기회를 활용해 뇌의 상태를 정상화시키고 단주의 방법을 익히고 배워야 한다. 단주를 시작할 때 중독으로 인해 황폐화된 몸과 마음, 삶 전체를 되돌릴 수 있는 기회를 얻는다. 삶을 회복하고 성숙하기 위한 진정한 의지는 이때 만들어진다.

　그러나 불행하게도 많은 사람들이 이 기회를 그냥 지나쳐버리기 때문에 알코올중독이 재발한다. 치료를 동반하지 않는 단주는 대개 일시적이고 아무런 의미가 없다.

　최명도 씨는 5년간 단주에 성공했는데도 한 달에 한 번은 꼭 의사를 찾아왔다. 의사가 항갈망제를 끊어보자고 권유했지만 명도 씨는 한 알은 남겨두고 계속 복용하게 해달라고 간청했다. 그 약은 네 알 이상은 먹어야 효과가 있는 것이었다.

　"물론 약을 한 알만 복용하면 별 효과가 없다는 것을 저도 잘 알고 있습니다. 그러나 매일 아침 이 약을 먹을 때 저는 단주를 결심했던 그 날의 초심을 다시 느낍니다. 선생님을 만나러 와서 아무렇지 않게 하는 이야기들도 그렇습니다. 그 정도 투자는 제가 술을 입에 댔을 때 잃는 것에 비하면 아무것도 아닙니다. 저는 앞으로도 오랫동안 그렇게 치료를 유지할 것입니다."

병원을 방문하고 단주모임에 참여할 때 비로소 단주를 유지할 수 있는 힘을 얻게 된다. 단주를 유지할 수 있도록 뇌와 신체 상태를 되돌리기 위해서는 약도 필요하다. 재발의 위험이 닥칠 때 치료자와 가족이 주는 도움 없이 혼자만의 힘으로 극복하기는 정말 어렵다. 회복의 과정에 참여하는 행위는 단주에 대한 확신과 동기motivation를 유지하는 가장 쉬운 비법이다.

과거에는 알코올중독을 치료할 때 '첫 잔을 마시는 순간 재발이 시작된다.'라는 말이 자주 통용되었다. 그러나 요즈음에는 '치료를 포기하는 순간 재발이 시작된다.'라는 말이 더 많이 사용된다. 치료를 포기한 중독자는 이미 첫 잔의 유혹에 한 걸음 다가선 것이다.

단주는 치료의 완성이 아닌 치료의 시작에 불과하다. 또한 단주는 치료의 목표가 아닌 치료의 기본 전제다. 그러나 단주는 절실하고 가늠할 수 없는 엄청난 값어치가 있다. 절주는 절망의 연장선일 뿐이다. 단주만이 잃어버렸던 희망을 되찾아줄 것이다.

아무리 어둡고 험난한 길이라도
나 이전에 누군가는 이 길을 지나갔을 것이고,
아무리 가파른 고갯길이라도

나 이전에 누군가는 이 길을 통과했을 것이다.

아무도 걸어가 본 적이 없는 그런 길은 없다.

나의 어두운 시기가

비슷한 여행을 하는

모든 사랑하는 사람들에게 도움을 줄 수 있기를

-베드로시안, 〈그런 길은 없다〉

술은 더이상
나를 위로해주지 않는다

술을 마시는 이유라고 믿고 있는 힘겨운 마음은 사실 속임수다. 술을 빼앗기지 않기 위해 차라리 분노하고 우울한 인생을 선택한 것이다. 이제 진실한 마음을 찾아 마주해야 한다.

조성진 씨는 술에 만취한 상태에서 장롱에 목을 매 자살 시도를 했다. 다행이 장롱이 무너져 내리면서 가족에게 발견되어 생명에는 지장이 없었다.

"나도 모르게 자꾸만 기분이 가라앉고 살아서 뭐하나 하는 생각이 머릿속을 떠나지 않았습니다."

사업은 날이 갈수록 기울었다. 다른 사람들은 모두 잘나가는데 자신만 뒤처지는 것 같아 열등감도 느꼈다. 가족은 짐이 될 뿐 아무런 위로가 되지 않았다. 성진 씨는 극심한 우울증에 걸린 것 같았다. 그러나 가족들의 의견은 조금 달랐다.

"매일 같이 술만 마시니 뭐 하나 일이 잘될 리가 있나요?"

사실 우울증의 시발점은 술이었다. 한때 술을 마시면 위로가 되었는데 이제는 술을 마셔도 죽고 싶다는 생각밖에 들지 않았다. 아무리 힘을 내보려고 해도 절망이 마음을 짓눌렀다. 술을 안 마시면 잠이 안 오고 마음이 불안해져서 끊을 수도 없었다.

결국 성진 씨는 입원을 결정했고 3달간 술을 마시지 않았다. 신기한 것은 그것만으로도 우울증이 사라지고 기분이 한결 나아졌다는 것이다.

"저한테 우울증 약이 처방되고 있나요?"

의사는 금단 증상을 막기 위해 약간의 안정제만 처방했다고 대답했다. 그러나 술기운이 빠져나가자 세상이 다르게 보였다. 망할 날만 기다리고 있던 사업도 차곡차곡 정리하면 잘될 수 있겠다는 자신감이 생겼다. 가족이 얼마나 자신을 위하는지도 이제야 눈에 들어왔다.

"술이 아니면 버틸 수 없다고 생각했습니다. 그런데 술을 끊으니 우울증이 사라졌습니다. 술이 우울증의 원인이라고는 꿈에도 생각하지 못했습니다."

중독자 중 상당수가 우울증을 앓는다. 그들은 우울한 마음을 달래기 위해 술을 마신다. 그러나 중독자들에게 가장 필요한 치료는 술을 끊는 것이다.

술이 정말
마음을 위로해줄까?

드라마나 영화 속 주인공이 소주잔을 기울이는 장면은 우리에게 너무나 익숙하다. 변절한 사랑에 대한 배신감, 사업이 부도가 났을 때 드는 절망감, 가족과의 갈등에 따른 소외감…. 술은 결정적인 장면에서 주인공이 느끼는 고통스러운 감정을 표현하는 중요한 소재로 사용되곤 한다.

우리 사회에서 힘든 마음을 달래기 위해 술을 마시는 일은 무척 자연스럽다. 처리하기 어려운 모든 감정은 결국 술로 통한다. 술은 상처받은 마음을 위로해주는 약처럼 여겨진다.

마음이 힘겨울 때 술로 위로를 얻는 것이 반드시 잘못되었다고는 할 수 없다. 사실 우리 사회는 술에 상당히 관대한 편이다. 누군가 힘든 일을 겪었을 때 주변 사람들이 술을 권하고 함께 마시는 것은 하나의 미덕처럼 여겨질 정도다.

"화가 나서 한잔 했습니다."

"마음이 울적해서 조금 마셨어요."

"초조해서 술로 마음을 달랠 수밖에 없었습니다."

중독자들이 술을 마시며 둘러대는 가장 흔한 핑계는 '마음을 달래기 위해서'다. 그러나 세상을 떠들썩하게 했던 연예인들의 자살 사건만 살펴봐도 이야기는 달라진다. 신문기사 제목을 살펴보자. '최진실, 술 마시고 세상 비관 후 목매 자살' '박용하, 심한 스트레스

로 술 마시고 충동적으로 자살' '조성민, 자살 전날 故 최진실·최진영처럼 술 마시다가…'

자살로 명을 달리한 사람들 곁에는 대부분 술이 놓여 있다. 중독자의 자살률은 일반인보다 100배가량 높다. 정말 술에 마음을 위로해주는 효과가 있다면, 괴로운 마음을 달래기 위해 술잔을 들었던 사람들이 목숨을 잃는 일은 없어야 할 것이다. 오히려 술이 고통을 치유해줘 다음 날 힘을 내 하루 일과를 다시 시작해야 한다. 그러나 삶의 의지가 있었던 사람들조차 우울할 때 술잔을 들면 충동적으로 자살을 시도하게 된다.

가슴에 괴로운 마음을 품어보지 않은 사람은 없다. 절망해보지 않은 사람이 어디 있고 죽고 싶은 생각을 해보지 않은 사람은 어디 있겠는가? 그러나 술에 의존했을 때 그 괴로운 마음은 우리의 영혼을 완전히 잠식한다. 술이 충동조절능력까지 억제하면 '그래, 죽어버리자.'라며 예상치 못한 행동을 실행에 옮기게 된다. 술은 마음의 상처를 진정으로 치유할 수 있는 기회를 앗아가버린다.

또한 존스홉킨스대학교에서 발표한 연구 결과에 따르면 마음을 달래기 위해 술을 마시는 사람은 훗날 알코올중독에 빠질 가능성이 높다고 한다. 연구팀의 로사 크럼 교수는 "기분을 좋게 하기 위해 술을 마시면 알코올중독으로 이어질 가능성이 높다. 울적한 기분을 달래고 싶다면 술이 아닌 다른 수단을 찾는 것이 좋다."라고 말했다. 기분을 좋게 하기 위해 술을 마시다가는 마음이 편해지기는커녕 중독만 남게 된다.

중독자들이 술에 빠지게 된 계기를 들어보면 마음의 상처 몇 가지씩은 다들 가지고 있다. 한동안 단주에 성공했던 중독자가 재발하는 것도 대부분 어떤 계기로 마음이 동요했을 때다. 마음만 다스릴 수 있었다면 그들은 중독자가 아니었거나 이미 벗어났을 것이다. 그래서 알코올중독은 '뇌의 병'이기 이전에 '마음의 병'이기도 하다.

술이 주는 것은
가짜 위로다!

그럼에도 불구하고 우리는 분명 술로 마음을 달랬던 기억이 있다. 그러나 자세히 살펴보면 술잔을 기울이며 동료들과 대화를 나누고 위로를 받아서 도움이 되었을 뿐 술 자체가 한 역할은 크지 않다.

술의 약리적인 효과는 현실에 대한 이성적인 판단력과 적절한 감정을 잠시 마취시키는 것이다. 기분을 고양시켜주는 효과 역시 취해 있을 동안뿐이다. 술에는 상처받은 마음을 근본적으로 치유해줄 수 있는 효과가 없다.

술에 취하면 아주 슬픈 것처럼 울거나 아주 재미있게 웃는다. 감정을 분출하면 카타르시스를 느낄 수 있지만 다음 날 눈을 떴을 때 마음속 상처는 조금도 아물지 않고 그 자리에 그대로 남아 있다. 오히려 술은 상황에 맞는 진실한 감정을 다룰 수 있는 기회를 빼앗아 버린다.

"술을 마시면 잠깐 동안 기분이 좋을 뿐입니다. 다음 날 본래 우울했던 기분으로 돌아가면 허무하고 자책만 하게 되지요. 또 그 감정이 괴로워 술을 마시는 악순환이 반복됩니다."

장기적으로 과음을 하는 동안 마음속 상처는 곪고 썩게 된다. 마침내 우울증이라는 병적 상태에 이른다. 술 때문에 가족과의 갈등이나 경제적 어려움과 같은 여러 스트레스에 제대로 대처할 수 없다 보니 현실은 암담해진다. 게다가 술은 생리적으로 감정을 조절하기 어렵게 만든다. 술을 마시면 처음에는 우울과 불안한 마음이 감소하는 것 같지만, 만성적으로 술을 마시면 어느 순간 극심한 우울과 불안과 분노에 빠져 헤어나지 못한다. 중독자는 술을 마시든 마시지 않든 마음을 추스를 수 없게 된다. 어지러운 마음을 진정시키려면 술이 필요한데 술을 마시면 더 마음이 어지러워지니 이러지도 저러지도 못하는 처지가 된다.

단언컨대 술에는 마음을 치유해주는 효과가 없다. 술은 치료제가 아니다. 기껏해야 일종의 마취제다. 상처를 마취만 하고 소독하거나 봉합하지 않는다면 어떻게 될까? 상처가 번져 팔다리를 도려내야 할지도 모른다. 이 마취제에는 우울증을 일으키고 악화시키는 효과도 있다.

술을 마셔서 얻는 위로는 다음 날이면 사라질 허깨비일 뿐이다. 술을 통해 위로받은 마음은 반드시 그 이상 침체된다. 술잔의 바닥에는 위로와 기쁨 대신 우울, 분노, 불안 그리고 당신을 영원히 좌절에서 헤어나지 못하게 하려는 악마의 음모가 도사리고 있다.

중독자는 정말 마음이 괴로워서
술을 마실까?

중독자의 마음만 특별히 괴로운 것은 아니다. 사실 정상적인 모든 사람들 또한 매일매일 나쁜 감정을 겪고 또 이겨내며 살아간다. 좋은 감정만 느끼는 사람은 조증manic 환자다. 우리는 슬프고 불안한 마음을 이겨냄으로써 기쁘고 안도하는 마음도 느낄 수 있다. 그러나 빠르지만 일시적인 효과밖에 없는 감정 마취제인 술에 의지하면 문제가 생긴다. 나쁜 감정을 이겨내는 건강한 방법들을 상실하게 되는 것이다.

"술 한잔 마시면 순식간에 모든 것을 잊고 기분이 좋아집니다. 마음을 다독일 다른 방법을 찾는다고요? 대화나 운동이나 취미생활을 하면 좋다는 건 다 알지요. 하지만 술처럼 효과가 빠르지도 않고 현실을 완전히 잊을 수도 없다는 게 문제지요. 중독자가 되면 술 마시는 것 말고는 마음을 다스릴 수 없게 됩니다."

어느 중독자의 고백처럼 술만 마시면 몇 분 내에 우울한 마음이 즐거운 마음으로 바뀌고 잠도 푹 잘 수 있는데 다른 방법 따위가 필요할 리도 없다.

중독자들 역시 술에 빠지기 전에는 괴로운 기분을 자연스럽게 느꼈고 또 충분히 이겨낼 수 있는 사람들이었다. 또한 그런 감정을 이겨내기 위한 다양한 기술과 방법을 자연스럽게 몸과 마음에 체득하려고 노력했다. 그러나 중독자가 되면 괴로운 감정을 느끼며 살 필요가 없다. 술로 감정을 잊어버리는 순간 감정을 이겨낼 수 있는 능력도 사라져버린다.

중독자에게 있어 고통받은 마음이란 술을 마시기 위한 핑계일 뿐이다. 중독자는 술잔을 내려놓고 마음을 근본적으로 위로하려 하지 않는다. 차라리 상황을 악화시키고 괴로운 감정을 더 키우려 한다. 왜냐하면 그에게 간절히 필요한 것은 위로가 아니라 술 마실 핑계이기 때문이다.

술잔을 내려놓고
진정한 감정을 느끼자!

술에 의존한 이후로 박대호 씨는 매우 내성적인 사람으로 변해버렸다. 평소에는 말 한마디 제대로 하지 않고 묵묵히 자기 일만 한다. 그러다가 술을 마시면 억눌렀던 감정을 폭발시키고 집안은 난리가 난다. 참기 힘든 감정을 느낄 때마다 대호 씨의 오른손은 술잔을 잡는다.

1년간 술을 끊은 박수정 씨 역시 성격이 내성적으로 변했다.

"짜증이 나거나 우울할 때면 술 생각이 나니까요."

수정 씨는 다시 중독자로 돌아가고 싶지 않았다. 그래서 감정을 억누르려고 노력했다. 나중에는 자신의 정상적인 감정조차 갈망감이라고 착각하고 외면하게 되었다.

나쁜 감정을 느끼면 술 생각이 날 수는 있다. 그러나 감정 자체에 옳고 그름이 있지는 않다. 화가 나고 속이 상한 마음도 사람이라면 누구나 느끼는 자연스러운 삶의 일부다. 술잔을 기울이며 자신의 진정한 마음을 회피했던 사람은 나쁜 감정은 물론 때로는 좋은 감정마저 느끼기를 두려워한다. 중독자가 나쁜 감정을 더 자주 느낄 수는 있다. 그러나 자연스럽게 감정을 느끼고 다루는 습관을 잃어서는 안 된다.

감정을 느끼는 것은 인간의 본성이다. 어느 누구도 왜 그런 감정을 느끼냐고 뭐라고 할 수는 없다. 우리는 감정을 선택해서 느낄 수 없기 때문이다. 그러나 감정을 어떻게 다룰 것이냐는 분명 자유롭게 선택할 수 있다.

중독자들은 자신의 감정을 적절하게 다루지 못한다. 그들은 그 감정이 자신을 괴롭히기 전에 얼른 술병부터 집어 든다.

"너무 괴로워서 어쩔 수 없이 술을 마시는 것입니다!"

중독자가 괴로운 감정을 느끼는 것 자체에는 아무런 책임이 없다. 그러나 감정을 어떻게 다루느냐의 선택권은 전적으로 중독자 자신에게 있다. 감정을 다루기 위해 술을 마실지 마시지 않을지 역시 중독자의 선택이다. 감정을 이기지 못해 술을 선택한다면 그 선택에 따른 책임은 분명 자신에게 있다. 따라서 자신이 어떤 감정을 느끼는지 정확하게 파악하고 감정을 적응할 수 있는 방법으로 처리하는 것은 중독을 극복하는 데 있어서도 중요하다.

처음에는 어렵겠지만 오랜 시간 단주를 한다면 가능하다. 유일한 해결책이었던 술이 사라지면 우리는 감정에 대해 통찰하고 감정에 대한 대처를 학습하고 연습할 기회를 얻는다. 이를 반복하는 사이에 감정을 다루는 자연스러운 습관이 회복된다.

중독자가 해야 할 일은 감정을 느끼지 않는 것도 감정을 마취시키는 것도 아니다. 중독자가 해야 할 일은 감정을 어떻게 다룰지 선택하고 그 선택을 행하는 것이다.

이 세상에 술을 끊기 위해 하루를 사는 사람은 단 한 명도 없다. 사람들은 저마다 자신의 행복과 즐거움을 위해 산다. 술이 당신과 가족의 마음을 진정 위로해준다면 누구도 당신에게 술을 끊으라고 강요할 수 없다. 다시 한 번 술을 마셨던 나날을 돌이켜보자.

"술이 정말 나를 위로해주었는가?"

가족과 언쟁하고 나서 괴로운 마음에 마셨던 술은 가족과 멀어지게 했고, 당신을 모욕한 직장 동료 때문에 마신 술은 당신을 분노에 번민하게 했다. 경제적인 어려움에 걱정하며 마신 술은 당신을 나락으로 떨어뜨렸다. 술로 모든 것을 잊을 수 있었지만 망각의 대가는 잔혹했다.

술을 마시는 이유라고 믿고 있는 힘겨운 마음은 사실 속임수였다. 술을 빼앗기지 않기 위해 차라리 분노하고 우울한 인생을 선택한 것이다. 이제 진실한 마음을 찾아 마주해야 한다. 그래야 마음을 치유하는 것도 마음이 성숙하는 것도 가능해진다.

술병과 마음의 병은
상호 의존적이다

공황장애 환자 중 36%, 강박장애 환자 중 33%, 공포증 환자 중 23%가 알코올 사용과 관련된 장애를 겪는다. 범불안장애 환자와 외상후스트레스장애 환자 역시 자주 술을 마신다.

김희숙 씨는 평범한 주부였다. 그러나 자녀들이 모두 결혼한 후부터 우울증이 시작되었다. 사는 것이 무의미했고 아무것도 하고 싶지 않았다.

'내 인생에 무슨 의미가 있을까? 이룬 것도 없고 결국 이렇게 혼자 남게 되었는데….'

한 번 가라앉은 기분은 좀처럼 회복되지 않았다. 잠도 오지 않고 비관적인 생각만 자꾸 들었다. 하지만 정신과에 가는 것은 자존심이 허락하지 않았다. 그래서 찾은 방법이 밤마다 소주 반병 정도를 마시고 자는 것이었다. 그러던 것이 점차 낮에도 술을 마시게 되었다. 그때서야 희숙 씨의 남편도 아내의 변화를 눈치챘다.

"이 여자가 대낮부터 술이나 마시고, 뭐하는 짓이야!"

그러나 술에 취해 횡설수설하는 희숙 씨가 우울증을 앓고 있다고는 생각하지 못했다. 술을 끊어보려고도 했지만 우울증에 금단 증상이 더해져 도저히 엄두가 나지 않았다. 그 날도 희숙 씨는 술에 취해 있었다. 아파트 창밖을 내려다 보는데 문득 1층 시멘트 바닥이 너무 가깝게 느껴졌다.

'죽으면 모든 것이 해결될까?'

희숙 씨는 아슬아슬하게 난간에 몸을 기댄 채 비틀거렸다.

중독과 다른 정신과적 문제를 함께 겪는 경우가 많나요?

설상가상雪上加霜, 엎친 데 덮친 격이라는 표현이 이렇게 딱 들어맞는 상황이 또 있을까? 중독자 3명 중 1명 이상(37%)은 알코올중독 외에도 다른 정신과적 문제를 함께 가지고 있다. 기분장애, 불안장애, 다른 물질의 남용, 성격장애는 중독과 가장 흔하게 동반되는 정신과적 문제다.

'술은 우울증, 불안증, 불면증을 일으키는 물질이다.'라고 표현할 수 있을 정도로 중독자가 되면 다른 정신적 질환에 쉽게 노출된다. 반대로 처음에는 술 문제가 없었던 정신과 환자들이 증상을 완화시키려고 술에 손을 댔다가 그만 중독에까지 이르는 경우도 많다. 술을 마시니 우울하고 불안해지고, 우울하고 불안해서 술을 마시니 중독이 된다.

중독과 다른 정신과적 문제들은 상호작용을 하며 서로를 끊임없이 악화시킨다. 치료를 미루게 되고 자해나 자살을 할 위험도 상당히 높아진다. 2가지 병의 증상이 혼재되어 나타나면 가족은 환자의 상태를 이해할 수 없다. 결국 사이만 멀어지고 지지와 믿음은 무너진다.

알코올중독과 동반되는 정신과적 문제는 반드시 조기에 발견해 중독과 함께 치료해야만 한다. 김희숙 씨가 어렵사리 술을 끊어도 우울증을 방치한다면 그녀는 또 술에 기대거나 극단적인 선택을 할지도 모른다.

중독자가 다른 정신질환을 함께 가지고 있는지 어떻게 알 수 있나요?

마음속에 병이 공존할 때 가장 중요한 점은 증상이 술 때문에 일시적으로 생긴 것인지, 아니면 또 다른 정신과적 병이 있는지 구별하는 것이다. 이에 따라 치료 계획이 상당히 달라진다. 술을 마시거나 금단 증상을 겪고 있을 때는 흔히 우울하거나 불안하기 때문에 정말 우울증이나 불안증을 앓고 있는지 알아내기 어렵다.

감별진단을 하기 위해 가장 널리 통용되는 방법은 한동안 술을 마시지 않는 것이다. 술로 인해 생기는 정신적 증상들은 대개 3~6주간 단주를 하면 거의 사라진다. 그러나 그 이상 술을 끊었는데도 우울증과 불안증이 지속되거나 오히려 악화된다면 별개의 치료가 필요하다.

술로 인해 야기된 정신적 증상은 해결책이 명확하다. 술을 끊는 것이다. 그러나 공존 질환이 있다면 치료에 혼란이 있을 수 있다. 우울과 불안 같은 당장 환자를 힘들게 하는 증상에 치료의 초점을 맞추다 보면 중독을 치료하는 데 소홀해진다. 반대의 경우도 마찬가지다. 때로는 중독자가 자신의 공존 질환을 술 마시는 핑계로 사용하면서 실타래가 완전히 엉켜버린다.

여러 정신과적 문제가 겹치는 경우 여러 의사가 개입하면 오히려 혼돈만 가중된다. 환자에 대해 깊이 이해하고 있는 전문의 한 사람이 알코올중독과 다른 정신과적 문제를 모두 종합적으로 살펴야 효율적인 치료 계획을 수립할 수 있다.

"어디서부터 이야기를 해야 할지 모르겠습니다. 하지만 기억나는 한 처음부터 모든 이야기를 고백하겠습니다."

실타래를 풀려면 실이 시작하는 지점을 찾아내고 하나씩 차근차근 해결해나가야 한다. 이를 위해서는 의사와 맺는 진실한 치료관계가 무엇보다 중요하다.

중독과 기분장애는
어떤 관련이 있나요?

우울증은 알코올중독에서 가장 흔한 공존 질환이다. 중독자 중 30~40%는 일생에 한 번 이상 우울증을 겪는다. 여성, 매일 많은 양의 술을 마시는 사람, 우울증의 가족력이 있는 사람은 특히 위험하다.

"우울증이 있는 사람에게 술은 치명적인 독과 같습니다!"

정신과 의사들은 우울증 환자들에게 술을 피하라고 권유한다. 왜냐하면 알코올은 우울증을 일으키고 악화시키는 물질이기 때문이다. 술을 마시면 기분을 회복하게 해주는 물질인 세로토닌serotonin의 기능이 저하된다. 우울할 때 술을 마시면 자살률이 증가하고, 다른 물질을 남용하는 행동으로 이어지는 경우도 많다.

우울증에 빠지면 거의 매일 하루 종일 우울하고 슬프거나 공허한 기분을 느낀다. 거의 모든 활동에 대한 흥미와 즐거움이 감소된다. 식욕과 체중, 수면, 운동 등에도 변화가 나타난다. 자신이 무가치하다는 생각이 들거나 죄책감에 빠지기도 한다. 사고와 집중력이 감소하고 결정을 내리는 데 어려움을 겪는다. 죽음에 대해 반복적으로 생각하고 자살 시도를 하기도 한다. 사소한 문제에도 쉽게 좌절하거나 화를 내며 예민하게 반응하게 된다. 신체적 증상이 두드러져 온몸이 아픈 것처럼 느끼기도 한다.

조울증(양극성 정동장애) 환자 중 60% 이상은 술 문제를 겪는다.

비정상적으로 의기양양하거나 과대하고 과민한 기분이 7일 이상 지속되는 조증과 우울증이 일정 기간씩 나타나는 병을 조울증이라고 한다.

조증 시기에는 과장된 자존심과 자신감이 정상 범위를 넘어 과도하게 나타난다. 잠은 줄어들고 끊임없이 말을 하고 일을 벌인다. 초조해 보이고 주의가 산만해 보인다. 들뜬 기분으로 대인관계, 직업, 학업에서 분별없는 행동을 한다. 연달아 여러 생각을 하고 사고의 비약도 나타난다. 흥청망청 물건을 사고 무분별한 성관계를 하거나, 어리석은 사업투자로 손실을 보기도 한다. 술에 빠져 지내는 것도 흔히 나타나는 증상이다.

조울증 환자가 우울증을 겪을 때는 기분이 심하게 가라앉아 보이지만 자살률이 높은 편이므로 주의해야 한다. 일반적인 우울증 약을 사용하면 오히려 증상이 악화되기 때문에 주의를 요한다.

알코올에 중독된 환자 중 10~15%는 자살로 사망한다. 모든 자살의 25%는 술 때문에 일어난다. 술이 자살에 미치는 영향은 취중에 충동을 조절하는 능력을 억제하지 못하는 데 있다. 우울증이나 조증 같은 기분장애를 앓고 있고 매일 지속적으로 술을 마시는 사람은 특히 위험하다. 지지체계가 약하고 직업이 없으며 혼자 살고 심각한 내과적인 질환이 있을 때도 자살률이 높다. 자살하기 전에는 이에 대해 언급하는 경우가 흔하다.

알코올중독인 사람이 우울증을 동반하게 되면 우울한 마음을 달래고 현실을 잊고 도피하기 위해 술을 마신다. 조증 상태에서는 기분 고조를 위해, 또는 안정된 마음을 느끼기 위해 술을 마신다. 그러나 술은 결국 사람의 기분을 불안정하고 조절하기 어렵게 만든다. 술과 기분장애는 상호 악순환을 반복한다.

따라서 단주와 중독에 대한 치료 그리고 기분장애에 대한 약물 치료와 면담을 병행해야 치료 효과를 기대할 수 있다.

중독과 불안장애는
어떤 관련이 있나요?

많은 사람들이 술을 마시는 이유로 불안한 마음을 경감시키기 위해서라고 이야기한다. 사실 알코올이 불안한 마음에 대한 진정 효과가 있는 것은 사실이기도 하다. 불안장애에도 여러 종류가 있다.

우선 공황장애는 발작시 호흡곤란, 가슴 답답함, 심장박동 증가, 발한, 기절, 죽을 것 같은 생각 등의 증상이 나타난다. 발작이 재발할지도 모른다는 사실에 과도하게 걱정하고, 공황발작과 관련되어 있다고 생각하는 장소(사람 많은 곳, 좁은 장소, 터널 등)나 교통수단(지하철, 비행기 등)을 회피하는 것이 주요 증상이다.

강박장애는 자신의 손이 오염되었다는 생각, 집에 문을 잘 잠그고 왔는지에 대한 걱정, 주변 물건을 대칭적으로 배치해야겠다는 생각 등이 자꾸 머릿속에 떠올라 이를 행동으로 옮기지 않으면 불안감이 증가한다. 이러한 불안을 덜기 위해 손을 20~30분 간격으로 자주 씻어 습진이 생기거나, 칫솔질을 오래해 잇몸이 손상되거나, 문이 잘 잠겼는지 자꾸 확인해 외출하는 데 시간이 오래 걸리는 등의 증상이 있다.

외상후스트레스장애는 정신적 충격을 주는 사고나 재해 이후에 꿈이나 회상을 통해 사고나 재해를 반복적으로 재경험하게 되거나 이와 관련된 장소나 교통수단을 회피하고, 각성과 흥분 상태가 지속되어 잠을 잘 잘 수 없고, 감정 통제에 어려움 등을 느끼게 된다.

범불안장애는 과도한 불안과 걱정이 장기간 지속되며, 이를 통제하기 어렵고 불안과 연관된 다양한 신체 증상(불면, 근긴장도 증가 등)이 나타난다.

특정 공포증은 특정 조건에서 불안이 과도하게 상승해 행동이 통제되지 않는 것으로 높은 곳, 뱀, 곤충, 혈액, 주사기 바늘 등을 접했을 때 울면서 주저앉거나 의식을 잃는 등의 행동이 나타난다. 사회 공포증의 특징적 증상은 다른 사람들 앞에서 말하거나 행동하기를 매우 힘들어하는 것이다.

공황장애 환자 중 36%, 강박장애 환자 중 33%, 공포증 환자 중 23%가 알코올과 관련된 장애를 겪는다. 범불안장애 환자와 외상후 스트레스장애 환자 역시 자주 술을 마신다.

그러나 술을 마시면 초기에는 불안한 마음이 경감되지만 차츰 증상이 심해지게 된다. 뇌가 불안한 마음을 적절하게 통제하는 것을 방해하기 때문이다. 특히 금단 증상 시기에는 불안감이 극심해져

주체할 수 없게 된다.

다시 술을 입에 댔을 때 불안을 완화하려면 점점 술을 늘려가는 수밖에 없다. 술을 조금만 줄이려고 하거나 원래 마시던 양을 마시면 극심한 불안이 조절되지 않고 목을 조인다.

술을 마시면 잠이 잘 오는데
불면증이 악화되나요?

불면증에 걸렸을 때 병원에 가서 약을 처방받는 것이 왠지 꺼려지면 술에 의존하게 된다. 의사가 조용히 수면제나 쥐어주면 좋겠지만 꼬치꼬치 캐묻고 나를 뭔가 문제가 있는 사람으로 취급하거나 술을 끊으라고 강요하면 어쩌나 싶기도 하다.

와인 한 잔 정도는 몸에도 좋고 잠도 잘 오게 해준다는 속설을 떠올리며 술잔에 손을 대는 사람이 많다. 실제로 술은 수면을 유도sleep induction하는 작용이 있기 때문에 초기에는 도움을 받을 수 있다. 그러나 술은 기본적으로 수면의 질을 저하시킨다. 최적의 수면 상태를 유지하기 위해 필요한 렘수면REM sleep을 방해하는데다가 갈증을 유발하기 때문에 잠을 깊이 자지 못하고 자주 깨게 된다. 게다가 술을 마시고 잠에 잘 들려면 한두 잔씩 술을 늘리게 되는데 이러한 현상을 술에 내성tolerance이 생겼다고 표현한다. 또한 술을 마시지 않으면 잠이 오지 않고 괜히 짜증이 나거나 불안하다면 금단 증상이 시작된 것은 아닌지 의심해야 한다.

중독자들은 수면제보다는 술이 낫다고 착각한다. 그러나 술과는 다르게 수면제는 잠만 잘 자게 해줄 뿐 수면의 질에는 거의 영향을 미치지 않는다. 또한 술에 비해서 훨씬 안전하다. 사람들의 편견과는 달리 요즈음 수면제는 안전해서 자살 시도용으로는 별 쓸모가 없다. 졸피뎀Zolpidem 같은 수면제는 내성이나 금단 증상이 적기 때문에 쉽게 중독되지는 않는다고 한다.

수면제를 복용할 때는 몇 가지 원칙을 지켜야 한다. 첫 번째 원칙은 짧은 기간 복용해야 한다는 것이다. 일주일에 2~4일 이하로 복용하는 것이 좋고, 그 또한 3~4주를 넘기지 않는 것이 원칙이다. 최소 용량을 사용하고 점차 줄여가면서 끊는 것을 늘 염두에 두어야 한다. 수면제를 복용하는 마음가짐도 중요한데 "난 수면제가 있어야 푹 잘 수 있어."라는 생각보다는 "수면제가 있으니까 잠에 대해서 스트레스를 받지 말고 잠을 즐겨야지. 정 안 되면 수면제를 먹으면 되지 뭐."라는 식으로 생각하는 것이 좋다.

보다 근본적인 치료는 잠에 대한 생각과 습관을 바꾸는 것이다. 잠이 스트레스가 되기 시작하면 곧 불면증이 시작된다. 또한 잠은 가만히 두면 정상 패턴을 되찾으려는 성질이 있다. 따라서 잠을 잘 자기 위해서는 우선 잠을 잘 자려는 노력, 많이 자려는 노력부터 포기해야 한다. 침대에 누워 있는 시간을 7시간 정도로 일정하게 유지하고 매일 같은 시간에 일어나도록 하는 것이 좋다. 불면증이 있는 사람들은 흔히 몇 시에 잠에 드는가를 중요하게 생각하지만,

불면증에서 회복되는 방법은 일어나는 기상 시간에만 집중하는 것이다. 낮잠은 자지 않는 것이 좋다. 15~20분 이상 잠이 오지 않는다면 더이상 잠에 들기 위해 노력하지 말고 침대에서 잠시 벗어나 머릿속을 비우고 다시 졸리면 침대에 눕는 것이 좋다. 그렇게 하면 일단 잠과의 사투는 줄일 수 있다. 정해진 시간에만 침대에서 몸을 이완시키고 가만히 누워서 "굳이 깊이 잠에 들지 않고 이렇게 몸을 이완시키고 누워 있는 것만으로도 어느 정도 피곤이 풀린다고 했어. 잠 때문에 스트레스 받지 말자. 오늘 밤 잘 못 자면 어때? 내일 또 하루를 열심히 보내고 나면 내일 밤에는 졸리겠지 뭐."라고 생각해보자. 기상 시간과 침대에 누워 있는 시간을 일정하게 유지하는 것은 잠에서 자유로워지는 방법이기도 하고 잠을 잘 자는 방법이기도 하다.

또한 커피·코코아·홍차·녹차·콜라·초콜릿 등 카페인이 든 음식이나 담배는 불면증이 있다면 애당초 입에 대지 않거나 적어도 밤 7시 이후에는 삼가는 것이 좋다. 또한 이른 시간에 운동을 하고 규칙적이고 활기찬 하루를 보내면서 낮에는 몸을 깨우고, 밤에는 몸을 이완시키고 편안하게 하는 것이 좋다. 이를테면 수면 전에는 텔레비전 시청보다는 라디오 청취나 독서가 낫고 지나친 운동이나 과식도 좋지 않다(배가 고파서 잠이 오지 않는 사람은 간식을 소량 먹는 것이 도움이 되기도 한다). 취침 전 20분 정도 너무 뜨겁지 않은 따뜻한 물에 목욕을 하는 것도 몸과 마음을 이완시키는 데 도움이 된다. 최근에는 명상요법이나 이완요법이 관심을 끌고 있는데 수면클리

닉이나 관련 도서를 통해서 이를 익혀두면 도움을 받을 수 있다. 또한 침실은 잠만 자는 안락한 곳으로 만들 필요가 있다. 침대에서 책을 읽거나 생각을 정리하고 텔레비전을 시청하는 것은 모두 좋지 않다. 시간을 확인해가며 잠에 대한 스트레스를 받는 것도 좋지 않기 때문에 아예 시계를 치워버리는 것도 도움이 된다.

술과 관련이 있는
다른 정신질환은 없나요?

조현병(정신분열병) 환자 중 절반(47%)은 술 문제를 겪는다. 증상과 약물치료에 수반되는 불쾌한 느낌을 완화하기 위해 흔히 술을 마시거나 담배를 피운다. 그러나 이는 안정적인 치료 유지를 방해하고 병의 경과를 악화시키는 요인이 된다.

반사회인격장애 환자 중 대다수(84%)도 술 문제가 있다. 이 경우 가장 문제가 되는 것은 술이 충동을 조절하는 능력을 마비시키는 것이다. 술은 폭력이나 범죄와 밀접한 관련이 있다. 가정폭력의 원인 중 1위가 술이라는 통계도 있다. 과거에는 술을 마시고 충동적으로 범죄를 저지르면 죄를 경감해주는 것이 판례였으나, 최근에는 주취 폭력이 사회적 이슈가 되면서 사고가 반복되면 오히려 가중처벌을 받게 된다.

사실 가장 흔한 공존 질환은 다른 물질을 남용하는 것이다. 많은 알코올중독 환자들은 처방된 안정제(벤조다이아제핀)나 마약성 진통제에 의존하게 되거나 혹은 불법적 약물(마리화나·암페타민·코카인·엑스타시)을 남용하고는 한다. 술 외에 다른 약물에도 함께 의존하는 환자는 잘 치료되지 않고, 치료를 조기에 중단하는 경향이 있다. 이 경우 훨씬 심한 중독 증상을 보이고 정신과적·신체적 공존 질환도 매우 심각하다.

알코올과 중추신경억제제제(아편류·안정제·TCA 등 정신과 처방약, GHB)를 함께 먹으면 보다 강력한 진정 효과를 느낄 수 있고, 몽롱하고 기분이 좋아지는 효과도 증가한다. 중독자는 알코올이 부족하거나 술을 마시지 못하게 되면 안정제를 술 대신 복용하기도 한다. 그러나 다양한 약물을 함께 복용하면 더 심한 의존과 더 큰 부작용을 겪게 될 뿐이다. 인지능력, 운동능력, 작업능력이 저하하기 때문에 사고의 위험성이 높아진다. 중추성 호흡 억제 효과를 증대시켜 호흡 마비, 혼수 상태, 사망을 초래할 수도 있다. 금단 증상 역시 심각해지고 간질의 위험성도 높아진다. 금단 증상은 늦게 시작되지만 더 오래 지속된다.

알코올과 흥분성 약물(코카인·암페타민·엑스타시·다이어트 약)을 함께 먹으면 탈수, 체온조절장애, 심장 독성, 수면장애, 다양한 정신건강 문제(정신병·불안장애·우울증)가 발생할 위험이 높아진다. 많은 중독자들은 흥분제를 복용했을 때 나타나는 수면장애와 불안과 초조를 완화하기 위해 술을 마시고는 한다. 그러나 금단 증상은 더 오래 지속되고 심각해진다.

알코올과 마리화나를 병용하면 인지기능 및 신체기능이 저하할 위험성이 심대히 높아진다. 따라서 자동차 운전 등과 같이 운동능력 및 판단능력이 요구되는 활동은 위험을 초래할 수 있다. 정신건강 문제(정신병·불안장애·우울증)에 상당한 악영향을 주며, 복합적인 금단은 기분의 항진과 행동상의 문제와 연관이 깊다.

여러 약물에 의존하고 있는 경우 금단 증상이 심하고 예상하기 힘들며, 합병증이 발병할 위험성이 증가하기 때문에 집중 관찰을 위한 입원이 요구된다. 여러 약물에 의존하게 된 경우 술만 끊으면 괜찮다는 생각을 버려야 한다. 의사와 상의해서 가장 문제가 되고 심각한 금단을 일으키는 물질부터 하나씩 해독해야 한다. 그렇다고 나머지 약물의 사용을 용인해서는 안 된다.

해독과정에서 한 번에 하나씩 금단 증상을 해결해나가는 단계별 처치가 선호된다. 한 약물에 대한 금단 증상이 호전되면 다른 약물도 이어서 감량을 시도해야 한다. 단주에 성공한 환자들이 안정제나 마리화나 같이 진정 효과가 있는 다른 물질의 양을 늘려서 복용하는 일이 흔한데, 이는 아직 중독에서 완전히 벗어나지 못했기 때문에 나타나는 현상이라는 점을 유념해야 한다.

중독자는 마음의 병 때문에 술을 마신다고 변명하지만 그렇게 변명만 하다 보면 중독과 마음의 병 어느 하나에서도 벗어날 수 없다. 아무리 심하게 엉켜버린 실타래도 결국 매듭의 시작을 찾아 하나씩 풀어나가다 보면 해결되기 마련이다.

감정적 성숙이야말로
회복에 이르는 지름길이다

부정적이고 우울한 마음부터 달래자. "술을 마시지 않고는 속내를 말하기가
어려웠어요. 그래서 힘들고 화가 났다고 말하고 싶을 때 일부러 술을 마셨는
지도 모르겠습니다."

이대진 씨는 두 얼굴의 사나이다. 중독자가 된 이후부터 대진 씨
는 단 2가지 감정만 있는 사람처럼 보였다. 술을 마시지 않았을 때
의 대진 씨는 말 한마디 없는 우울한 사람이었다.

"괜찮아요. 술 생각도 전혀 없습니다."

몇 개월간 단주에 성공했고 꼬박꼬박 상담을 받으러 왔지만 대진
씨는 여전히 침울해 보였다. 몇 마디 말도 하지 않은 채 약을 타서
돌아가는 나날이 반복되었다.

"화가 나는 일만 없다면 이 상태가 유지될 것 같습니다."

대진 씨의 나머지 감정은 바로 분노였다. 대진 씨는 화가 날 때면

술을 마시고 자신을 화나게 한 사람을 찾아갔다. 물건을 집어 던지고 고함을 치며 욕설을 했다. 경찰이 출동한 이후에도 화를 주체하지 못해 유치장 신세를 지고 벌금을 내야 했다.

"나는 생각한다. 고로 존재한다."

데카르트Renè Descartes는 이성적으로 생각하는 것이야말로 동물과 다른 인간의 특징이라고 했다. 그러나 그보다 더 인간적인 모습은 다양한 감정을 느끼고 표현하는 것이다. 기쁨과 노여움, 슬픔과 즐거움을 비롯한 다양하고 풍부한 감정을 표현하는 것이야말로 우리의 존재를 대변한다. 그런 의미에서 이대진 씨의 인생은 불행했다. 술을 마시면 분노했고 평소에는 자신의 마음을 억누르며 우울하게 살았다.

중독자는 술을 마시지 않을 때
왜 우울해 보이나요?

이성은 주로 뇌의 신피질neocortex이 담당한다. 감정은 변연계limbic system가 맡는다. 술은 신피질을 마비시켜 변연계를 통제할 수 없게 만든다. 즉 술에 취하면 이성이 감정을 조절할 수 없게된다.

술에 취하면 평소에 잘 조절되고 있던 원초적인 감정들이 지나치고 과장되게 표현된다. 중독자가 되면 이러한 감정의 통제불능 상태는 더 심각해진다. 상대에게 분노를 표출하며 심한 주사를 부리는 것은 이 때문이다.

"아! 내가 어제 또 무슨 짓을 한 거지?"

다음 날 술에서 깨어나면 죄책감과 수치심을 느끼며 자신이 저지른 행동을 후회하지만 아무런 소용이 없다. 일은 이미 벌어졌다. 만회를 해보려고 노력해보지만 문제가 반복되면 좌절감과 무력감만 늘어난다. 중독자는 더이상 자신의 괴로운 마음을 똑바로 마주할 자신이 없다. 나중에는 마음의 문을 아예 닫고 내성적인 사람으로 변해버린다.

재발 역시 감정에서 비롯되는 경우가 많다. 단주를 잘 유지하던 사람들이 화가 날 때, 무료할 때, 짜증이 나거나 억울할 때, 불안할 때 다시 술을 입에 댄다. 재발에 대한 두려움이 큰 중독자일수록 정당한 감정마저 갈망감으로 치부해버린다. 자신의 마음을 최대한 억제하고 숨기려고 한다. 마치 모든 감정이 재발을 불러일으키는 끔찍하고 위험한 것처럼 취급된다. 그러나 사실 감정을 억압하는 것이야말로 문제의 시발점이다.

감정적 성숙을 도모하는 사람이야말로 회복의 길에 안정적으로 접어들었다고 할 수 있다. 회복은 술만 마시지 않는 감정 없는 로봇이 되는 것이 아니다. 회복의 과정은 다양한 감정을 당당하게 느낄 수 있도록 마음을 챙기는 과정이다.

어떻게 억압하고 있는
부정적인 마음을 발견할 수 있나요?

중독자가 자신의 감정을 억누르는 이유는 부정적인 마음으로 인한 결과가 두렵기 때문이다. 부정적인 감정에 빠진 사람은 자신과 세상 모두를 우울한 시선으로만 바라본다. 주변 상황 때문에 자신이 우울하다고 믿지만, 환경이 나아져도 부정적인 마음을 해결할 수 없다면 여전히 우울한 인생으로 남게 된다. 그들은 상황이 어떻든지 간에 부정적으로 생각하고 부정적으로 느낀다.

어떻게 생각하느냐가 어떻게 느끼느냐를 좌우한다. 부정적인 감정은 부정적인 생각에서 비롯된다. 자기패배적인 사고방식을 찾아내 현실적인 사고방식으로 전환하고 새로운 행동을 추구해야 한다. 이것이 중독자의 침체된 마음을 해결하는 방법이다. 이제 부정적인 감정을 불러일으키는 대표적인 사고방식 몇 가지를 소개할 것이다. 부정적인 생각들을 방치하면 신념이나 망상처럼 확고해진다. 우리는 부정적인 사고방식이 돌처럼 굳어지기 전에 이를 찾아내 극복해야만 한다.

개인화

나쁜 상황과 사건들이 모두 자신을 중심으로 일어나고 있다고 착각한다. "친척들이 모이면 다들 나를 이상한 눈초리로 바라보며 수군대요. 내가 아직도 술을 많이 마시는지 궁금해하지요. 나 때문에 분위기가 엉망이 되었어요." 그러나 실제로 친척들은 서로 지난 안부를 묻던 중일뿐이었고 그의 이야기도 스쳐지나가는 여러 안부 중 하나일 뿐이었다.

과장과 최소화

어떤 상황의 의미를 과장하거나 축소해서 부정적인 생각으로 귀결한다. "가족과 다투었던 날 모든 것이 끝났다는 것을 확신했어요. 가족들이 모두 나를 싫어하는 걸 느꼈거든요. 다음 날 어머니가 날 위로했지만 그건 가식에 불과했지요." 가족과의 다툼에서 오고간 부정적인 말과 정서에만 집중한다. 사실 가족의 본심은 갈등을 해결하고 싶어하는 것인데 이는 애써 무시한다.

이분법적 사고

전부 옳지 않으면 모든 것이 틀리다는 식all or none으로 단정 짓는다. '꼭, 반드시, 의무적으로, 해야만 하는, 무서운, 끔찍한, 비참한, 항상, 절대, 영원히' 같은 수식어를 포함한 생각을 하고 있다면 이는 부정적인 사고일 확률이 크다. "어떻게 술을 쳐다보며 침을 삼킬 수가 있지? 난 아직도 술을 완벽하게 잊지 못했어. 모든 것이 끔찍해. 난 반드시 재발할 거야." 갈망감이 남아 있는 것은 회복의 자연스러운 과정일 뿐이다. 모든 것이 완벽할 필요는 없다. 어려운 상황을 하나씩 극복하면 희망을 조금씩 늘려갈 수 있다.

임의 추출

다른 중요한 측면을 무시하고 세세한 부분에 중점을 둔다. 성공적으로 대화를 나눈 후에도 한두 대화만을 떠올리며 "또 대화를 망쳐버렸군. 그 사람은 나를 어리석다고 얼마나 비웃었을까?"라고 생각하는 것이다. 나무가 아닌 숲을 볼 수 있어야 하고 장기적인 회복의 과정을 살필 수 있어야 한다. 대화에서의 작은 실수보다는 전체적인 분위기가 개선되고 있다는 점에 희망을 가질 수 있다.

임의 추론

충분한 근거 없이 특정 결론에 이른다. "목 밑에 잡히는 멍울이 뭐지. 암인가봐. 항암치료와 수술을 받게 되겠지? 죽을지도 몰라." 암일 가능성도 있지만 단지 양성 임파선이 부었을 가능성이 훨씬 많다.

과도한 일반화

"나는 어제도 또 술을 마시고 말았어. 영원히 중독에서 벗어날 수 없을 거야." 한 가지 또는 한 순간의 사건을 통해 모든 상황을 부정적으로 단정 짓는다. 작고 세세한 사건 하나하나로 전체를 설명할 수는 없다. 하나의 실패를 좌절로 단정 짓지 말고 극복하려는 마음을 포기하지 말아야 한다.

자기 비난

"나에게는 좋은 점이 전혀 없어. 나 같은 사람이 무슨 긍정적인 변화를 도모하겠어." 바뀔 수 있는 특정한 행동에 주목해서 행동을 고치려 하지 않고, 전체적인 자신의 모습을 비난하며 자존감에 상처를 받는다. 행동은 비난하면 바꿀 수 있지만 자기 존재 자체를 비난하면 할 수 있는 것이 아무것도 없다.

마술적 사고

"나는 과거에 수많은 잘못을 저질렀기 때문에 내가 앞으로 할 모든 행동도 다 잘못된 거야." 중독자들은 자신의 부정적 사고방식이 때로는 마술과 같은 속임수를 부린다는 것을 알아차려야 한다.

독심술

"모든 사람들이 나를 알코올중독자라고 비웃고 있어. 내가 술을 끊을 수 있다는 것을 믿지 않아." 사실은 다른 사람의 마음이 아니라 부정적인 자신의 마음을 반복해서 되뇌고 있을 뿐이다.

비교

"저 사람은 학식도 있고 경제적 여유도 있으니 술을 끊을 수 있겠지만 나 같이 별 볼일 없는 사람이 무슨 수로 술을 끊겠어?" 자신을 다른 사람과 비교하고 기본적으로 다른 차이들을 무시해버리는 것이다. 모든 사람, 모든 일에는 장단점과 상대성이 있다.

재앙화

"술에 취해 아이들 앞에서 아내에게 손찌검을 했어. 아내는 얼마 못가 결국 이혼을 결심할 거야. 아이들은 영원히 나를 아버지 취급도 하지 않고 혐오하겠지. 나는 노숙자가 되어 외롭게 죽게 될 거야." 최악의 시나리오가 현실이 될 것이라고 믿고 거기에 집착하는 사고방식이다. 현재의 선택에 따라 수많은 다른 결과가 있다는 점을 간과하게 된다.

부정적인 사고를 발견하기 위해 하루에 30분 정도 따로 시간을 내서 오늘 하루 동안 부정적인 사고를 몇 번이나 했는지 적어보자. 처음에는 5~10개만 알아내도 충분하다. 이를 점차 50개까지 늘려간다. 생각이 떠오르지 않으면 자신이 오늘 느꼈던 부정적인 감정들을 마치 지금 벌어지는 사건인 것처럼 상상해본다. 그 상황에서 중요한 것은 무엇이었고 결과는 무엇인지, 상황의 의미는 어디에 있는지 파악해본다.

(사례) 2014년 1월 19일 오후 3시 20분. 예전에는 친구와 대화하는 걸 즐겼는데, 오늘은 친구의 전화를 아예 받지 않고 모르는 척해버렸다. 나의 감정은 수치심과 두려움이라는 것을 알게 되었다. 전화벨이 울리는 순간 과거에 술을 마시고 그 친구 앞에서 했던 몇 가지 실수가 떠올랐다. 사과를 하는 것도 대화를 하는 것도 과거의 실수를 되풀이하는 것일 뿐이라고 느꼈다. 내가 아무리 노력해도 과거를 지울 수는

없다는 부정적인 사고방식에 사로잡혀 있었던 것이다.

그동안 회피하기만 했던 자신의 마음을 헤아리는 일은 쉽지만은 않다. 게다가 부정적 사고는 대부분 찰나의 순간에 무의식적으로 스쳐 지나간다. 이제부터는 슬픔·수치심·외로움·모욕감·분노 같은 부정적인 감정과 그런 감정을 느끼기 직전에 자동적으로 떠오르는 찰나의 생각들을 찾아내는 탐험가가 되어야 한다. 부정적인 감정을 피하려 하면 오히려 그 감정은 일상을 지배한다. 혼자만의 힘으로 자신의 부정적인 사고방식을 찾기 힘들 때는 자신의 느낌을 솔직하게 다른 사람과 이야기해보는 것도 좋은 방법이다. 그 정체가 탄로 난 부정적인 감정은 더이상 나를 어찌하지 못한다.

부정적인 사고방식을 바꾸려면
어떻게 해야 하나요?

부정적인 사고를 모르고 있을 때는 이러한 사고방식이 마음을 헤집는 것에 무방비로 당할 수밖에 없다. 그러나 부정적인 사고를 찾아낸 후에는 이러한 나쁜 생각에 대해 다른 대답을 할 수 있게 된다. 이것은 비현실적인 부정적 사고를 현실적인 사고방식으로 바꾸는 과정이다. 부정적인 생각을 검증할 수 있는 20가지 질문을 소개한다.

"증거가 무엇인가?"

"무엇이 원인인지 잘못 파악하고 있지 않은가?"

"생각과 사실을 혼동하고 있지 않은가?"

"어떤 일이 일어나는지 정확히 파악할 수 있을 만큼 내가 그 상황을 잘 알고 있는가?"

"완벽하지 않으면 모든 것이 틀렸다고 낙담하지 않았는가?"

"생각할 때 극단적인 언어를 사용하고 있지 않은가?"

"나는 전체 중 편협하게 부정적인 것에만 매달리고 있지 않은가?"

"나는 스스로에게 정직한가?"

"내가 얻은 정보의 근거는 무엇인가?"

"나는 일어날 확률이 적은 일을 확률이 높은 것처럼 혼동하고 있지 않은가?"

"과거와 현재의 차이를 고려하지 않고, 과거와 상황이 똑같다고 추측하지는 않는가?"

"연관성이 없는 사실들을 연결 짓지 않는가?"

"내 자신의 힘을 간과하지는 않았는가?"

"내가 원하는 것은 무엇인가?"

"만약 내가 우울하지 않다면 그 상황을 다르게 설명할 수 있지 않았을까?"

"문제를 해결하기 위해 내가 할 수 있는 행동은 무엇인가?"

"나 자신에게 답이 전혀 없는 질문들을 던지고 있지는 않은가?"

"내 생각 중 왜곡된 생각에는 어떤 것들이 있는가?"

"이런 방식으로 생각했을 때 장단점은 무엇인가?"

"나의 실수가 다른 사람들의 마음속에 영원히 기억될 수 있는가?"

부정적인 생각이 바뀌면 마음이 평온해지고 자신감이 생긴다. 부정적인 감정을 억누르는 것만으로는 갈망감을 피하는 데 그다지 효과가 없다. 긍정적인 감정과 균형을 맞출 때 갈망감에도 효율적으로 대처할 수 있다.

마음이 요동쳐서 술을 마시고 싶다면 그 감정에 빠져들기 전에 자신이 부정적으로 생각하고 있다는 것을 최대한 빨리 발견해내야 한다. 재발을 부르는 부정적인 사고는 가만히 살펴보면 오류와 거짓 투성이다. 긍정적인 생각이 더 합리적이고 현실적이다.

(사례) 친구에게 전화가 온 것이 내가 친구에게 했던 과거의 실수를 비난하기 위해서라는 증거는 아무것도 없었다. 단지 내 안부가 궁금했거나 동창회에 초대한 것일 수도 있었다. 그리고 한참 지난 일 때문에 이렇게 불안해할 필요는 없었다. 친구가 그 일을 마음에 담아두고 있다고 해도 그때의 나와 지금의 나는 다르다. 나는 사과하고 화해를 청할 능력을 회복했다.

"저는 부정적 사고방식이 들 때면 내 인생의 좋은 것들을 회상하는 것으로 맞섭니다. 나의 장점, 내가 잘한 일을 떠올립니다. 내가 즐기는 일과 다른 사람들에게 도움을 받았던 순간들을 생각하면 용기가 납니다."

용기가 생길수록 부정적 감정을 더 잘 다룰 수 있게 된다. 감정적인 고통 역시 우리가 느끼는 다른 통증과 같이 자연스러운 현상일 뿐이다. 통증은 치료가 필요하다는 것을 알리기 위해 우리 몸이 보내는 신호다. 감정적인 고통 역시 현실에 잘 대처하라고 마음이 보내는 신호이기 때문에 두려워할 이유가 없다. "나는 잘해낼 수 있어!" "비록 지금 힘들어도 시간이 지나면 나아질 거야!" "지금까지 해온 노력은 결코 헛되지 않아!"라고 말하자. "예전 같으면 화가 나서 소리를 지르고 싸움을 걸었겠지. 하지만 지금은 감정을 잘 다스리고 있잖아. 나는 내 자신이 자랑스러워!"

자신을 칭찬하자. 어떤 어려움이 있더라도 자신을 비난할 이유가 없다. 책망하고 극복해야 하는 것은 자신의 실수이지 자기 자신이 아니다. 누구나 실수를 반복한 끝에 성숙한다. 그 성숙을 포기하지 않았다면 당신은 충분히 잘해내고 있는 것이다.

새로운 방식으로 생각할 수 있게 되었다면,
이제 어떻게 행동해야 할까?

이제 우리는 새로운 마음으로 희망적인 믿음에 따라 행동할 수 있다. 과거와 다른 방식으로 행동함으로써 부정적인 사고와 습관은 완전히 사라질 것이다.

문제를 해결하라!

가족과의 갈등, 재정적인 문제, 직업능력의 손상, 법적인 문제 등 술을 끊어도 문제는 산적해 있다. 부정적으로 생각하고 느끼는 사람은 좌절해서 우울증에 빠지는 것 말고는 할 수 있는 게 없다. 부정적인 생각을 극복했다면 문제에 접근하는 방식도 달라져야 한다. 얼마든지 적극적으로 문제를 해결할 수 있다. 우선 문제를 정확하게 인식하고 정의하자.

"문제가 있는가? 문제가 있다는 단서는 무엇인가?"라고 스스로에게 묻고, 문제의 구체적이고 세세한 부분까지도 가능한 한 정확하게 파악한다. 또한 한두 가지 해결책이 아닌 다양한 접근 방식을 계획한다. 최대한 많은 해결책을 생각한다. 긍정적인 결과를 극대화하고 부정적인 결과를 최소화할 수 있는 최선의 방법을 미리 예측하고 선택한다. 결정을 행동에 옮기고 그 결정이 어떻게 작용했는지, 다른 해결책은 없었는지 검토해본다. 그러면 최선의 방법이 실행 불가능하다고 해도 차선책을 선택하거나 방법을 수정하는 것을 두려워할 필요가 없다.

활동량을 늘려라!

긍정적인 활동을 늘리고 부정적인 활동을 줄이면 정서도 점차 긍정적으로 바뀐다. 우울한 사람들은 활동이 줄고 집에만 있는 자신을 책망하면서 더 깊은 우울증에 빠진다. 일단 움직이는 것 자체가 기분을 호전시키는 효과가 있다. 신체활동은 정신활동을 호전시키고 긍정적으로 생각하도록 자극한다. 활동적일수록 주변 사람들은 당신을 격려할 것이고 변화에 대한 긍정적인 자극을 느끼게 될 것이다. 활동을 할수록 피로가 감소한다. 활동 자체가 또 다른 활동을 촉발하며 상승 작용을 일으키기 때문이다.

긍정적인 활동에 몰입하면 알코올중독을 효과적으로 대체할 수도 있다. 조깅·수영·자전거·명상·독서·문화활동·음악·미술·저술 등의 활동에 몰입했을 때 술 생각이 덜 난다. 중독을 대체하는 활동은 자신의 가치를 높일 수 있고 스스로 자랑스럽게 생각할 수 있는 것이 좋다. 경쟁적이지 않고 다른 사람에게 의존하지 않으며 연습을 통해 발전할 수 있는 활동이 적당하다.

미리 계획을 세우고 실행하라!

하루 일과를 시작하기 전에 적어도 3가지 일에 대한 계획을 세우자. 여기서 3가지란 내가 꼭 해야 하는 일, 나에게 기쁨을 줄 수 있는 일, 내가 만족감을 느낄 수 있는 일이다.

30분 내지 1시간 정도 간격을 두고 계획을 세우는 것이 좋다. 너무 구체적이고 세세하게 계획을 세우거나, 반대로 너무 대략적이고 광범위한 계획을 세우는 것은 모두 좋지 않다. 융통성은 있지만 현실적으로 실천할 수 있도록 계획을 세운다.

처음 세웠던 계획을 지키지 못했다면 대안을 세워 행동할 수 있다. 예를 들어 친구에게 먼저 전화해 과거에 저질렀던 잘못을 사과할 계획을 세웠는데 친구가 해외에 있어 전화를 받지 않았다고 해도 하루를 망친 것은 아니다. 다른 사람에게 사과를 하거나 곁에 있는 가족에게 먼저 사과를 할 수도 있다.

계획의 질을 따지는 것보다는 차라리 계획의 양을 따지는 것이 좋다. 잘해내지 못했더라도 계획을 세워 실천하고 도전했다면 그 가치는 충분하다. 부정적인 마음을 극복하기 위해 뭔가 하고 있다는 것만으로도 충분히 달라질 수 있다.

하루 동안 계획을 수행한 후에는 어떻게 되었는지 결과를 검토한다. 잘한 일과 아쉬운 일, 어떤 부분이 좋아졌는지 관찰한다. 너무 많은 것을 기대하지 말고 스스로를 칭찬하고 더 나아질 수 있다는 희망을 가지는 데 집중한다. 내일을 위해 새로운 계획을 세우는 현재 자신의 모습을 즐기고 칭찬하라.

(사례) 나의 활동 계획 ①

• 날짜: 2014년 2월 5일 10시

• 활동: 백화점에 가서 쇼핑을 하고 점심을 먹고 귀가하겠다.

• 대안: 백화점에 사람이 너무 많거나 혼잡하면 근처에 있는 마트에 가겠다.

• 기억할 점: 나는 사람이 많은 장소를 좋아했었다. 단지 사람들 속에 있는 것을 즐기기 위한 것이다.

• 성공 포인트: 사람들 사이에 있는 것을 자연스럽게 받아들이고 시간이 가는 줄도 모르고 즐기는 것.

(사례) 나의 활동 계획 ②

- 날짜: 2014년 2월 5일 17시
- 활동: 친구에게 전화해서 미안한 마음을 전달하고 화해를 하겠다.
- 대안: 친구와 연락이 닿지 않으면 다른 친구에게 연락을 하겠다.
- 기억할 점: 과거의 잘못을 떠올리며 부정적인 감정에 휩쓸리지 않겠다. 내가 과거를 해결하려고 노력하는 것 자체만으로도 충분히 만족감을 느낄 수 있을 것이다.
- 성공 포인트: 친구와의 대화를 즐기는 것.

세상과 소통하라!

부정적인 마음에 사로잡힌 사람은 흔히 자기만의 세상에 고립된다. 우울하고 부정적인 마음에 빠져들지 않기 위해서는 다른 사람들과 함께하는 시간을 늘려야 한다. 가족이나 친구들의 도움을 거절하지 말고 속마음을 털어놓고 자신의 감정에 대해서 이야기하자. 그들이 꼭 해결책이나 정답을 제시하는 것은 아니다. 중요한 것은 그들과 함께 있으면서 자신의 감정을 이야기하고 공감을 나누는 것이다. 대화는 마음의 안전핀이다. 세상과 소통하는 사람의 마음이 극단적으로 악화되는 경우는 거의 없다.

전문가를 만나자!

부정적인 마음이 도저히 극복되지 않고 수렁으로 빠져든다면 전문가를 만나자. 술 문제가 그렇듯이 부정적인 마음 역시 의지로 극복되지 않을 때는 생물학적인 이유를 살펴야 한다. 생물학적인 우울증이 마음을 압도하면 혼자 힘으로는 어쩔 수가 없게 된다. 이럴 때는 전문의와 상담을 하거나 약물을 처방받아 복용해야 한다. 중독성과 부작용이 없는 안전한 약을 얼마간 먹으면 부정적인 마음의 힘은 우리가 이겨낼 수 있는 수준으로 한결 가벼워질 것이다.

알코올중독자의
가장 치명적인 적은 분노다

분노의 감정에 빠져 허우적대는 대신, 분노의 감정에서 한발 물러나 전체를
조망하고 살피다 보면 분노가 치밀 때 그 감정에 어떻게 대응할 수 있을지
생각할 수 있다.

알코올중독자는 분노의 감정 때문에 가장 많은 손해를 보는 사람
들이다. 술에 취했을 때 분노를 조절할 수 없어서 무분별한 행동으
로 표출된다. 이는 심각한 결과와 함께 수치심을 남긴다. 술을 끊으
려고 노력하던 사람이 또 다시 분노에 휩싸였을 때 이를 진정시키
기 위해 다시 술을 입에 대 재발하는 경우도 많다. 그러나 술이 주
는 효과는 일시적이어서 오히려 더 분노를 조절할 수 없게 되는 악
순환을 반복하게 된다. 분노는 중독자가 술에서 벗어나지 못하게
하는 족쇄와 같다.

그렇다고 대책 없이 분노를 억누르는 것도 좋지 않다. '화병火病'

은 분노를 마음속에 억누르고 있을 때 생기는 일종의 우울장애다. 분노를 잘 다루지 못하면 신체 증상이 나타나고 우울하고 불안해진다. 분노를 표출하는 것과 억누르는 것 모두 좋지 않다. 진퇴양난이다. 그렇다면 우리는 도대체 분노의 감정을 어떻게 다루어야 하는 것일까?

분노하는 나의 마음을 헤아릴 수 있는 방법은 무엇인가요?

분노하는 감정 자체가 나쁜 것은 아니다. 불의에 대한 분노는 잘못된 일을 바로잡는 원동력이 된다. 자신의 부정적인 감정을 상대에게 전달하는 것은 의사소통만 잘하면 오히려 오해를 풀고 관계를 돈독히 하는 계기가 되기도 한다. 다만 분노의 감정을 너무 강하게 혹은 너무 자주 느끼고 부적절하게 표현할 때 문제가 된다.

분노를 조절하는 첫 단계는 이 감정에 대해 명확하게 인식하는 것이다. 자신의 감정을 이해하면 화가 다룰 수 없을 정도로 커지는 것을 사전에 예방할 수 있다. 우선 무엇이 자신을 화나게 했는지 살펴보자. 분노를 일으키는 대표적인 원인은 다음과 같다.

자존심이 상했을 때

무시당하는 느낌은 분노의 가장 흔한 원인이 된다. 중독자는 술을 조절할 수 없다는 것과 술 때문에 파생된 여러 어려움 때문에 자존감에 이미 손상을 입은 상태다. 그로 인해 남들에 비해 훨씬 예민하게 무시당했다고 느낀다.

간섭이나 요구를 받을 때

중독자는 자율성을 인정받지 못하고 주변의 간섭과 참견을 당한다. 그러나 근본적인 해결을 도모하지 못하고 화만 내는 태도는 상황을 악화시킨다.

무능력에서 비롯된 좌절

술을 끊고 삶을 회복할 능력을 상실한 중독자는 현실을 인식하기를 두려워하고 이를 피하기 위해 화를 낸다.

안전에 대한 위협

중독자가 술을 끊으면 여러 부정적인 감정과 상황을 견뎌야 한다. 중독자에게 단주는 현재 유지하고 있는 안전을 빼앗기는 상황으로 받아들여진다.

상황이 불합리하다고 판단했을 때

다른 사람에게 공격과 비난을 당하고 그 상황이 불합리하다고 판단했을 때 분노에 휩싸이게 된다. 그러나 중독성 사고에 빠진 중독자는 상황을 왜곡해서 해석할 가능성이 있다.

• 알코올중독자의 상황 판단

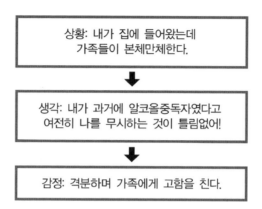

> 상황: 내가 집에 들어왔는데
> 가족들이 본체만체한다.

⬇

> 생각: 내가 과거에 알코올중독자였다고
> 여전히 나를 무시하는 것이 틀림없어!

⬇

> 감정: 격분하며 가족에게 고함을 친다.

그다음에는 분노에 대한 내적 반응을 인식한다. 분노로 인한 자신의 신체적인 반응과 느낌, 감정을 제대로 파악하면 이를 어느 정도 조절할 수 있게 된다.

신체적인 반응

심장박동이 증가하고 두근거린다. 혈압이 상승한다. 근육이 긴장하고 입이 마른다. 두통이나 복통을 느끼기도 한다. 땀을 흘리고 호흡이 빨라진다. 잠을 잘 수 없는 것은 비교적 흔하게 나타나는 증상이다.

선행하는 느낌

분노하기에 앞서 좌절감 · 짜증 · 모욕감 · 흥분 · 긴장 · 부당함에 대한 불편함 같은 감정이 먼저 선행할 수 있다. 이 감정들은 대게 분노보다 정도가 약하고 비교적 다루기가 쉽다. 조절할 수 없는 분노가 치밀어 오르기 전에 이런 감정에 먼저 주의를 기울이면 조절이 용이해진다.

우울감과 무력감, 피곤함

과거에 분노를 적절하게 표현하지 못했던 경험이 있다면 분노 다루기를 포기하고 감정을 억압하며 우울감에 빠질 수 있다. 이러한 감정은 사실 내면에서 분노를 느끼고 있다는 신호로 이해할 수 있다.

자신의 분노를 헤아렸으면 이제 이 마음을 어떻게 다룰 수 있는지 알아보자.

분노를 어떻게
다루는 것이 좋을까요?

분노하기 전에 먼저 분노를 유발하는 상황이 발생한다. 그리고 그 상황에 대한 생각이 뒤따른다. 그리고 생각은 감정을 유발한다. 이때 상황을 미리 예측하고 피하기란 거의 불가능하다. 신이 아닌 이상 언제 어떻게 화가 나는 상황이 다가올지 미리 예측할 수 없다. 이미 생겨난 감정을 추스르는 것도 쉬운 일은 아니다. 가장 효율적인 방법은 상황에 대한 생각을 바꾸는 것이다.

'정말 가족이 나를 무시하는가? 무시를 한다면 무엇 때문인가? 내가 화를 내면 앞으로 가족이 나를 무시하지 않을까? 가족과 나의 관계는 더 좋아질까?'

분노하기에 앞서 자신의 생각을 살필 수만 있다면 분노를 조절하기가 훨씬 용이해질 것이다. 그 요령은 다음과 같다.

첫째, 일단 상황이 벌어지면 침착하게 생각할 수 있도록 마음을 진정시키고 시간을 벌어야 한다. 냉정을 유지하면 상황을 정확하게 판단할 수 있고 마음을 원만하게 다룰 수 있다. "심호흡을 하자. 침착하자. 천천히 생각해보자. 이완relax하자. 냉정하자. 1부터 10까지 세고 나서 생각해보자."와 같은 말 중 몇 가지를 선택해서, 혹은 자신에게 맞는 문구를 미리 준비해두었다가 화가 나려고 할 때 스스로에게 이야기하듯이 되뇐다. 분노를 가라앉히는 데 도움이 될 것이다. 조금 침착해졌다면 상황에 대해 다음과 같이 자문해본다.

'무엇이 나를 화나게 한 것일까?'

'이 상황은 정말로 나에 대한 모욕이고 공격일까?'

'내가 상대방에게 기대치가 높아서 화가 난 것은 아닐까?'

'누가 나를 화나게 하는가?'

'이 상황에서 긍정적인 요소는 하나도 찾을 수 없을까?'

무엇이 자신을 화나게 했는지 하나하나 점검해보자. 분노의 감정에 빠져 허우적대는 대신, 분노의 감정에서 한발 물러나 전체를 조망하고 살피다 보면 분노의 감정에 어떻게 대응할 수 있을지 생각할 수 있다. 다음과 같이 대응 방법을 생각해볼 수 있다.

'여기서 어떻게 행동하는 것이 나에게 가장 이득이 될까?'

'분노는 문제 해결을 해야 하는 때가 왔다는 것을 알리는 신호야. 문제를 어떻게 해결할 수 있을까?'

'내가 할 수 있는 행동에는 무엇이 있을까?'

'어떤 선택이 최선일까?'

이를 통해 가장 자신에게 유리하고 최선이며 문제를 해결할 수 있는 방법을 찾는다. 분노에 대해 다른 사람들에게 이야기하고 조언을 얻는다면 금상첨화다. 분노에 대해 설명하는 동안 감정이 진정될 뿐더러 다른 사람의 관점에서 상황을 바라보면 조금 더 객관적이고 현실적인 해결책을 찾을 수 있다.

"그 사람은 하나도 변하지 않고 나를 괴롭히는데 나만 참으란 말인가요?"

문제 해결을 시도한 이후에도 상황이 조금도 나아지지 않고 여전히 분노가 가라앉지 않는 경우도 있다. 어느 누구도 모든 상황을 바꿀 수는 없다. 해결할 수 없는 문제를 자꾸 떠올리며 반추^{rumination}하는 것은 스스로를 괴롭히는 것일 뿐이다.

"그렇다면 그에 대한 생각을 그만 털어버리는 것은 어떨까요?"

분노는 내가 미워하는 사람을 내 머릿속에 임대료도 없이 공짜로 살게 허락해주면서, 그 사람에게 나의 마음과 행동이 지배당하는 것과 같다. 해결할 수 없는 상황과 감정은 떨쳐버리자. 사실은 그렇게까지 오랜 시간 심하게 분노하고 괴로워할 정도로 심각한 상황은 아닌데도 집착하면서 생활을 엉망으로 망치고 있는지도 모르는 일이다.

복식호흡이나 명상 혹은 음악을 들으면서 이완하는 방법도 도움이 된다. 자신에게 긍정적인 효과를 줄 수 있는 진취적인 일을 찾아 주의를 환기시키는 것도 좋은 방법이다.

대부분의 고민은 하루 종일 붙잡고 있으나, 하루 중 30분만 생각하나 그 결과가 똑같다. 화나는 일에 대해 생각하는 시간을 하루 30분 정도로 제한하자. 대신 나머지 시간에는 그 생각에서 벗어나 스스로를 자유롭게 하자.

분노를 잘 다루었다면 스스로를 칭찬해주자. "나는 술을 마시지 않고도 그 문제를 잘 처리했어. 필요 이상으로 기분이 상해서 상황을 더 악화시킬 수도 있었지만 나는 그렇게 하지 않았어. 냉정하게 아주 잘 다루었어. 나는 앞으로도 이런 문제가 닥쳤을 때 잘 처리할 수 있는 힘을 얻었어."라고 말이다. 분노를 폭발시킬 때는 느낄 수 없었던 진정한 만족감을 느낄 수 있을 것이다.

알코올중독은
사랑의 병이다

결국 술로 인해 말로를 맞이할 때는 아무도 그를 사랑하지 않게 된다. 술은
모든 사랑을 집어 삼키고 고독만을 남긴다. 중독자는 결국 모든 사랑이 떠나
가는 날을 맞이하고 만다.

평소 존경하는 정신과 의사 이호영 선생께서는 '알코올중독은 사
랑의 병이다.'라는 말씀을 종종 하셨다. 중독자는 사랑을 주지도 받
지도 못한다. 병이 깊어질수록 그들은 고독한 존재로 남겨진다. 그
가 결국 술로 인해 말로를 맞이할 때는 아무도 그를 사랑하지 않게
된다. 누구보다 그 자신이 스스로를 사랑하지 않는다. 술은 모든 사
랑을 집어 삼키고 고독만을 남긴다. 중독자는 결국 모든 사랑이 떠
나가는 날을 맞이하고 만다.

중독자가 누군가를 진정으로 사랑할 능력을 유지하고 있다면 그
들은 더이상 술을 마시지 않을 것이다. 중독자는 그를 지켜보며 마

음 아파하는 사람들의 마음을 끝까지 외면한다.

　누군가를 진정으로 사랑할 때는 목숨을 내어놓는 것도 두렵지 않다. 자식을 위해서, 아내를 위해서, 연인을 위해서 무엇인들 하지 못하겠는가? 그러나 중독자는 그 소중한 사람들을 위해서 술을 끊는 것 하나 하지 못한다. 가족에게 죄책감을 느낄지는 몰라도 그것은 사랑이 아니다. 사랑의 힘으로 변화를 시작하기에는 그 힘이 너무나 미약하다.

중독이 왜
사랑의 병인가?

　　"무슨 소리입니까? 정작 아무도 저를 사랑해주지 않는 것이 문제입니다! 누군가 진정으로 저를 위해주었더라면 제가 이렇게 중독자가 되었겠습니까?"

　중독자라고 해서 사랑을 원하지 않는 것은 아니다. 오히려 그들은 사랑에 몹시 굶주려 있고 사랑을 갈망한다. 그러나 그 굶주림을 결코 채울 수 없다. 항상 마음은 공허하고 아무도 자신을 이해해주지 않는다며 괴로워한다. 술에 취해 비틀거리며 쓰러져가는 자신을 누군가 곁에서 지켜주었으면 하는 기대는 헛된 바람이다. 왜냐하면 중독에 빠져 사랑을 주고받는 능력, 사랑에 공감하는 능력을 잃어버렸기 때문이다. 중독자 본인이 스스로를 외롭게 하는 주범이다.

보통 사람들은 사랑하는 사람을 통해 안정감과 즐거움을 느낀다. 그러나 중독자들은 오랜 시간 채우지 못한 공허한 마음을 술로 대체해왔다. 하지만 술을 통해 마음을 충족시키는 것은 애당초 불가능하다. 중독자들은 잠시 허상에 빠져 외로움을 잊을 수 있을 뿐이다. 혼란스러운 마음은 결코 술을 통해서는 편안해지지 않는다.

중독자는 항상 사랑과 안정을 갈망하지만 술이라는 강력한 물질은 그를 술 없이는 현실을 견딜 수 없는 무력한 상태로 만든다. 술에 취해 있을 때는 잠시 우정과 사랑을 나누고 즐거운 일에 몰입하고 있는 것처럼 착각할 수도 있다.

그러나 결국 술은 모든 관계를 파괴한다. 알코올중독자 곁에 유일하게 남는 친구는 술뿐이다. 술은 모든 마음을 병들게 한다. 사랑을 나누고, 열정을 느끼고, 정서적으로 즐거움을 느끼고, 활동에 몰입하고, 욕망을 푸는 것이 점차 불가능해진다. 중독자가 술에서 깼을 때는 이미 세상 모든 일에 관심도 없는 무기력한 사람이 되어버린 후다. 그에게 살아 숨 쉬는 욕구라고는 술에 대한 갈망뿐이다.

중독자는 사랑을 갈망하며 술을 마시지만 그 때문에 사랑을 영원히 채울 수 없는 사람이다. 중독은 술이라는 물질로는 절대 채울 수 없는 것을 술로 채우려다 보니 마음이 병들고 갈망만 남는 병이다. 중독자는 사랑에 대한 소망은 있으되 사랑을 주고 사랑을 받고 사랑을 느끼는 능력은 망가진 사람들이다. 그래서 중독은 사랑의 병이다.

중독자는 왜
사랑하지 못할까?

　　다른 사람들과 친밀한 관계를 형성하고 사랑을 주고받는
능력이 약한 사람들이 중독자가 되고는 한다. 대인관계에 어려움을
겪는 사람들은 감정을 조절하는 데도 문제를 겪는다. 관계가 어긋
날 때마다 마음에 상처가 생기고 번뇌와 슬픔과 분노와 불안이 그
들을 괴롭힌다. 그래서 술이라는 강력한 물질에 의존해 마음을 다
스린다.

　이런 사람들은 어린시절 발달과정에 문제가 있었던 경우가 많다.
안정된 사랑을 주고받은 경험 없이 성장하면 자기 스스로는 물론
다른 사람들을 사랑하는 능력을 기르는 데도 문제가 생긴다.

　따뜻한 보살핌을 충분히 받지 못했거나, 누군가와 정서적인 유대
를 형성하고 친밀한 관계를 유지하는 경험이 부족한 경우가 그렇
다. 성장과정 중에 관계에 대한 자율성과 주체성이 올바르게 발달
했다면 그들은 술에 몰입하지 않았을 것이다.

　"나를 중독자로 만든 것은 우리 부모입니다!"

　그렇다면 부모가 자신을 중독자로 만들었다며 책임을 회피하는
태도는 과연 옳을까? 안정적인 성장과정을 경험하지 못한 알코올
중독자들이 피해자로 보일 수도 있다. 올바른 양육환경을 제공하지
못한 부모를 평생 원망하며 계속해서 술을 마실 수도 있다. 그러나
같은 부모 아래 난 자식이라도 누구는 중독자가 되는 반면에 누구

는 올바른 발달과 성숙의 과정을 거쳐 훌륭한 성인으로 살아간다.

"아니오. 당신이 술로 젊음을 허비하지 않았다면 지금은 충분한 사랑을 주고받으면서 충만한 인생을 살았을 겁니다."

중독자가 내면에 자리 잡은 어려움을 극복할 수 있는 발달 development 과정을 멈추게 된 결정적인 계기는 그들의 과거가 아니라 술에 의지하는 오늘이라는 점을 잊어서는 안 된다. 술에 빠져 지내며 엉켜 있는 실타래를 풀지 않고 계속 뒤엉키도록 만든 것은 중독자 자신이다.

부모를 원망하고 부모에게 죄책감을 느끼게 한다고 해서 알코올 중독자가 중독에서 자유로워지는 것도 아니다. 술에 의존하는 한 정상적인 자기 발달은 영원히 중단된다. 아니 오히려 후퇴한다. 마침내 중독자의 마음속에는 분노하고 원망하는 원초적인 감정만 남게 된다.

정상적인 발달의 궤도를 벗어났을 때 발생하는 가장 큰 문제는 자아self가 붕괴된다는 것이다. 술의 영향으로 점차 자기 본래의 모습을 잃고 내가 원래 어떤 사람이었는지조차 망각하게 된다. 그리고 알코올중독자인 가짜 나를 자신의 본질로 오해한 채 살아간다. 중독에 빠진 자신의 모습을 정당화하고 합리화하며 자기를 기만하는 사고체계에 빠져버린다. 그렇게 알코올중독자는 어느 누구도 사랑할 수 없는 술의 노예가 된다.

어떻게 해야
다시 사랑할 수 있나요?

중독자가 다시 한 번 진정한 사랑을 할 수 있게 된다면 악순환은 끝날지도 모른다. 아쉽게도 많은 중독자들은 가족에게 죄책감을 갖거나 의존하는 것을 사랑으로 착각한다. 한쪽이 일방적으로 의존할 때 관계는 더욱 왜곡된다. 인간관계는 서로 만족감을 주고받을 때 건강하게 발달한다.

중독자에게 필요한 사랑은 일방적인 방식이 아니다. 사랑은 동등하고 성숙한 방식으로 서로 주고받아야 한다. 건강한 한 사람으로서 다른 사람과 친밀감을 느끼고 정서적인 유대를 형성해야 한다. 그리고 서로 대등하게 돌봄care을 주고받는 상호적인 사랑을 해야 한다. 자신이 만족하는 만큼 다른 사람에게도 만족을 줄 수 있어야 한다.

자존감이 저하되어 있는 사람은 다른 사람에게 만족감을 줄 수 있는 여유가 없다. 대인관계를 회복하기 위해서는 먼저 올바르게 자기를 인식하고 자존감을 회복해야 한다. 술을 끊고 진정한 자아를 찾아 건강한 대인관계 능력을 발달시키는 것이야말로 사랑의 병에서 벗어나는 방법이다.

자존감을 회복하기 위해서 알코올중독자가 되어버린 현재의 자아가 가짜라는 것을 알아차려야 한다. 술에 의존한다는 것은 자신의 사고와 감정, 행동이 술에게 지배받는 것을 의미한다. 중독자 시절의 사고와 믿음은 모두 자신의 것이 아닌 술의 것이다.

자아를 찾아 자존감을 회복한 사람은 "나는 가치 있는 사람이야! 나는 남에게 호감을 주는 사람이야! 나는 사랑받을 자격이 있어!"라고 생각한다. 그러나 여전히 자아를 잃어버리고 열등감에 빠져 있다면 그들은 "나는 무가치해! 나는 쓰레기야! 아무도 나를 사랑해주지 않아!"라고 생각할 것이다. 이런 상태로는 도저히 건강한 관계를 형성할 수 없다. 관계를 형성하려고 노력하다 보면 오히려 주변 환경이 주는 자극에 예민해지고 상처만 주고받게 된다. 그들은 다시 세상에서 도망쳐 술에 의존하게 될 것이다.

자아를 찾기 위해서는 더이상 타인의 말이나 평가에 집착하지 않아야 한다. 중요한 것은 자기 자신을 얼마나 제대로 평가하느냐 하는 것이다.

그동안 자기에 대해 함부로 비난하고 상처를 주었던 것은 다름 아닌 바로 자기 자신이었다는 것을 깨달아야 한다. 열등감에서 벗어나 올바르게 자아를 탐구해야 한다.

'하필 내 인생이 왜 이렇게 되었는지 억울하고 속상하지만 이것은 이제 피할 수 없는 현실이고 내 인생의 일부다. 인정하자. 더이상 이 문제로 인생을 낭비하지 않겠다.'라는 마음가짐이 필요하다. 자아에 상처를 주며 가짜 자아를 통해 현실을 포장하려는 태도에서 벗어나야 한다. 올바른 자아를 찾아 현실을 이겨내려는 용기를 내야 한다.

진정한 자아를 되찾는 과정 속에서 공감을 주고받는 건강한 관계도 회복할 수 있다. 누군가에게 사랑을 받고 사랑을 나누는 경험이야말로 중독을 이겨내는 힘의 원천이다. 중독에서 벗어나는 데는 인정과 칭찬을 나누는 경험만큼 좋은 처방도 없다.

자아를 회복하면 오히려 다른 사람에게 건강하게 의지할 수 있다. 그 시작은 알코올 자조모임, 집단 치료모임, 의사, 상담사, 간호사, 가족이 좋을 것이다. 술을 배제하고도 관계를 통해 마음이 편안해지고 의욕과 용기를 얻을 수 있다면 사랑의 병은 낫기 시작한 것이다. 관계는 점차 확대되고 자아 또한 성숙해질 것이다. 서로를 돌봐주고 친절을 베풀고 사랑을 나누는 상호반응이 살아난다면 더이상 중독은 아무런 힘을 쓸 수 없게 된다.

인생은 죽는 순간까지 발달과정을 밟는다. 그것은 중독자도 치료자도 다른 모든 사람의 인생도 마찬가지다. 공자조차도 칠순이 되어서야 법도에 어긋남이 없는 삶을 살 수 있게 되었다고 자평하지 않았던가?

술에서 벗어나 다시 성숙의 과정을 밟는다면 인생은 다시 희망을 향해 나아간다. 아직 사랑은 끝나지 않았다.

• **자아를 찾기 위한 질문**

1. 현재 나의 모습은 어떠한가?
2. 나에게 술을 제외한 순수하고 깨끗하고 선하고 긍정적인 모습은 하나

도 남아 있지 않은가?

3. 내가 그동안 고난 속에 버티고 살아온 힘은 어디에서 온 것인가?

4. 정말 나를 도와주었던 사람이 한 명도 없었는가?

5. 내가 지켜온 원칙과 가치는 무엇이었는가?

6. 무엇이 나의 삶에 중요했는가?

7. 나는 원래 이렇게 무기력하지 않았는데, 왜 무기력해졌는가?

8. 내가 진정 바라는 것은 무엇인가?

9. 나의 꿈은 무엇인가?

10. 나에게 소중한 가치는 무엇인가?

11. 나는 꿈을 이루기 위해 무엇을 해야 하는가?

12. 꿈을 방해하는 것은 무엇인가?

13. 사랑을 회복하기 위해 어떤 행동을 할 수 있는가?

———

알코올중독은 흔한 병이다. 유전적·심리적·환경적 요인에 오랜 기간의 과음이 더해지면 누구나 중독자가 될 수 있다. 여성은 중독에 더 취약하고 심리적 문제도 더 심각하다. 청소년기에 술을 마시면 인격 형성에 악영향을 미치고 심한 중독자로 악화될 수 있다. 노인에게 중독은 치명적이고 고통스러운 여생을 살게 한다. 게다가 중독은 대물림되어 자녀에게까지 불행을 물려주게 한다. 알코올중독은 특별한 한두 사람이 아닌 우리 모두의 병이다.

———

3부

알코올중독은
우리 모두의 병이다

알코올중독,
누구나 걸릴 수 있다

술은 사람을 가리지 않는다. 경영인, 교수, 의사, 성직자 등 성공한 사회 지
도층도 똑같이 중독자가 된다. 남성, 여성, 노인, 청소년 등 나이도 성별도
가리지 않는다. 알코올중독은 누구나 걸릴 수 있는 병이다.

우리나라 사람들은 세계에서 손꼽힐 정도로 술을 많이 마신다.
블룸버그 통신은 우리나라의 독주 소비량이 일주일에 13.7잔으로
세계 1위라고 발표했다. 2위인 러시아는 6.3잔으로 우리나라의 절
반 수준이었다.

그래서인지 한국인 7~8명 중 1명(13.4%)은 알코올사용장애를
앓는다. 특히 남성의 경우에는 5명 중 1명(20.7%)꼴로 알코올사용
장애에 걸린다고 하니 실로 이 병은 우리 가까이에 있다. 우리나라
사람이라면 가족이나 친척 중 중독자가 1명은 있는 셈이다.

조학규 씨는 말단 사원으로 입사해 대기업 임원에 오른 입지전적 인물이었다. 몇 해 전까지만 해도 그는 후배들에게 선망의 대상이었다. 그러나 은퇴한 지 얼마 되지도 않은 지금은 모든 것이 달라졌다. 가족들의 골칫거리로 병원을 전전하는 신세로 전락한 것이다.

"입사 전까지만 해도 술에 약했어요. 술을 못 마시니 선배나 거래처와의 관계가 동기들만 못한 것 같았습니다. 직장 상사도 은근히 제가 술을 뺀다고 나무랐습니다. 그래서 일부러 주량을 늘렸어요. 처음에는 힘들었지만 오래지 않아 회사에서도 유명한 주당이 되었습니다. 임원이 된 이후에도 부하직원들이 주는 술을 한 잔씩 받아먹다 보니 열 잔, 스무 잔 마시는 것은 일도 아니었습니다."

학규 씨는 사내에서 유명한 주신酒神이 되었다. 주변 사람들은 그의 고약한 술버릇을 성공한 임원의 전설로 여겼다. 이미 오래전부터 낮술을 마셔온 학규 씨는 술자리가 없는 날에는 허전해서 혼자라도 한잔 해야 했다. 필름이 끊겨서 집에 귀가하지 못하는 경우도 있었다. 그러나 학규 씨는 이를 이상하게 여기지 않았다. 치료는 생각조차 하지 못했다. 술은 그의 성공에 정말 도움이 되었을까?

"회사에 다니는 동안에는 그렇게 생각했어요. 그런데 지금 생각해보니 아니었던 것 같아요. 술 때문에 잘된 일보다는 안 된 일이 많아요. 직원들도 제 기분을 맞추려고 억지로 술을 마시니 고역이었을 거예요. 가족과 시간을 보내지 못했고요. 술을 마시지 않았더라면 훨씬 성공적인 인생을 살았을 거예요. 특히 은퇴한 이후 술독에 빠져 살면서 제가 쌓아온 모든 것을 다 날려버린 느낌입니다."

「술 권하는 사회」라는 단편소설 제목처럼 우리는 누구나 중독자가 될 수 있는 환경에서 살고 있다. 술에 한없이 관대하고 술 때문에 벌어진 악폐는 쉬쉬한다. 사람들은 알코올중독을 강 건너 불구경하듯 하며 초가삼간을 다 태울 때까지 모른 척한다. 그러나 누구나 알코올중독에 걸릴 수 있다. 나와 가족들이 겪고 있는 우리 모두의 문제다. 다만 우리가 그 사실을 외면해왔을 뿐이다.

알코올중독에는
왜 걸리나요?

"도대체 왜 하필 내가 중독자가 되었단 말인가!"

중독자는 억울하다. 다른 사람들은 멀쩡하게 술을 즐기는데 하필이면 자신만 중독자가 되어버렸으니 말이다. 왜 중독자가 되었을까? 이 병에는 어떻게 걸리는 것일까?

첫 번째 이유는 유전적 요인이다

"우리 아들이 중독자가 될 확률은 얼마나 될까요?"

중독자의 자녀는 일반인에 비해 중독자가 될 확률이 4배 정도 높다. 설사 그가 중독자인 부모를 떠나 다른 가정에 입양된다고 해도 확률은 낮아지지 않는다. 환경적인 요인보다 유전적인 요인이 강력하게 작용하기 때문이다. 유독 중독에 잘 걸리는 유전자가 있다.

"우리 아버지는 간경화로 죽었고, 형들도 술을 좋아합니다."

중독 유전자를 가진 집안의 사람들은 젊은 나이에 중독자가 되기 쉽다. 그리고 일단 중독자가 되면 증상이 심각하고 회복도 잘되지 않는다. 가족이나 친척 중에 중독자가 있는데도 술을 즐기는 것은 기름을 끼얹고 불길에 뛰어드는 것처럼 위험하다. 이런 경우 젊은 시절부터 술을 조심하거나 아예 안 마시는 것이 능사다.

두 번째 이유는 심리적 요인이다

영유아기 때 어머니와 상호작용을 원활하게 맺지 못해 의존욕구가 좌절되면 문제가 생긴다. 이런 사람들은 구강기에 고착되어 알코올중독에 빠지기 쉬운 성격적 결함을 가지게 된다.

"내 인생은 늘 외로워! 아무도 날 진심으로 위해주지 않아!"

이들은 자아ego가 약하고 미성숙하기 때문에 정서 조절에 어려움을 겪는다. 외로움을 잘 타고 의존적이어서 관계에서 쉽게 상처를 받는다. 불안, 긴장, 분노와 같은 마음을 다스리기 어렵기 때문에 그만큼 술이나 약물에 의지하기 쉽다.

"우리 부모가 날 중독자로 만들었어!"

그러나 이러한 경우라도 자신의 양육환경이나 부모를 원망하는 것은 회복에 아무런 도움이 되지 않는다. 어린시절의 상처에 집착하며 원망만 하면 새로운 변화를 영영 도모할 수 없게 된다.

우리가 지향해야 할 것은 심리적 요인을 극복할 수 있는 인격적인 성숙이다. 중독자의 삶이 완전히 엉망이 된 것은 술에 의존하게 된 이후의 일이다. 술에 빠져 무력해지지만 않는다면 자아는 얼마든지 성숙하고 강해질 수 있다.

세 번째 이유는 스트레스에 대한 대처 방식이다

스트레스를 술로 푸는 사람들은 중독자가 되기 쉽다.

"스트레스를 받으면 자연스럽게 술이 떠오릅니다."

이는 부모, 형제, 친구 같은 중요한 사람이나 대중매체의 영향으로 음주행동을 학습한 결과다. 술을 마신 후 스트레스와 긴장이 해소되는 경험을 반복하다 보면 강화작용이 일어나 점차 술에 의존하게 된다. 그러나 술을 마신다고 스트레스의 근본적인 원인이 해결될 리 없다. 오히려 상황이 악화되는 경우도 많다. 술을 마시면 일시적으로 불안이 완화될 뿐이다. 중독행동이 고착되면 술이 주는 즉각적이고 긍정적인 효과에만 집착하게 된다. 장기적이고 부정적인 효과는 살피지 못한다. 문제를 근본적으로 해결하거나 스트레스를 건강한 방식으로 해소하는 일은 점차 요원해진다.

가장 중요한 원인은 술이다

너무나 당연한 이야기지만 술은 알코올에 중독되는 결정적인 원인이다. 앞서 언급한 모든 위험요인들은 '잠자는 사자'와 같다. 위험할지언정 술이라는 자극만 없으면 우리를 중독자로 만들지는 못한다. 오랜 시간 과음을 하다 보면 어느 순간 잠자던 사자가 깨어나고 우리는 중독자가 된다.

"사회생활을 하려면 술을 안 마실 수야 있나요?"

우리의 사회문화적인 분위기는 중독에 취약하다. 술을 자주 마시고 폭음을 즐기는 음주문화는 위험하기 그지없다. 술을 조절하지 못 하고 과음을 하거나 필름이 끊기는 경험이 반복되면 뇌에 변화가 일어난다. 어느 순간 영원히 술을 조절할 수 없게 된다.

알코올중독을 예방하기 위해서는 술은 천천히 취하지 않을 때까지 마시고, 한 번 술을 마신 이후에는 한동안 금주를 해야 한다. 이미 중독 증상이 생겼다면 하루빨리 술을 끊고 치료를 받는 수밖에 없다. 그러나 많은 사람들이 중증 알코올중독자가 될 때까지 술잔을 내려놓지 않는다.

"알코올중독 병원에 입원을 해보니 동네 술꾼들을 여기서 다 보게 되었습니다."

한 중독자가 허탈해하며 꺼낸 말이다. 이는 우리 사회 자체가 술에 대한 조절능력을 상실했다는 것을 의미한다. 음주문화에 대한 재고가 필요하다.

"술 앞에 장사 없다."

알코올중독은 이렇듯 몇 가지 이유가 복합적으로 작용하며 비교적 흔하게 발생하는 질병이다. 스트레스에 대처하기 위해 음주를 반복하고 그 양과 횟수가 지나치면 어느 누구라도 중독자가 될 수 있다. 유전적·심리적 요인이 있는 사람은 중독될 확률이 더 높아질 것이다.

사회생활을 잘하는 사람도
치료가 필요한 중독자일까?

우리가 흔히 알코올중독이 보기 드문 병이라고 오인하는 이유는 심각한 중증 중독자만을 떠올리기 때문이다. 사람들은 매일같이 술을 마시고 엉망진창이 된 사람들만 중독자라고 생각한다. 그러나 미국의 국가적 연구에 따르면 만성화된 심한 중독자는 전체 중독자 중 9%밖에 되지 않는다. 나머지 사람들은 술에 중독이 되기는 했으나 사회생활을 나름대로 영위하고 있다.

"사회생활을 잘하는데 굳이 치료가 필요할까요?"

안타깝게도 우리 사회가 중독에 대처하는 자세는 왜곡되어 있다. 조학규 씨 역시 심한 중독자가 되기 전까지는 아직은 괜찮다며 아무런 대책 없이 술 문제를 방치했다. 은퇴를 하고 정말 증상이 심각해진 이후에야 어쩔 수 없이 치료의 문을 두드렸다. 다른 많은 중독자들 역시 모든 것을 잃은 후에야 처음 병원을 방문한다. 시간을 지체할수록 회복은 힘들어진다. 중증 중독자의 경우 아무리 입원과 퇴원을 반복해도 치료 효과가 초기처럼 좋을 수는 없다.

"내가 몇 년 만 더 빨리 회복을 위해 노력했더라면!"

회복의 비법 중 하나는 한시라도 일찍 시작하는 것이다. 초기 중독자들은 얼마든지 사회생활을 영위하며 단주와 치료를 병행할 수 있다. 중독 증상은 의지를 가지고 치료에 임한다면 얼마든지 관리할 수 있다. 아직 술 때문에 소중한 것들을 잃지 않았고 자존감도 건재하기 때문에 회복은 훨씬 수월하다.

조학규 씨가 직장생활을 하던 시절에 단주와 회복을 시작했더라면, 사람들은 그를 주당이 아닌 대단한 의지의 소유자로 존경했을 것이다. 명성과 지위를 잃는 일도, 가족의 신뢰를 잃는 일도 없었을 것이다. 그는 현직에 있을 때보다 여유롭고 의미 있는 노후를 보내고 있었을지도 모른다.

"그때 이미 나는 중독자였습니다. 왜 그것을 모르는 척했을까요? 그 대가가 너무 큽니다."

우리 사회에 만연한 중독 문제를 해결하기 위해서는 중독 증상이 있는 사람들이 이를 빨리 인지하고 조기에 치료를 받는 방법이 가장 효율적이다. 생물학적 치료든 심리사회적 치료든 초기에 할수록 더 나은 효과를 기대할 수 있다. 중독이 누구나 걸릴 수 있는 병이고, 초기에 접근하면 치료가 훨씬 수월하다는 인식의 변화가 있다면 치료에 대한 접근방식 또한 바뀌게 된다.

알코올중독 역시 다른 모든 질환과 마찬가지로 환자가 자발적으로 치료를 받으려는 의지를 갖는 것이 회복을 위해 가장 중요하다. 변화에 대한 동기가 있고 단주를 시작할 마음이 있다면 외래 통원 치료와 자조모임도 충분히 효과를 기대할 수 있다.

'치료를 시작하면 술을 빼앗기고 자유를 구속당하지 않을까?'

치료는 술이 얽매는 속박에서 벗어나 진정한 자유를 찾는 과정이다. 부득이하게 입원을 한 경우에도 마찬가지다. 입원 치료의 목표는 단주를 유지할 수 있는 능력을 회복해 외래 치료와 재활 치료로 전환하는 것이다. 치료의 지향은 자존감을 회복하고 자발적인 회복의 단계를 밟는 것이다. 치료는 중독자에게 자유를 선사하기 위한 과정이다. 이제 중증 환자를 격리하는 것이 치료의 모든 것이라는 편견은 사라져야 한다.

사회적으로 중증 알코올중독에만 관심을 기울이는 사이에 여성, 청소년, 노인의 중독은 방치되고 있다. 이들은 비록 눈에 띄지 않게 은밀히 술을 마시지만, 건강한 성인 남성에 비해서 술에 훨씬 취약하고 빠른 속도로 중독되며 정신건강 상태가 악화된다.

이 병에 걸렸을 때 우리에게 남은 선택은 현실을 최대한 빨리 인지하고 변화를 모색하는 것이다. 알코올중독을 특수한 사람들이나 걸리는 병으로 여기며 '나는 아니겠지?'라고 회피한다고 해서 냉혹한 현실이 나를 피해가지는 않기 때문이다.

그녀가 늘 은밀하게
술에 취해 있는 이유

여성의 경우 중독이 훨씬 빨리 진행된다. 중독이 되었을 때 우울장애, 불안장애, 식이장애 같은 문제들은 최악의 상태에 이른다. 그녀는 술 뒤에 숨어 세상을 마주하는 것 자체를 거부한다.

여성은 술을 분해시키는 효소alcohol dehydrogenase가 남성에 비해서 현저하게 적다. 체내 지방조직의 비중이 많은 반면에, 알코올을 희석하는 역할을 하는 수분이 차지하는 비중은 적다. 남성과 같은 양의 술을 마셨을 때 여성의 혈중 알코올 농도는 2배 정도 높게 측정된다.

그 결과 여성의 경우 알코올이 전신혈류를 통해 뇌와 신체기관에 미치는 악영향도 더 크다고 할 수 있다.

술이 여성에게
더 해로운가?

여성 알코올중독자의 몸은 더 빠른 속도로 망가진다. 더 적은 양의 술을 짧은 기간 마시는데도 간질환liver disease이 발병할 위험은 2배 정도 높고, 간경화 등의 악성 질환으로 빠르게 진행되어 생존율도 낮다. 골다공증, 고혈압, 빈혈, 영양결핍, 위장관 출혈, 소화성 궤양, 말초근육병, 심근병 등 술 때문에 생기는 모든 질환이 여성에게서 더 쉽게 악화된다.

또한 술은 생식기와 임신에도 영향을 준다. 성기능장애, 조기 폐경, 무월경, 월경통, 월경전증후군, 유방암, 자궁근종 같은 문제가 뒤따른다.

"선생님, 저는 인공수정으로도 임신을 하지 못하니 자꾸 속상해서 술을 마시고 재발하게 됩니다."

김은영 씨는 불임에 대한 스트레스가 극심해 중독에서 벗어날 수 없다고 토로했다. 의사는 은영 씨에게 충고했다.

"술에서 벗어나지 못하면 수정률이 떨어지기 때문에 임신이 되지 않을 것입니다. 임신을 하고 싶다면 술을 끊는 것이 먼저입니다." 그리고 한마디를 덧붙였다.

"그리고 죄송한 말씀이지만 전체 임신기간 동안 단주를 할 자신이 없다면 막상 임신이 되어도 곤란합니다."

• 태아알코올증후군에 나타나는 대표적인 기형

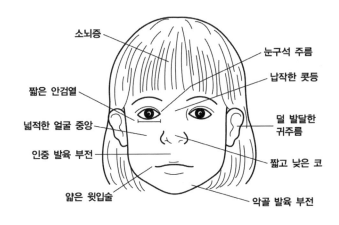

왜냐하면 알코올은 태아의 신경세포와 뇌에 독성물질로 작용하기 때문이다. 태아알코올증후군fetal alcohol syndrome은 임산부가 술을 마실 때 태아에게 나타나는 대표적인 기형이다. 신생아의 성장 및 정신 지체, 안면 기형, 신경계 기형이 유발된다. 김은영 씨가 진정 임신을 원한다면 술부터 끊어야 한다. 여성의 뇌 또한 술에 더 취약하다. 뇌가 더 쉽게 쪼그라들고 인지기능도 심하게 저하된다.

하지만 가장 심각한 문제는 중독 자체가 남성보다 빨리 진행된다는 것이다. 남성보다 적은 양의 술을 마셔도 알코올중독에 이르는 시간은 훨씬 빠르다. 술을 즐긴 지 얼마 되지도 않았는데 술에 의존하게 되고 술을 마시지 않고는 하루도 견딜 수가 없게 된다.

"자녀들 모두 건사해서 출가시키고 나니 쓸쓸하고 잠도 안 오더라고요. 1년 정도 잠들기 전에 홀짝홀짝 몇 잔 마셨어요. 고작 그 정

• 음주에 대한 남성과 여성 간 차이

규칙적인 음주를 시작한 때로부터 음주 문제가 시작되기까지 기간	
여성: 0.9년	남성: 2.3년
처음 음주에 대한 통제력을 잃은 때로부터 가장 나쁜 음주 문제에 도달하는 기간	
여성: 5.5년	남성: 7.8년
처음 규칙적인 음주를 할 때로부터 치료를 받으러 올 때까지 걸리는 시간	
여성: 11.6년	남성: 15.8년

도 마신 것 때문에 중독자가 된다는 게 말이 되나요?"

여성이라면 얼마든지 가능하다. 이는 여성에게 치료를 할 시간적 여유가 적다는 것을 의미한다. 짧은 시간 안에 여성의 뇌와 몸은 망가지고 점점 더 술을 놓을 수 없게 된다. 여성에게 중독 증상이 발견되면 최대한 신속하게 치료해야 한다. 또 다른 심각한 문제는 술을 마시는 여성들의 마음의 상처다.

여자들은 정말 마음의 상처 때문에
술을 마시나?

미국의 대규모 공존질환조사national comorbidity survey에 따르면 여성 중독자의 2/3는 술 문제가 생기기 전에 우울증을 먼저 앓는다(남성의 경우는 이와 반대로 술을 마시다 보니 생물학적·심리적·상황적 요인들 때문에 우울증에 빠지는 경우가 많다).

게다가 여성 중독자의 절반 정도는 원래 정신적 외상trauma을 가지고 있다. 아동 학대, 성폭행, 가정폭력의 피해자들이 중독에 잘 빠진다. 식이장애와 불안장애를 함께 앓고 있는 경우도 흔하다. 여성 중독자의 35%는 자살을 꿈꾼다.

남성이 술을 즐기다 보니 중독이 된다면, 여성은 스트레스와 인간관계에서 생기는 문제를 술로 견디다 보니 중독이 된다. 시어머니·남편·자녀와의 갈등, 경제적 어려움, 결혼생활에 대한 자괴감, 사랑하는 사람을 잃은 슬픔이 그녀를 중독자로 만든다. 여성 중독자는 술에 빠지기 전부터 마음의 상처나 병을 이미 가지고 있었던 경우가 많다. 그녀들은 합리적인 방법을 포기하고 술로 마음을 치유하려다 중독이 된 사람들이다.

"술을 마신다고 마음이 편해질 리가 있나요? 잠시 잊는 거지. 늘 죄책감과 자괴감에 빠져 지냈던 것 같아요."

그러나 여성이 술에 중독되었을 때 받는 고통은 더하면 더했지 덜하지 않다. 사회적으로 낙인찍히고 매장당하기 쉽다.

"어떻게 여자가 중독이 될 때까지 술을 마신단 말인가!"

술을 적당히 즐기는 여성을 환영하던 사람들도, 여성이 술에 취하고 조절하지 못하면 음탕하고 이기적인 사람으로 간주한다. 여성 중독자들은 이러한 시선 때문에 수치심과 죄책감을 강요당한다. 이로 인해 술을 마실수록 자존감은 더 낮아진다. 하지만 중독이 되면 술을 쉽게 끊을 수 없다. 그래서 남들의 시선을 피해 집에 혼자 있는 시간에 은밀하게 홀짝홀짝 몰래 술을 마신다.

흥미로운 사실 중 하나는 여성 중독자의 남편 역시 술 문제가 있는 경우가 많다는 점이다. 왜냐하면 여성들은 남편에게 술을 배우고 남편과 함께 술을 마시며, 남편의 음주 패턴을 따라 하는 경우가 많기 때문이다.

"하지만 저는 술을 어느 정도 조절해서 마시는데, 아내는 술을 조절하지 못하고 울고불고 난리를 치니까요."

앞서 여성과 남성이 비슷한 양과 패턴으로 술을 마실 경우, 중독에 훨씬 취약한 쪽은 여성이라는 설명을 한 바 있다. 남성 중독자의 아내는 술에 취한 남편에게 가정폭력을 당하고 온갖 괴로움을 겪는데도, 생계를 책임지고 남편의 치료를 돕는 경우가 많다. 그러나 중독자 아내를 둔 남편은 많은 경우 아내의 치료에 무관심한 태도를 보이거나 아내 곁을 떠나버린다. 여성 중독자들은 외로운 사람들이다.

여성 중독자를 위한
특별한 치료 방법이 있는가?

여성 중독 역시 단주가 전제되어야 하며 생물학적·심리사회적 치료가 병행된다는 점은 남성과 다르지 않다. 그러나 여성의 치료에는 남성과는 달리 조금 더 관심을 가져야 할 문제가 있다. 자존감을 회복하는 것이 그 무엇보다 중요하다.

이수연 씨 역시 자존감이 낮은 여성 중독자다. 어린시절 수연 씨는 중독자였던 아버지에게 아동학대를 당했다. 큰 잘못도 없는데 실컷 두들겨 맞고 살기 위해 도망치기 일쑤였다. 시간이 흘러 결혼을 했지만 남편과의 관계도 원만하지 못했다.

"나는 정말 살 가치가 없는 인생일까? 사랑은커녕 아무도 날 위해 주지 않아."

수연 씨는 어린시절에 받은 마음의 상처나 정신적 외상을 마주할 용기가 나지 않았다. 그녀는 오로지 과거의 상처에서 도망치기 위해 몸부림쳐왔다. 상처가 야기하는 고통과 불안, 분노를 마비시키거나 잊을 수만 있다면 늘상 술에 취해 있는 것도 감수할 만했다. 그러나 아무리 술을 마셔도 과거의 기억은 지워지지 않고 오히려 더 또렷해졌다. 정신적 외상의 종착지는 없다. 상처받은 기억은 영원히 사라지지 않는다.

"사실 술을 마셔도 공허하기만 해요. 이제는 술 때문에 남편이나 자녀들과의 관계마저 엉망이 되었어요."

진정한 치유는 술로 증상을 무마하며 도망자로 남는 것이 아니다. 술을 포기해야 한다. 술은 그녀를 영원히 도망자로 남게 한다. 거기에서 벗어나지 못하면 어느 순간 숨이 턱까지 차고 체력이 고갈되어 말기 중독자의 모습으로 쓰러지는 말로末路밖에는 기대할 수 없다. 술을 놓아버려야 그녀는 도망자가 아닌 회복자로서 인생을 시작할 수 있다.

진정으로 외상을 치료하려면 상처받은 마음을 치유해 온전한 마음sense of wholeness을 되찾아야 한다. 그것은 자존감self esteem과 자아self를 회복하는 일이기도 하다. 자아의 회복은 우선 자기 자신을 사랑하는 것에서 시작된다. 어찌 보면 사람은 이기적이어서 누구나 자기 자신을 가장 사랑한다. 건강한 나르시즘narcissism은 때로는 세상을 살아가는 에너지가 된다.

그러나 중독자만큼은 그렇지 않다. 마음에 상처를 입은 중독자는 사랑을 갈망하고 사랑에 굶주려 있다. 관계를 맺고 사랑을 나눌 때 비로소 마음의 상처가 치유된다는 것을 우리는 본능적으로 알고 있다. 그러나 정작 그녀를 가장 사랑하지 않는 것은 자기 자신이다. 다른 사람들과 관계를 맺고 사랑을 나누는 것을 거부하고 있는 것 역시 자신이다.

"어렸을 때는 제가 뭔가를 잘못해서 아버지가 그렇게 술을 마시고 화를 내는 것은 아닐까 죄책감을 느꼈었어요. 결혼을 한 이후로는 남편이 저 때문에 인생을 망쳤다고 말해요. 저는 술에 취해 아버지와 같은 행동을 제 남편과 아이들에게 했지요. 어떻게 제가 저 자신을 사랑할 수 있겠습니까?"

사랑을 주고받고 느끼는 능력이 약한 여성이 중독자가 된다. 일단 중독자가 되면 다른 사람과 관계를 맺고 사랑을 나누는 능력은 영원히 망가져버린다. 그녀는 술 때문에 자신이 사랑에 취약한 상태에서 성숙하지 못하고 후퇴만 해왔다는 사실을 망각했다. 술을 마시는 한 관계를 회복할 수 없다는 사실도 어렴풋이 인정할 뿐이었다. 관계가 주는 상처와 갈등을 술로 마비시키는 것 이외에 자신이 할 수 있는 것은 아무것도 없는 것 같았다.

중독자가 아무리 본래 사랑을 나누는 일에 서툴렀다고 하더라도 그녀가 그나마 가장 좋은 관계들을 맺었던 때는 술에 빠지기 전이었다. 그녀는 술에 빠지기 전에는 상처를 받아도 상처를 이겨낼 수 있는 능력을 조금씩 습득해가고 있었다. 그런데 술을 마심으로써 그 모든 것을 포기했던 것이다.

사람들은 누구나 관계를 맺고 또 관계에서 상처를 받는다. 그러나 그 상처는 우리가 성숙해지고 살아갈 수 있는 자양분이다.

"제가 아버지처럼 중독자가 되지 않았더라면 지금쯤 어떤 모습일까요?"

만약 술을 마시지 않았다면 술을 마시지 않은 기간만큼 조금씩 성숙해질 수 있었을 것이다. 언젠가 상처받은 기억을 간직하고 있음에도 불구하고 대인관계를 회복하고 일상생활에서 즐거움을 느낄 수 있게 되었을지도 모른다. 과거보다는 현재와 미래에 더 관심을 가지고 살 수 있었을 것이다.

그 모든 것을 포기했던 가장 치명적인 방법은 술을 마시는 것이었다. 기억에서 도망치는 것이 아니라 기억을 통해 성장하는 방법을 배워야 한다. 이수연 씨가 술에 빠지지 않았더라면 그녀와 그녀의 가족은 지금보다는 훨씬 나은 삶을 살고 있었을 것이다.

"여성 환자는 복잡한 심리적 문제와 심각한 중독 문제를 가지고 있기 때문에 치료되기 어렵지 않을까?"

필자 역시 여성 환자들에 대한 선입견이 있었다. 그러나 많은 여성 환자들을 만나면서 편견은 희망으로 바뀌었다.

"처음에는 누군가 제 이야기를 진지하게 들어주는 것만으로도 좋았습니다. 그래서 자꾸 병원에 오게 되었고 그 힘으로 단주도 할 수 있었습니다."

여성이 관계에 목말라 있다는 것, 마음에 상처를 품고 있다는 것은 역설적으로 중요한 치료적 동기motivation가 되었다. 자신이 남성보다 중독에 취약하다는 것을 이해하게 되자 회복도 절박해졌다. 술을 끊고 회복자로 돌아선 후 치료자와 건강한 관계를 맺게 되면서 그녀들은 열성적으로 자신의 인생에 대해서 이야기하게 되었고 회복의 길을 걷고 싶어했다. 그 결과 여성이 회복자로 안착하는 비율은 결코 남성에 뒤지지 않다는 것을 알게 되었다.

더이상 은밀하게 숨어 술을 마실 필요가 없다. 이제 자신을 사랑해야 할 때다. 나는 충분히 사랑받을 만한 가치가 있는 사람이라는 것을, 여전히 나를 사랑해주는 사람들이 곁에 있다는 것을 발견하게 될 것이다.

청소년 알코올중독은
왜 위험한가?

술에 중독이 된 청소년이 성인이 된 이후에 또 술을 마시는 것 말고 무엇을 할 수 있겠는가? 어린 나이에 술을 접할수록 중독자가 될 가능성은 기하급수적으로 증가한다.

언제부터인가 가장 인기 있는 유명 연예인들이 소주 광고의 단골 모델이 되었다. 빅뱅, 시크릿, 카라, 김수현, 신민아 등 청소년들의 우상이 주류 광고에 등장하더니, '피겨 여왕' 김연아까지 맥주 광고에 출연했다.

"최근 국내 맥주 광고에 국민 피겨스타 김연아 선수가 출연하고 있는 데 대해 심각한 우려를 표명한다."

정신과 의사들의 학술단체인 한국중독정신의학회가 주류 업체의 무분별한 상술에 제동을 거는 성명을 발표해 논란이 일기도 했다.

한 연구에서는 광고 시청자 중 50%가 청소년이라고 보고한 바 있다. 우리나라에서 술을 마셔본 경험이 있는 청소년은 75%이고, 월 1회 이상 술을 마시는 청소년도 25%나 된다는 통계도 있다. 청소년들은 멋지게 포장된 스타의 음주 장면을 쉽게 동경하고 모방하려는 심리가 있다. 선진국들은 주류 광고를 완전 또는 부분적으로 금지하거나, 주류협회가 자발적으로 가이드라인을 만들어 텔레비전 광고를 자제한다. 이는 청소년 음주에 대한 우리나라와 선진국 간의 인식 차이를 단편적으로 보여준다.

"말세야! 말세!"

물론 우리사회도 청소년 음주가 심각하다며 우려한다. 그러나 일부 비행청소년의 문제로 치부하며 소극적으로 대처하는 데 그친다. 학교 폭력이나 왕따 등이 사회 문제로 대두되고 있는 반면에 청소년 음주는 상대적으로 주목받지 못하고 있는 것이 현실이다.

음주는 정말 우리 아이가 아닌 일부 비뚤어진 비행청소년만의 문제일까? 오늘도 많은 청소년들이 어른들 몰래 술에 취해 되돌릴 수 없는 상처를 남기고 있을 것이다.

청소년들은
술을 얼마나 마시나요?

"어린 아이들이 술을 마셔봐야 얼마나 마시겠어요? 흉내나 조금 내는 거지."

놀랍게도 청소년들은 오히려 어른들보다 더 많은 양의 술을 마실 수 있다. 상담을 하다 보면 3~4병 이상 술을 마셔도 기분이 조금 좋아질 뿐 별다른 변화를 느끼지 못한다는 아이들을 볼 수 있었다.

이는 청소년이 더 건강하고 주량이 세기 때문이 아니다. 술을 그만 마셔야 하는 때가 와도 청소년들은 술을 그만 마시라는 뇌의 신호에 둔감하게 반응한다. 자기 자신이 술을 많이 마신 상태라는 것을 인식하지 못하는 것이다. 술에 취해 뇌의 적응능력과 기억력이 떨어져 있는데도 본인은 이를 알지 못하고 정상 상태인 것처럼 착각한다. 마치 계기판이 고장 나 속도를 가늠할 수 없는 자동차가 달리는 것이나 마찬가지다.

"친구들과 술을 마시면 정말 즐거워요. 나만 빠지면 왠지 왕따인 것 같고 섭섭해요."

청소년 뇌의 보상체계는 또래 친구 관계에 대해 성인보다 훨씬 민감하게 반응한다. 청소년들은 술에 취했을 때 친구들과 더 즐겁게 어울리고 소통한다고 느낀다. 그래서 친구들과 함께 술을 배우고 어울린다. 술자리에 자신만 빠지면 소외당하는 것처럼 느껴져서 또 술을 마시게 된다. 술로 인해 촉진되는 사교적인 즐거움에 뇌 자체가 매우 예민하게 반응한다.

"이런 식으로 술을 마시면 무슨 일이 터질 것 같아서 겁이 덜컥 나더라고요."

철민 군은 갓 고등학생이 되었다. 그러나 술을 마시고 후배들을 때려 이미 소년원까지 다녀왔다. 얼마 전에는 친구들과 술을 마시다 함께 죽기로 의기투합을 했다. 친구들과 상가 옥상에 올라가 또다시 술판을 벌였다. 만취한 그들 중 누가 언제 투신을 시작할지 모르는 아슬아슬한 상황이었다. 함께 술을 마시던 여학생 한 명이 부모에게 친구들과 함께 자살을 하겠다는 문자를 보내지 않았다면 큰 사고가 일어날 수도 있었다. 그 문자 덕분에 경찰까지 출동하고 나서야 다행히 위기를 넘길 수 있었다.

청소년 음주로 벌어지는 폭력 사건이 한 해 4천 건에 이른다고 한다. 질풍노도의 시기를 보내고 있는 청소년들은 술을 마시면 감정이나 충동을 잘 억제하지 못한다. 여러 가지 사고, 폭력, 범죄에 연루될 수 있고 극단적인 경우에는 자살을 시도하기도 한다.

어릴 때 술을 접하면
중독자가 될 수 있나요?

뇌에서 감정을 관장하는 변연계는 쾌감을 느낄 때 도파민을 분비한다. 술을 마실수록 정보를 전달하는 시냅스가 변형된다. 변형된 시냅스는 더 많은 도파민을 원한다. 술을 또 갈망하게 되고 술을 마실 때만 즐거움을 느낄 수 있게 된다. 이것이 알코올중독이다. 청소년의 뇌는 아직 발달하고 있는 단계이기 때문에 이런 변화에 특히 취약하다. 친구와 누리는 즐거움 때문에 자주 술을 마시다 보면 청소년의 뇌는 중독자의 뇌로 쉽게 변해버린다.

실제로 청소년 시기에 술을 마신 사람은 어른이 된 뒤에 알코올 중독에 걸릴 확률이 정상 인구에 비해 5배 정도 높다. 그뿐만 아니라 습관성과 중독성을 체득하게 되어 게임이나 도박, 다른 약물에 중독될 위험도 높아진다.

또한 청소년기에 마신 술은 뇌의 발달과 인격 형성에 영향을 준다. 인간의 뇌는 20대 초반까지 계속 성장한다. 특히 이성적인 판단을 담당하는 전두엽은 사춘기 후반에 빠르게 성장한다. 청소년기에 전두엽의 대뇌피질(회백질)이 잘 발달해야 감정을 조절하고 억제할 수 있는 능력이 생긴다.

이때 술을 마시면 뇌가 정상적으로 발달하지 못해 성인이 된 이후에도 질풍노도의 시기와 같은 감정의 격변이 지속된다. 그 결과 충동적이고 공격적인 성향이 그 사람의 인격으로 자리 잡는다. 어른이 되어도 감정을 조절할 수 없는 '성인아이'로 남게 되는 것이다. 게다가 기억력과 주의집중력, 시공간능력이 눈에 띄게 떨어진다. 학습능력이 저하되고 스트레스에 올바로 대처하지 못한다.

청소년 음주
어떻게 대처할 것인가?

"2~3만 원만 있으면 위조 신분증을 구할 수 있어요. 신분증이 없어도 편의점 몇 곳만 돌아다니다 보면 술을 살 수 있는 곳이 한두 군데는 있어요."

평균적으로 우리나라 청소년들이 술을 처음 입에 대는 나이는 14세다. 술에 관대한 문화인데다 판매나 유통에 관한 제재가 심하지 않기 때문에 청소년들이 지속적으로 술을 마시는 것도 어렵지 않다. OECD의 30개 국가 중에서 음주 통제 정책 강도가 22위에 불과하다. 술에 대한 규제는 느슨하고 청소년 음주에 대한 대책은 수박 겉핥기에 불과하다.

첫 음주는 부모님이나 친척의 권유에 의한 경우도 있지만, 친구나 선후배의 권유로 술을 배우는 경우가 더 많다. 청소년은 모방심리와 호기심이 강하다. 청소년들이 동경하는 유명인사들이 텔레비전에 나와 멋지게 술을 마시는 모습을 보면 아이들은 따라 하고 싶은 동기와 욕구가 강해진다. 게다가 또래집단 고유의 심리도 있어 누군가 '우리도 술 한번 마셔볼까?'라고 제안하면 이를 거절하기 쉽지 않다. '까짓것 한번 해보지 뭐!'가 되고 만다.

네덜란드는 자유와 관용의 나라로 통한다. 동성애는 물론 대마초도 제한적으로나마 허용할 정도다. 술이 문화와 일상에 밀접해 있어 누구나 몇 잔의 술을 즐긴다. 심지어 청소년도 16세가 넘으면 법적으로 술을 마실 수 있다. 그 결과 청소년의 음주율이 유럽에서 1위를 다투게 되었다.

그러나 최근 이러한 네덜란드에서도 청소년 음주의 심각성이 대두되었다. 음주 허용 나이를 16세에서 18세로 상향할 계획이다. '책

• 청소년이 처음 술을 접하게 된 계기

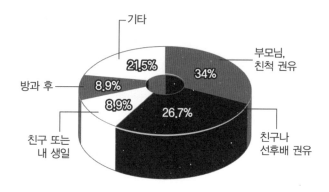

임 있는 알코올 소비를 위한 재단^{STIVA}'이라는 단체에서 청소년들에게 음주를 유혹하는 영상을 심의한다. 음주 단속에 걸리면 5년간 면허가 정지되거나, 음주검사를 해야 시동이 걸리는 장치를 본인 부담으로 2년간 차에 장착하게 하는 등 술에 관한 규제도 강화되고 있다. 자유롭게 술을 마시되 책임만 강조하는 문화에서 점차 문제를 예방하는 문화로 돌아서고 있는 것이다.

미국의 경우 청소년 음주를 더 엄격하게 규제한다. 과거 청소년 음주 제한 연령이 만 18세였는데 매년 4,700여 명의 청소년들이 술과 관련된 사고로 사망했다. 이후 각 주의 법이 개정되어 음주 제한 연령은 만 21세로 높아졌다.

미국은 우리나라처럼 슈퍼마켓이나 편의점마다 술을 팔지 않는다. 주류 판매 허가를 받은 별도의 업자만이 술을 취급할 수 있다.

청소년에게 술을 판매하다 적발되면 영업이 취소되고 많은 벌금을 물게 된다. 그래서 위조 여부를 감식하는 기계까지 동원해서 마흔이 넘은 사람에게까지 신분증을 확인한 후 술을 판다. 실내에서만 음주를 허용하고 옥외에서는 술을 마실 수 없다. 술집 주인이라고 하더라도 술 취한 사람에게 술을 권하거나 파는 행위는 위법이다. 25세 이상의 배우만 주류 광고를 찍을 수 있고 그마저도 무명배우의 경우에만 가능하다. 미성년자가 음주한 것을 알고도 방치하면 부모에게까지 민형사상의 책임을 물을 수 있다. 특히 미국은 알코올 문제를 예방하기 위한 교육프로그램이 광범위하고 체계적으로 갖추어져 있다.

우리나라에서 청소년 음주는 어느새 일상화되었다. 그럼에도 불구하고 청소년 음주를 예방하고 건전한 음주문화를 만들려는 노력은 미비하다. 어떻게 하면 청소년 음주를 줄일 수 있는가에 대한 논의와 노력이 필요하다.

어린 나이의 음주는 한 사람의 인생뿐만 아니라 사회에도 치명적인 독이다. 판매단계에서부터 유통단계, 소비단계에 이르기까지 좀 더 강력한 제도적 장치가 필요하다. 대중매체를 통한 청소년 음주 조장 역시 강력하게 규제할 필요가 있다.

또한 청소년들에게 음주에 대한 올바른 정보를 제공하고 술의 유혹에서 벗어나 옳은 선택을 할 수 있도록 힘을 키워주어야 한다. 술로 인해 벌어지는 변화는 반영구적이어서 극복하기 쉽지 않다. 한 사람이 중독자가 되는 것을 예방하는 것이 열 사람의 중독자를 치료하는 것보다 쉽고 나은 방법이다.

우리 사회는 언제까지 청소년들에게마저 술을 권하고 허용하는 문화를 바꾸지 않을 것인가? 어른들 역시 청소년들에게 진심 어린 충고를 건넬 용기를 내야 한다.

노인은 술을 마시다 죽어도
여한이 없을까?

술을 장기간 마신 노인은 몸 전체의 면역성이 저하된다. 면역력이 떨어진 노인에게 폐렴은 치명적이다. 중독자의 손상된 면역력은 그 어떤 질환도 효과적으로 이겨내지 못한다.

"살날이 얼마나 남았다고 이제 와서 술을 끊으란 말입니까? 살만큼 살았습니다. 고생하며 술을 참느니 차라리 술을 마시다 죽는 것이 여한이 없겠습니다."

며칠 전 자식들의 손에 이끌려 병원을 방문한 김용갑 씨는 백발의 노인이었다. 여든이 넘은 노인에게 술을 끊으라고 강요하는 것은 의사에게도 망설여지는 일이다.

'몇 년간 힘들게 고생해 술을 끊고 회복의 기쁨을 누린다 한들 얼마 뒤 여생을 마감하게 된다면 허망하지 않은가? 몇 십 년을 마셔온 술인데 앞으로 몇 년간 조심하면서 술을 줄여 마신다면 큰 문제는 없지 않을까?' 가족이나 치료진마저 이런 의문을 갖는다면 가뜩이나 늦어진 치료는 더 요원해진다.

"저는 단주까지는 절대 할 자신이 없습니다. 만약 오늘 하루 술을 마셨다면 앞으로 며칠간은 쉬도록 하고, 오늘 정한 양 이상은 절대 마시지 않겠습니다. 술을 줄여 마시는 데 성공한다면 더이상 간섭하지 마십시오. 대신 저도 약속을 지키지 못한다면 술을 끊는 것을 고려해보겠습니다."

그렇게 절주에 성공할 수 있다고 호언장담을 하며 집으로 돌아갔건만, 김용갑 씨가 무너지는 데는 며칠이 걸리지 않았다. 노인 중독자가 술을 줄이겠다는 약속을 지키는 것은 본 일이 거의 없다. 젊은 사람들보다 더 허망하게 약속을 깬다. 며칠 만에 만신창이가 되도록 술을 마시고 가족들 손에 이끌려 다시 병원을 찾는 일이 비일비재하다.

그나마 노인들이 다시 병원을 찾을 때 아무런 탈 없이 무사하다면 다행이다. 넘어져서 얼굴이 멍투성이가 되거나 이가 부러지기도 하고 골절상을 입은 경우도 많다. 치매나 뇌졸중이 악화되어 면담이 어려울 정도인 상태로 내원하기도 한다.

"술을 줄여 마시는 것은 젊은 사람들에게도 어려운 일이지만, 나이 드신 분들에게는 더 쉽지 않습니다. 다시 한 번 생각해보십시오."

노인 환자들을 대한 경험이 많은 치료자일수록 더 간절하게 단주를 권유한다.

노인 알코올중독은
왜 위험한가요?

"요양원에서도 술을 드시려고 하니 더이상 관리하기가 힘듭니다. 여기 아니면 받아주는 곳도 없습니다."

노인 인구의 증가와 함께 노인 중독자의 수도 기하급수적으로 늘고 있다. 정신과 병동에서 노인 알코올사용장애 환자를 만나는 일은 어렵지 않다. 오히려 너무 많은 노인들이 술 때문에 여생을 몇 개월씩 입원과 퇴원을 반복하며 지내는 모습을 보면 의아할 정도다. 알코올 병동의 1/3 정도는 노인 환자다. 40~50대 중독자가 가장 많지만, 30대 중독자보다는 오히려 60대 이상의 노인 환자가 더 많다.

"아내도 죽고 친구도 죽고 나도 언젠가 죽겠지요. 술을 안 마시면 무엇으로 마음을 달랜단 말입니까!"

노인들은 상실의 고통과 외로움 때문에 술을 마신다. 이혼이나 사별로 혼자 사는 노인이 그렇지 않은 노인에 비해 훨씬 술을 많이 마시고 더 흔하게 중독자가 된다. 나이를 먹고 곁에 있던 사람들을 하나씩 잃어가는 것은 누구에게나 슬픈 일이다. 시들어가고 느려지고 손상되어가는 자신의 몸과 정신을 생각하면 울적하다. 술 한잔 하면 기운이 나고 시름을 잊을 수 있다. 잠시나마 젊을 때의 기분을 느낄 수도 있다.

그러나 결국 중독이 되었을 때 노인을 가장 외롭게 만드는 것 역시 술이다. 오랜 세월 술을 마셔왔고 그로 인해 가족에게 무책임하고 공격적인 모습만 보여주었다. 이제 지칠 대로 지친 가족들은 더 이상 그를 연민하지도 않는다. 아버지는 피하고 싶은 존재고 원망스러운 대상일 뿐이다.

노인 중독자 또한 가족의 시선에 피해의식을 느끼고 위축된다. 현실을 탓하며 술에 취해 주사도 부려보지만 또 가족은 그만큼 멀어진다. 자존감은 점점 낮아지고 술과 현실 앞에 무력해진다. 그렇게 노인은 또 세상에서 소외되고 상실과 외로움의 고통은 더 커진다. 그러면 또 술을 마신다. 술이 노인을 가장 우울하고 불행하게 만드는 것이다.

이와 같은 악순환은 노인이 죽는 날까지 술의 구렁텅이에서 벗어나지 못하는 이유가 된다. 노인 중독자의 자존감은 매우 낮은 상태여서 피해의식을 느끼고 고집이 세며 방어적이다. 그를 변화시키기란 어지간해서는 쉽지 않다. 조금이라도 가족과 함께 노력할 수 있을 때, 심리적 자원이 남아 있을 때 단주를 시작해야 한다.

"그래도 나이를 먹고 술을 많이 줄인 편입니다."

나이를 먹으면 중독자라고 할지라도 술을 마시는 양과 횟수가 줄어드는 경우가 많다. 그 모습을 본 가족들은 중독이 호전되었다고 착각한다. 그러나 신체가 술을 견디기 버거워하기 때문에 술이 줄었을 뿐이다. 이때는 오히려 적은 양의 술로도 치명적으로 건강이 나빠지거나 심각한 중독 증상을 보일 수 있다. 술에 취약해진 것이다.

노인은 체중이 감소하고 나이를 먹을수록 체내 수분도 점점 줄어든다. 유아기 때는 수분이 체중의 약 70%, 성인은 60% 정도 되지만, 노인의 경우 55% 정도밖에 되지 않는다. 또 신진대사가 저하되어 술을 분해해 몸 밖으로 내보내기도 힘들어진다. 술을 마시면 몸에서 희석도 잘되지 않고 분해나 배출도 되지 않으니, 술을 적게 마신다 한들 젊은 사람들보다 술이 더 해로울 수밖에 없다. 젊은 시절보다는 적게 마시겠지만 상대적으로는 오히려 더 많은 술을 마시는 셈이다.

"저희 아버지는 술을 마시고 넘어지시는 바람에 고생만 하시다 돌아가셨습니다."

가장 흔하고 두려운 신체적 문제 중 하나는 골절이다. 노인의 경우 술에 쉽게 취하고 이 때문에 균형감각을 유지하기 힘들다. 전혀 예상치 못한 상황에서 뜻하지 않게 넘어지거나 주저앉는 일이 비일비재하다. 중독자들 중에는 골다공증이 많기 때문에 특히 위험하다. 약해진 뼈가 부러져 골절이 되는 것이다. 노인 골절은 욕창이나 폐렴, 혈전에 의한 색전증, 지병의 악화 등 여러 합병증을 초래하기 때문에 사망의 원인이 될 수도 있다.

또 뇌출혈 같은 치명적인 외상으로 인해 유명을 달리하거나 인지 기능장해가 생기기도 한다. 뇌출혈을 반복하며 생사의 위기를 수차례나 넘긴 이후에도 또 술을 마시며 아슬아슬한 하루하루를 보내 자녀들이 골머리를 앓는 경우도 종종 보게 된다.

오랜 음주로 인해 당뇨병과 고혈압이 악화되었는데도 술을 끊지 못하면 뇌졸중으로 신체가 마비되거나 사망하기도 한다. 병원에 입원해 있는 동안 혈당이나 혈압 수치에 그토록 신경을 쓰던 노인이 퇴원한 후에는 아무렇게나 술을 마시고 건강을 방치하다가 돌이킬 수 없는 결과를 초래하는 모습을 보면 씁쓸하다. 그의 본심은 아마도 병을 잘 관리해 건강을 유지하고 싶은 쪽이었을 것이다.

간질환, 심장질환, 위염, 췌장염 같은 술과 밀접한 모든 건강 문제가 노인에게는 치명적이다. 오랜 세월 이어온 음주로 인해 몸은 간신히 술을 버텨내고 있을 뿐이다. 젊은 사람들처럼 충분히 술을 견뎌 몸을 회복하고 항상성을 유지하는 것은 불가능하다. 한계선을 넘게 되면 어느 순간 술은 더이상 술이 아닌 치명적인 독으로 작용한다.

알코올성 치매에
걸릴 수 있다

"건강도 건강이지만 가장 걱정이 되는 것은 치매에 걸리는 것이야."

많은 노인들이 최악의 질환으로 치매를 꼽고 두려워한다. 노인 중독자는 치매에 가장 걸리기 쉽다. 보통 성인은 뇌세포를 1조 개가지고 있고 20세 이후에는 하루 5~10만 개가 자연사한다. 어떤 이유에서인지 세포가 파괴되는 속도가 빨라지면 뇌기능이 저하되고 치매에 걸린다.

술은 세포의 파괴를 촉진하는 데 결정적인 역할을 한다. 술 자체가 뇌신경에 독성 효과가 있고 뇌의 영양실조를 초래한다. 뇌세포 간의 신호전달시스템을 교란시켜 엉망으로 만들어버린다. 결국 뇌의 기억중추인 해마를 비롯해 뇌 전체가 쪼그라들어 알코올성 치매에 이르게 된다.

필름이 끊기는 일이 잦아지나 싶더니 점차 며칠 전에 있었던 일도 기억이 도통 나지 않는다. 나중에는 하루 전 일이나 그날 아침에 있었던 일에 대해 물어도 대답을 하지 못하게 된다. 또한 일반적인 노인치매는 기억력장애나 언어장애부터 두드러지는데 반해, 알코올성 치매는 감정과 충동을 조절하는 능력에도 심각한 문제가 초래된다. 화를 잘 내고 폭력적인 성향을 보인다. 기억 중추와 함께 사람의 성격, 감정, 행동을 조절하는 전두엽이 특히 술로 인해 쉽게 손상받는 부위이기 때문이다.

불행 중 다행인 것은 알코올성 치매의 경우 원인 물질이 분명하다는 점이다. 바꿔 말하면 늦기 전에 치료를 받고 술만 끊으면 치매가 진행하는 것을 막을 수 있다. 그러나 이미 파괴된 뇌세포가 회복되기란 결코 쉽지 않다. 따라서 치료를 받고 단주를 하는 시기가 빠르면 빠를수록 좋다. 치매의 문턱에서 단주를 선택하고 성공함으로써 두려워했던 절망적인 노후가 아닌 자신감이 넘치고 건강한 노후를 되찾는 노인들도 적지 않다.

노인 알코올중독에서
벗어나는 방법

심리학자 에릭슨Erik Erikson은 인간이 평생에 걸쳐 사회
심리적 발달을 이루어나간다고 했다. 특히 노년기는 자아통합을 이
루어야 하는 시기이며 이것이 잘되지 않으면 절망감에 휩싸인다고
했다. 이제까지 살아온 과정을 돌아보며 성취한 것과 상실한 것을
점검하고 그 속에서 인생의 가치와 보람을 발견하는 것이 노년기의
자아통합이다.

그러나 우리는 노인도 발달하고 변화할 수 있다는 점을 간과한
다. 노인은 후퇴하고 쇠퇴하기만 할 뿐 무엇인가를 배우고 성숙하
고 회복하는 것과는 거리가 멀다는 편견을 가지기 쉽다. 그러나 살
아갈 날이 한정되어 있다는 것을 느끼고, 오히려 젊은 날에는 하지
못했던 변화에 힘을 내어 전혀 다른 모습으로 탈바꿈하는 노인도
적지 않다.

"이대로 중독자인 채로 죽을 수는 없지 않습니까? 자녀와 손자들
에게 제 마지막 모습이 술에 중독된 모습이 된다면 견딜 수가 없을
것 같습니다. 이제 인생을 정리해야 할 나이입니다. 지금이라도 새
로운 노후의 삶을 시작하고 싶습니다."

노인 역시 회복에 대한 동기motivation를 되찾으면 엄청난 잠재능
력을 발휘할 수 있다. 가장 큰 실수는 노인을 보호한다는 명목으로
소외시키거나 격리하는 것이다. 노인은 쇠약하다는 전제하에 소일

거리도 주지 않고 집에서 가만히 휴식만 취하기를 권하거나 술로 인해 신체건강이 피폐해져도 내과나 요양원만 찾는 경우도 많다.

"나이도 많으신데 새삼스럽게 무슨 치료야. 저 나이에는 본인이 알아서 하시는 거지."

노인이 겪는 가장 큰 어려움은 외로움이다. 사람들과 접촉하고 지지와 격려를 주고받을 때 외로움과 소외감을 이겨낼 수 있다. 노인이기 때문에 치료와 재활에 더 적극적으로 참여해야 한다. 치료에서 배제하는 것은 노인을 소외받는 존재로 영원히 남겨두는 것과 같다.

노인을 대할 때는 존중하는 태도가 중요하다. 노인이 화를 내거나 고집을 부리는 것은 수치심을 느끼며 자존감이 낮아졌다는 의미다. 노인이 화를 낸다고 해도 회피하거나 설득을 포기하지 말아야 한다. 노인의 경험을 존경하는 태도로 지금 필요한 것을 직설적으로 조언하는 것이 좋다. 은유적이거나 우회적인 설명은 노인이 이해하기도 힘들고 오히려 피해의식을 자극할 수 있기 때문이다. 노인이 겪어온 경험담을 경청하고 조언에 진심을 더하면 당장은 분노를 표출하더라도 의외로 조언에 따라주는 경우가 많다. 노인들은 원칙이나 규칙을 중시하고 정에 목말라 있기 때문에, 주변 사람의 조언을 정으로 받아들이면 이에 호응하게 된다. 또한 이야기를 경청해주고 존중해주면 자존감이 회복되는 효과도 기대할 수 있다. 작은 변화에도 격려하고 힘을 북돋는 것이 중요하다.

또한 노인이 건강 문제나 치매에 관심을 쏟는다면 이를 존중하고 적절한 정보를 제공할 필요가 있다. 젊은 사람들의 경우 술 문제를 부인하고 회피하기 위해 건강 문제에 치중하기도 한다. 건강 문제만 해결되면 또 술을 마시려는 것이다. 그러나 노인의 경우 주된 관심사에 적극적으로 호응해주면서 치료 동맹rapport를 공고히 하는 가운데, 치료 목표와 동기를 확장해나가야 한다.

노인은 뇌와 신체의 건강에 대해서 이야기를 듣고 싶은데, 자꾸만 술을 끊으라고 강요만 하면 노인은 마음을 닫아버린다. 신체와 정신의 건강을 걱정하는 마음을 치료 동기로 승화하도록 응원하고 긍정적인 마음, 건강한 노년의 일상과 대인관계, 가족과의 우호적인 관계, 상실에 대처하는 자아능력의 회복, 중독에 대처하는 실천적인 계획을 수립하는 식으로 치료 계획과 목표를 더해나갈 수 있다.

가족과 사회의 지지체계를 점검하는 것도 중요하다. 노인이라고 해서 자조모임 참여에서 배제하거나 외래 치료를 가족이 대신해서 약만 타다주는 것은 옳지 않다. 노인의 자율성과 능력을 존중하는 가운데 치료 참여를 독려하고 어려운 점을 조금씩만 보완해주려는 태도가 필요하다. 의식주와 부양 환경에 대해 상의하고, 교통편의를 돕거나 적절한 재활프로그램을 선택하도록 하고, 건강 검진을 실시하는 등 노인이 실제로 관심을 가질 만한 적절한 도움을 주면 된다. 나이를 많이 먹었다는 것이 치료에 조금 불편함을 줄지언정 치료를 피하는 이유가 되어서는 안 된다. 노인이기 때문에 더 적극적으로 전력을 다해 치료를 받아야 한다.

노인을 주위에 의존하도록 만드는 순간 치료는 수동적이 되어버린다. 건강하고 자발적인 의지를 가지도록 하는 것이 치료를 위해서도 더 효과적이다.

노인은 젊은이들이 가지지 못한 많은 경험과 깊은 지혜를 가지고 있다. 술을 끊고 그 경험과 지혜를 발휘하며 자신의 의미와 자아를 잃지 않고 노후를 보낼 수 있도록 돕고 노력해야 한다. 노인 역시 행복하고 인간다운 삶을 누릴 권리가 있다.

중독의 대물림,
이제는 끝내야 한다

중독자의 자녀들이 또다시 중독자가 되는 일은 매우 흔하다. 부모 중 한 사람이 알코올중독자일 경우 아들이 이를 물려받아 중독자가 될 확률은 보통 사람의 4배에 이른다.

창밖에는 하염없이 눈이 내리고 있었다. 오늘도 실랑이를 벌이던 아버지와 어머니는 급기야 몸싸움을 해댔다. 아버지는 어머니를 밀쳐버렸다. 어머니는 쓰러진 채 아버지를 노려보았다. "나 죽네! 나 죽네!" 한풀이를 하듯이 소리치며 흐느꼈다. 술 냄새를 풍기며 아버지는 더욱 목소리를 높였다.

"내가 나가서 죽어버리면 되겠지? 마누라라고 하나 있는 것이 이렇게 표독스러우니 내가 술을 끊을 수가 있나!"

아버지의 불그스레한 눈은 증오로 가득 차 있었다. 초등학생인 아들은 거실 구석에서 겁에 질린 채 이 모든 광경을 지켜보고 있었다. 아버지는 대문을 부수기라도 할 듯이 발로 걷어차버리고 길을 나섰다. 씩씩거리는 아버지의 거친 숨소리와 뽀득뽀득 눈 밟는 소리만이 늦은 밤 찬 공기 속에서 고요를 갈랐다.

아들은 술에 취한 아버지가 사고라도 당할까 정말 죽어버리기라도 할까 두려워 뒤를 따르고 있었다. 아버지는 무심결에 아들이 자신의 뒤를 따라오는 것을 느꼈다.

"들어가!"

뒤도 돌아보지 않고 퉁명스럽게 쏘았다. 쫓아오다 말겠지. 일단 술 한잔 하고 화를 푸는 것이 더 급했다. 이윽고 아버지의 발걸음이 자주 가는 포장마차에 이르렀다.

"소주나 한잔 주쇼."

아버지는 안주도 제대로 시키지 않고 황급히 술을 받아들어 잔에 따르고는 벌컥벌컥 마셔버렸다. 몇 잔을 그렇게 마시니 분이 조금은 풀리는 것 같았다. 그제야 자신을 쫓아오던 아들이 생각났다. 포장마차 천막을 걷고 살짝 밖을 바라보았다. 어둠 속에 흰 눈이 온 세상을 덮고 있었다. 오로지 자신의 발자국만이 눈길에 흔적을 남기고 있었다.

'따라오다 갔나보군.'

돌아서려다 혹시나 싶어 다시 밖을 내다보았다. 이 추운 날 아들이 무사히 돌아갔는지 조금은 걱정이 되어서였다. 저 멀리까지 바라보아도 역시 발자국은 자신의 것뿐이었다. 그때였다.

"콜록!"

기침 소리에 놀라 고개를 돌려 옆을 보니 아들이 있었다. 포장마차 문 뒤에서 바들바들 떨며 서 있었던 것이다.

"이 녀석이 제정신이야? 어디까지 따라온 거야!"

화를 내며 아들을 다그쳤다. 그런데 '왜 발자국이 하나밖에 없었지?' 하는 생각이 문득 떠올랐다. 그랬다. 자신이 걸어온 길을 아들이 그대로 따라오면서 자신의 발자국 위를 걸은 탓에 발자국은 하나밖에 없었던 것이다. 아들이 자신의 발자국을 그대로 밟고 술집까지 따라온 것이었다.

'아! 아들이 정말 내가 살아온 삶을 그대로 따라오고 있었구나! 내가 아들에게 보여주지 말아야 할 것을 너무 많이 보여주었구나! 결국 술집까지 이렇게 이끌었구나!'

아버지는 아들을 껴안고 흐느꼈다. 자신의 문제가 대물림되고 있었다. 이제는 정말 술을 끊어야겠다고 결심하며 하염없이 눈물을 흘렸다.

알코올중독도
유전이 되나요?

중독자의 아들 또한 중독자가 되는 일은 매우 흔하다.

"그 아버지에 그 아들이라니까요! 술 마시고 하는 행동까지 똑같아요."

중독자 아내의 한스러운 푸념도 자주 듣는다. 부모 중 한 사람이 알코올중독자면 아들이 이를 물려받아 중독자가 될 확률은 보통 사람의 4배에 이른다.

가족 알코올중독familial alcoholism이라는 표현이 있다. 중독자 중 절반 이상이 가족 내에 또 다른 알코올중독자를 가지고 있다. 조금 더 자세히 알아봤더니 이들 중 무려 90% 이상은 친척 중 2~3명 이상이 알코올중독자였다.

중독이 유전되는 것은 확실하다. 거기에 더해서 유전성 중독은 일반 중독보다 더 심각하다. 가족력이 있는 중독자는 20대 전후의 어린 나이에 발병할 가능성이 많고, 훨씬 심각한 임상 양상을 보인다. 치료와 회복도 잘되지 않는다. 부모의 중독을 대물림해서 자신도 중독자가 되었을 때 마주하는 현실은 암담하다. 중독자의 아들에게는 예방만이 최선의 선택이다.

"어떻게 아버지의 술버릇을 그토록 미워하던 아들이 자신도 중독자가 될 수 있나요?"

사실 중독자의 아들에게 아버지는 피하고 싶은 존재이자 증오의 대상이다. 자신은 절대 아버지처럼 살지 않겠다며 대들기도 한다. 그런데도 그들은 가장 닮고 싶지 않았던 아버지를 닮아간다.

첫 번째 이유는 그들이 아버지에게 알코올중독에 잘 걸리는 유전자를 물려받았기 때문이다. 중독과 관련된 유전자 몇 가지가 밝혀진 바 있다. 알코올 분해효소의 특정 유전자, 그리고 뇌의 신경전달

물질인 도파민 수용체receptor의 특정 유전자가 그것이다. 이 유전자들은 우리가 술을 얼마나 즐길 수 있고, 술이 우리에게 어떤 영향을 주는가를 좌우한다.

한국인의 1/4 정도는 중독이 잘되지 않는 유전자를 가지고 있다. 이들은 술을 조금만 마셔도 머리가 아프고 속이 매스껍고 가슴이 두근거리거나 졸음이 온다. 다음 날까지도 숙취 때문에 아무것도 할 수 없다. 이들은 누가 술을 권해도 고생했던 기억만 떠오르기 때문에 사양한다. 혼자 술을 먹거나 폭음을 즐기는 일은 더욱 있을 수 없다. 당연히 중독자가 될 리도 없다.

반면에 중독에 잘 걸리는 유전자를 타고난 사람들도 있다. 술을 많이 마셔도 얼굴색 하나 변하지 않는 사람이나 술을 조금만 마셔도 기분이 쉽게 좋아지는 사람은 알코올중독 유전자를 보유하고 있을 가능성이 높다. 다시 말해 술을 잘 마시고 술에 취하면 기분이 좋아지는 사람일수록 유전적으로 중독자가 될 가능성이 높다. 만약 그들의 아버지나 삼촌이 중독자라면 그들은 의심할 것도 없이 중독 유전자를 가지고 있다. 이런 사람들은 술을 조심하지 않으면 어느새 중독자가 되어버린다. 술을 잘 마시는 주당일수록 술을 조심해야 한다.

두 번째는 심리적인 이유 때문이다. 중독자 아버지가 자주 과음을 하고 주사를 부리는 모습을 보고 자란 자녀들은 무엇을 느끼고 어떻게 변하게 될까? 그들에게 아버지는 공포와 미움의 대상이다. 더 나아가 가정의 따스함을 느낄 수도 없다. 가정은 안식처가 아니라 벗어나고 싶은 괴로운 현실일 뿐이다. 자녀의 마음은 분노, 우울감, 죄책감, 무력감 같은 부정적인 정서가 차지한다.

'아버지가 없어져버렸으면 좋겠어.'

'나 때문에 아버지가 저렇게 술을 드시는 것일지도 몰라.'

'내가 아무리 노력해도 바뀌는 것은 아무것도 없어.'

이런 아이들은 자존감이 낮고 건전한 사회관계를 맺기도 어렵다. 마음의 빈자리를 채우기 위해 쉽게 게임중독에 빠지고, 나쁜 친구들과 어울려 어린 나이에 음주나 흡연을 시작하기도 한다.

이 아이들이 술을 마시는 이유 중 하나는 다름이 아니라 아버지가 무섭고 밉기 때문이다. 그들은 약자여서 아버지를 바꿀 수는 없다. 그렇다고 공포와 분노, 죄책감을 가지고 살아가기에는 너무 괴롭다.

이런 마음을 가지고 있을 때 우리의 무의식적인 방어기제는 차라리 아버지처럼 되어버리는 것을 선택한다. 이를 공격자와의 동일시identification with aggressor라고 한다. 아버지처럼 됨으로써 아버지에게 고통받는 번민에서 벗어나려고 하는 것이다. 아버지처럼 술을 마시고 자신보다 약한 상대를 찾아 분풀이를 한다. 때로는 약자에게 폭력을 행사한다. 유전자가 발동하면 중독자의 자녀 역시 중독자가 되고, 자신의 아이들에게 아버지에게 당한 것과 똑같이 상처를 준다.

"우리 아이들은 정말 착하고 순하기만 한데 설마 아버지처럼 될까요?"

반면 중독자의 자녀가 아주 착하고 바른 것처럼 보이는 경우도 있다. 심지어 술 마시는 아버지의 갖은 심부름을 다하고 수발까지 든다. 그들의 이런 행동은 자신이 무언가를 잘못해서 아버지가 술을 마신다는 죄책감이나 자신이 아버지를 보살펴야 한다는 책임감이 부적절하게 마음속에 자리 잡았기 때문이다.

이 아이들은 성장해도 자신의 행복을 위해 살아갈 수 없다. 특히 자신의 가정을 꾸릴 때 여러 문제가 발생한다. 심한 경우에는 아버지를 제대로 돌보지 못했다는 무의식적인 죄책감 때문에 자신도 모르게 중독자 성향이 있는 배우자와 결혼을 하는 반복강박repetition compulsion에 사로잡히기도 한다.

'괴로울 때는 술이야!'

또한 자녀들은 아버지의 음주 패턴을 학습한다. 누구나 인생을 살다 보면 시련이 있기 마련이다. 아버지의 술버릇이 너무 싫었지만 자녀들이 힘든 순간에 할 수 있는 대처는 아버지에게 보고 배운 음주뿐이다.

시련의 순간 중독자의 아들이 술에 의존하며 자학하는 것은 무척 익숙하고 당연한 일이다. 그들은 중독자 부모를 통해 그런 방식의 삶을 배웠다. 그리고 세상의 모든 어른들이 고난이 닥친 순간에 그렇게 대처하는 줄로 착각하고 자라왔다. 중독은 마녀의 저주와 같다. 마녀의 저주에서 벗어나지 못하는 것은 아버지뿐만이 아니다. 다음 차례는 그들의 자녀다.

중독의 대물림을 끊으려면
어떻게 해야 하나요?

중독의 대물림을 끊는 거의 유일한 방법은 현재 중독자인 아버지가 회복하는 것이다. 자녀는 중독자인 아버지와 자신을 동일시하는 대신에 회복자인 아버지를 존경하고 따르게 된다. 중독자의 자녀들은 '중독의 세상'만이 익숙하다. 힘들 때는 술을 마시고 주정을 해야 하며 자신이 당한 것만큼 또 다른 누군가를 괴롭혀야 자신만 피해자로 남지 않는다고 생각한다.

'회복의 세상'을 만나면 아버지의 말과 행동으로 나타난 긍정적인 변화 하나하나는 아이에게도 생각과 행동으로 학습된다. 살다 보면 시련도 있겠지만 아버지가 몸소 보여주었듯이 술이 아닌 방법으로도 얼마든지 극복할 수 있다는 자신감이 생긴다.

"아버지가 술주정을 할 때는 피하고만 싶었는데, 아버지가 술을 끊으니 아버지의 마음을 알 것 같아요."

아이들이 나중에 누군가에게 자신의 마음을 설명하고 공감하려 할 때면 술을 마시는 대신, 회복자가 된 아버지처럼 상황을 자세히 설명하고 이해를 구하려 할 것이다. 또한 중독자 아버지와 사는 것보다 회복자 아버지와 살 때가 훨씬 행복하다고 느낀다.

'술은 정말 행복에 아무런 도움을 주지 않는구나. 행복을 파괴하는 결정적인 실수구나.'

아이들은 시련의 순간이 와도 술이 아닌 '어떻게 극복하지? 뭔가 방법이 있을 거야!'라는 정상적인 생각을 먼저 떠올릴 수 있게 된다. 중독자가 회복자가 된 이후에 아이들에게 올바른 정보를 제공하는 것이 중요하다. 아버지가 한때 중독자였다는 사실을 숨길 필요도 없다. 아버지가 중독자였던 시절에는 부정적인 메시지를 자녀들에게 주었을 것이다.

"아버지는 스트레스를 받아 술을 마시는 것뿐이야. 화나는 일만 없으면 술을 마실 이유도 없어. 그러니까 너희들도 아버지 말 잘 듣고 속을 썩이지 마!"

그러면 자녀들은 무엇이 옳고 그른지 현실을 판단할 수 있는 능력을 잃게 된다. 불안감과 죄책감도 가지게 된다. 회복의 과정을 통해서 술 문제를 이겨낼 수 있다는 것을 모른다면 무력감에 빠진다. 반대로 자녀에게 아버지가 한때 중독자였던 사실을 털어놓고, 또 아버지는 이렇게 술 문제를 극복했노라 이야기해주면 오히려 그것은 자녀에게 평생의 자산이 된다. 한 중독자가 아들에게 쓴 편지를 소개한다.

아들아! 너에게 하고 싶은 고백이 있다. 아버지는 알코올중독자였다. 중독은 뇌에 생기는 병인데 술을 조절할 수 없게 된단다. 나중에는 영혼까지 좀먹는다. 그래서 아버지가 거짓말을 했다. 아버지가 너희에게 술에 취해 했던 말은 다 헛소리였다. 스트레스를 받아서 혹은 너희 엄마 때문에 술을 마신다고 했던 것은 모두 핑계였다. 아버지가 병이 들어 술을 꼭 마셔야겠는데 할 말이 없으니까 괜히 그런 말을 했단다.

아들아! 아버지는 중독자였다. 아버지는 이제 술을 완전히 끊기로 결심했단다. 가족을 사랑하기 때문에, 그리고 나 자신을 사랑하기 때문에…. 술을 끊지 않으면 모든 것을 잃게 된다는 것을 이제야 깨달았단다. 술을 끊는 것 말고는 다른 어떤 방법도 없다는 것을 이제는 알았단다.

아들아! 내가 가장 두려운 것은 네가 아버지인 나를 닮는 것이다! 중독이라는 이 몹쓸 병은 유전성이 강하다. 너도 술을 많이 마시면 아버지처럼 중독자가 될 수 있다. 그것이 우리 집안의 운명이라면 받아들이자.

아들아! 나는 진심으로 네가 술을 마시지 않았으면 좋겠다. 하지만 그것을 강요하지는 않으려고 한다. 다만 네가 이런 사실을 이해해주었으면 좋겠다. 술을 마시더라도 조심 또 조심하고 스스로를 잘 살펴 보거라. 언제든지 아버지와 상의해도 좋다. 아버지는 네가 아버지처럼 술에 종속되는 세월 없이 평생을 자유롭고 당당하게 살기를 바란다.

아들아! 아버지는 이제 영원히 술을 끊으려고 한다. 아버지가 변해가는 모습을 지켜봐다오. 너희들이 자랑스러워하는 그런 아버지가 되고 싶다.

중독자의 가족은 당사자 이상으로 고통을 겪는다. 그렇다 보니 중독자와 상처를 주고받는 악순환을 반복하며 회복이 요원해지기도 한다. 중독과 공동의존에 대해 이해하면 좀더 성숙하게 대처할 수 있다. 치료를 거부하는 환자를 돕기 위해 가족도 회복의 방법을 공부해야 하고 다른 사람에게 도움을 받아야 한다. 가족이 먼저 위로받고 희망을 가져야 한다. 중독자의 가족이 먼저 안정과 성장을 이룬 후에 비로소 중독자 또한 도울 수 있다.

4부

알코올중독은
가족도 병들게 한다

술은 가족에게
어떤 영향을 미치나?

중독자의 가족은 칭찬받아야 한다. 가족이 희망을 가지지 못하면 중독자에게 희망을 이야기하기도 힘들다. 회복의 과정을 통해 하나씩 어려움을 극복할 수 있다는 즐거운 희망이 필요하다.

"남편이 귀가할 시간만 되면 가슴이 두근거려요. 오늘은 술을 얼마나 마셨을까? 나에게 또 무슨 주사를 부릴까?"

가족 중 누군가 알코올중독에 걸리면 정작 본인보다는 가족이 더 힘겨워하는 경우가 많다. 중독자는 술로 감정을 마비시키기라도 하지만, 가족은 중독의 고통을 생생하게 느낀다. 중독자의 가족은 그가 또 술을 마실까 봐 늘 불안하다. 그리고 그가 술에 취해 고래고래 소리를 지르거나 비틀거리며 현관을 들어서는 날이면 가슴이 철렁 내려앉고 좌절한다.

중독자가 저지른 괴로운 현실을 대신 짊어지는 것도 가족이다.

그런데도 쏟아지는 원망을 감내해야 하는 것 또한 가족의 몫이다. 중독자의 가족이 만성적인 스트레스로 인해 결국 심한 우울증을 앓게 되는 경우는 비일비재하다.

"차라리 그가 죽어버리거나 내가 죽어버렸으면 좋겠습니다."

절망은 깊고 잔혹하다.

중독자는 왜 그렇게
가족을 못살게 구나요?

혼자 고통을 짊어지는 중독자는 많지 않다. 중독자 대부분은 가족들을 원망하고 책임을 떠넘긴다. 이것은 중독의 속성이다. 왜 그들은 가족을 못 잡아먹어서 안달인 것일까?

중독자는 더이상 가족과 사랑을 주고받았던 책임감 있는 남편도 착한 아들도 아니다. 알코올에 중독되면 본래의 인격은 사라진다. 그들은 마치 벼랑 끝에 몰린 생쥐와 같다. 모든 삶이 엉망인데 결코 술을 끊을 수는 없다. 사람은 나약해질수록 예민하고 공격적이 된다. 술은 한 사람을 철저하게 나약하게 만든다. 그래서 조금만 건드려도 기를 쓰고 달려들어 물어뜯으려고 한다.

아무도 중독자를 건드리지 않고 잘해준다고 해도 중독자는 원망하길 멈추지 않는다. 중독자가 성공적으로 회복하기 전까지 그는 영원히 나약한 생쥐 상태다. 건드리지 않으면 자신을 따돌린다고,

잘해주려 하면 무시한다며 또 가족을 못살게 굴고 술을 마신다.

"아내가 잔소리만 하지 않는다면 술을 조금만 마실 수 있습니다. 가만히 놔두면 주사를 부릴 이유도 없습니다. 술에 취해 가만히 자려는 사람을 건드리는 것은 아내입니다."

"가족들이 내가 집에 돌아와도 인사도 제대로 하지 않고 말을 붙여도 말대꾸도 하지 않습니다. 우리 가족 중 나를 이해해주는 사람은 아무도 없습니다."

중독은 다른 사람에 대한 피해의식과 분노를 부른다. 그런 감정은 중독에 있어서 일종의 술안주와 같다. 마음이 평온해지면 술을 포기하게 될지도 모른다. 중독자는 스스로를 부정적인 감정으로 내몬다. 그리고 그 피해는 고스란히 가족이 짊어진다.

중독자는 왜 가족의 아픔을
헤아리지 않나요?

중독자는 자기중심적이다. 자신의 작은 상처에는 그토록 예민하면서도 가족들의 마음이 어떤지는 헤아리지 못한다.

"가족들도 힘이 들겠지요. 나만 아니면 우리 가족들이 속상할 다른 이유는 없습니다."라고 머리로는 말할 수 있을지도 모른다. 그러나 진심은 아니다. 중독자는 다른 사람의 마음을 돌볼 여유가 없다. 중독자의 마음속에서 진정 불쌍한 건 오로지 자신뿐이다.

가족은 중독자와 소통하는 데 번번이 실패할 수밖에 없다. 중독자는 다른 사람과 공감하지 못한다. 서로 동등하게 마음을 헤아릴 수 있어야 공감이 가능하다. 그러나 중독자는 술을 마시고 폭군이 되거나, 세상에게 버림받은 약자가 된다. 그런 상태로는 가족들이 아무리 노력해도 소통이 될 리가 없다.

중독자와 약속을 해봐야 거짓말에 당할 뿐이다. 중독자에게 가족이 속마음을 솔직히 털어놓으면 쓸데없는 잔소리를 해서 스트레스를 준다며 핀잔만 한다. 아무리 잘해줘도 그들은 기막히게 술 마실 핑계를 찾는다. 노력하면 할수록, 내버려두면 내버려둘수록 중독자는 술을 마신다.

술 마시고 하는 이야기가
진심일까?

"술에 취해 제게 퍼부은 모진 말이 진심이라는 거잖아요! 술에서 깨서 사과하면 뭐해요? 진심이 아닌데!"

중독자가 술에 취해 쏟은 원망을 가족은 진심이라고 오해하는 경우가 많다. 그러나 술에 취해 하는 이야기는 오히려 진심과 거리가 멀다. 조절되지 않은 감정, 특히 분노는 술이 만들어낸 감정이지 본래의 마음은 아니다.

술은 작은 섭섭함을 씻을 수 없는 원한으로 만든다. 정상적으로

256

느낄 수 있는 울적한 마음을 헤어날 수 없는 좌절로 만들어 자살을 떠올리게 하는 것이 바로 술이다. 술을 마시면 그다지 기쁘지 않은 일에도 지나치게 흥분하고 기분이 고양된다. 술은 감정을 춤추게 한다. 그러나 춤이 격해질수록 진심은 사라지고 현란한 몸짓만 남을 뿐이다.

본래 사람의 진심이란 동물의 원초적 감정이 아니다. 정상적인 사람의 무의식에도 온갖 충동과 분노가 가득할 수 있다. 우리는 그런 감정들을 잘 조절하고 적절한 방법으로 해소하며 건강한 진심을 만든다. 진심은 무분별한 감정이 아니다. 진심은 욕구를 잘 조절함으로써 형성된다.

가족에 대한 섭섭함과 미움은 누구나 있을 수 있다. 그러나 우리는 이해와 공감을 통해 가족에 대한 사랑을 나의 진심으로 만든다. 그러나 술은 감정의 처리와 성숙을 가로막는다. 술을 마시면 가장 원초적인 감정이 여과 없이 표출된다.

처음에는 자신의 말실수에 놀랐던 중독자도 계속 술에 의지하다 보면 술에 취해 충동적으로 내뱉은 말이 진심이라고 착각하게 된다. 술은 감정을 춤추게 하고 진심을 마비시킨다. 술을 마시고 하는 말은 결코 진심이 아니다. 술에 취한 중독자가 내뱉은 말에 상처받고 아파할 이유가 없다. 중독자의 진심은 그가 오랜 시간 단주에 성공해 진정으로 자존감을 회복했을 때 만날 수 있다.

중독자의 가족은
왜 우울증을 앓게 되나요?

'우리 남편은 평생 저 상태로 술을 마시면서 날 괴롭히겠지. 경제적으로도 어렵고 아이들도 삐뚤어지고…. 우리 집에는 아무런 희망이 없어!'

중독자의 가족들은 만성적인 불안감에 시달린다. 술 때문에 오늘은 또 가족 간에 어떤 상처를 주고받게 될지 두렵다. 마음을 쓰지 않으려고 노력도 하고 혹시나 하는 기대도 해본다. 그러나 중독자는 또다시 술을 마신다. 불안의 결과는 언제나 좌절이다.

결국 가족은 지쳐 탈진하고 만다. 누구나 힘든 일을 겪지 않고 살수는 없지만, 사람은 충분히 안심하고 즐거움을 느낄 때도 있어야 살 수 있다. 그래야 건강한 마음이 유지된다. 그러나 중독자 가족의 삶에는 긴장과 불안만이 존재한다. 점차 자포자기하게 되고 절망과 무력감에 익숙해진다. 자존감에 상처를 입고 수치심을 느끼는 것은 중독자만이 아니다. 가족들이 느끼는 죄책감 또한 큰 문제다.

"부모가 사랑을 충분히 주지 않았거나 교육을 잘못한 탓이지!"

"아내를 잘못 만난 게야. 가정이 평화로우면 술을 마실 이유가 있겠어?"

세상의 편견과 중독자의 원망은 가족을 더욱 힘겹게 한다. 그러나 세상의 시선만이 문제가 아니다. 가족 스스로가 부적절한 죄책감을 가지는 경우가 많다. 하지만 중독은 결코 가족의 책임이 아니다. 그래서 가족이 아무리 죄책감을 느껴도 상황은 바뀌지 않는다. 절망감의 종착역인 우울증에 이르는 결과만을 초래할 뿐이다.

가족이 먼저
위로받아야 한다!

　　　　회복을 위한 첫걸음은 지칠 대로 지친 가족이 먼저 위로 받는 것이다. 가족이 탈진한 상태로 중독자를 돕는 것은 불가능하다. 가족이 받아온 고통부터 치유해야 한다. 우선 쓸데없는 죄책감과 책임감에서 벗어나야 한다. 이는 자세히 살펴보면 전혀 근거 없는 감정일 뿐만 아니라, 회복에 아무런 도움도 되지 않는다.

　'그의 마음을 조금 더 이해해주었더라면 중독자가 되지는 않았을 거야. 나한테도 문제가 있는 것이 아닐까?'

　'저 사람도 나이를 먹으면 나아질 거야. 내가 아니면 누가 저 사람을 보살피겠어. 저 사람이 원하는 대로 다 해주자.'

　가족이 죄책감을 느낄수록 중독자에게 술 마실 이유만 더 제공하는 셈이다. 책임감이 지나치면 중독자에게 화를 내거나 지나치게 간섭하는 잘못된 시도를 하게 되어 분노와 다툼만 늘어난다.

　중독자는 결코 외부 환경 때문에 술을 마시지 않는다. 중독자가 술을 마시는 이유는 중독자의 내면에 있다. 중독자는 술에 의존한 결과 세상에 당당히 적응하며 맞설 수 없다. 그래서 끊임없이 스트레스를 생산해낸다. 건강한 사람들은 얼마든지 이겨낼 수 있는 스트레스도 중독자에게는 절망이 된다. 중독자가 말하는 스트레스는 사실 그들 자신에게서 출발한다.

가족이 노력해서 스트레스를 줄여주는 것은 의미도 없고 가능하지도 않다. 무인도에 떨어져도, 아니 어떤 지상 낙원에 데려다놓아도 중독자는 또 술을 마실 것이고 그럴듯한 이유를 델 것이다. 중독자가 가족을 원망하며 술을 마시는 것은 단지 그들이 중독자이기 때문이다. 중독자는 술의 희생자이지, 가족이 만든 희생자가 아니다.

가족 간의 의사소통에 어려움을 겪고 있더라도 아등바등 옥신각신할 이유가 없다. 술을 마시는 한 중독자는 가족의 마음을 이해하지 못하고 일방적인 주사와 마른 주정만을 반복할 것이다. 가족들이 어떤 말을 하든지 간에 중독자는 상처를 받는다.

가족은 중독자를 대하는 방법을 배워야 한다. 과거에 중독자와 나누었던 대화들이 왜곡되어 있었다는 것을 깨달아야 한다. 술에 취해 있는 중독자의 마음을 돌리지 못했다고 자책하지 말자. 술에 취해 있는 사람의 마음을 돌릴 수 있는 사람은 아무도 없다. 중독자와 의사소통의 어려움을 극복하는 방법을 터득하고 단주라는 첫 단추가 잘 끼워질 때 비로소 대화다운 대화와 가정의 건강한 기능이 회복될 것이다.

이서영 씨는 중독자의 아내다. 그녀는 남편 때문에 심한 불안 증세를 겪어 안정제와 수면제까지 먹었다. 그러나 알코올중독에 대해 공부하고 상담을 받은 이후에는 남편을 대하기가 한결 편해졌다.

"과거에는 남편이 귀가하는 시간만 걱정하며 하루를 보냈어요. 가슴이 두근거리고 심할 때는 숨이 안 쉬어져서 응급실에 간 적도 있어요. 하지만 이제는 제 삶을 즐겁고 성실하게 보내는 데 초점을 맞추기로 했어요. 저는 남편에게 치료를 권유하고 제가 해줄 수 있는 도움을 최선을 다해서 주고 있어요. 하지만 회복을 하지 않으면 우리 가정에 위기가 올 것이라는 경고도 주저하지 않아요. 남편을 사랑하지 않는 것이 아니라 냉정하게 사랑하기로 한 거예요. 이제 헛된 죄책감과 책임감을 느끼는 대신 올바르게 판단하고 적극적으로 행동할 거예요."

중독이라는 술독은 매우 넓고 광범위해서 중독자뿐만 아니라 온 가족이 그 속에 빠지게 된다. 가족은 술을 마시지 않는데도 중독자가 마신 술에게 지배당하는 삶을 산다.

이서영 씨가 그랬던 것처럼 가족이 먼저 술에서 자유로워져야 한다. 가족이 마신 술 때문에 괴로워하고 번민할 필요가 없다. 중독자의 가족이 먼저 술독 밖으로 벗어나야 술독에 빠져 있는 중독자도 구할 수 있다.

그동안 남편이 걸린 병에 대해 잘 알지 못해서 제대로 대처하지 못하고 고생만 했다면 상담을 받고 공부를 하면 된다. 회복을 위해서는 술이 야기한 현실을 통찰할 여유가 필요하다.

"남편은 아내 분 때문에 자신이 중독자가 되었다고 말하지만 사실 그 반대입니다. 남편 분이 중독에서 벗어날 수 있다는 희망을 아

직 쥐고 있는 것은 모두 아내 분 덕분입니다. 그동안 이 가정을 지
켜온 것은 아내 분이었습니다. 아내 분은 이 가정의 버팀목이고 희
망입니다."

가족이 빠지는
함정은 무엇인가?

우리의 목표는 가족 구성원이 서로 공감하고 위로하며 회복을 가능하게 하는 것이다. 중독은 가족 모두를 고통스럽게 한다. 가족이 함께 노력해야 그 고통에서 벗어날 수 있다.

"알코올중독은 가족 때문에 생기는 병이 아닙니다."

이는 명백한 사실이다. 가족은 중독자의 원성을 들을 이유도, 부적절하게 죄책감을 느낄 필요도 없다. 중독의 일차적인 책임은 어디까지나 중독자 본인에게 있다.

"중독은 가족병입니다."

그러나 이 또한 명백한 사실이다. 중독은 가족들까지 고통의 수렁에 빠지게 하고 가족의 생각과 행동에 영향을 준다. 문제는 중독이 주는 고통 때문에 생기는 감정적인 반응이 또다시 회복을 방해하는 악순환을 밟게 한다는 점이다.

공동의존이란
무엇인가요?

중독자와 가족이 모두 중독에 빠진다고 해서 '공동의존 codependence'이라는 말이 있다. 가족들이 중독자처럼 술에 의존한다는 뜻은 아니다. 그러나 중독자와 함께 술의 영향 아래서 부정적인 상호관계를 반복하다 보면, 가족 전체가 술 문제에서 벗어나지 못하고 술의 지배를 받게 된다. 서로 상처만 주고받을 뿐 중독자의 술 문제는 결국 더 악화된다. 함께 중독적인 성향을 극복하지 못하면 근본적인 해결을 기대할 수 없다.

공동의존의 문제를 찾아내 해결하는 것은 책임 소재를 다투며 시시비비하는 과정이 아니다. 중독자는 가족과 함께 삶을 살다 술에 빠진다. 외래든 입원이든 치료기간이 끝나면 또다시 가족의 품으로 돌아가 삶을 살아가야 한다. 결국 회복하는 과정의 대부분을 가족과 공유하게 된다.

가족은 중독의 원인도 아니고 책임이 있지도 않다. 다만 중독의 특성 자체가 가족의 소통과 관계를 와해시키고 서로 간의 감정을 피폐하게 만들어 회복을 어렵게 한다. 따라서 가족과 함께 중독을 악화시켜온 상호관계를 찾아내서 변화를 도모하는 과정 역시 회복을 위해 아주 중요하다.

공동의존에 빠진 것을 쉽게 알아차릴 수 있는
방법이 있을까요?

"당신은 중독자가 틀림없어!"

사랑하는 가족이 중독자가 되어버린 현실을 머리로는 이해하고 다그쳐도 보지만 설마설마하며 이를 진심으로는 받아들이지 못하는 경우가 많다. 가족이 중독자라는 것을 인정하는 것은 무척 두렵고 절망적인 일이다. 그러나 이것이 공동의존의 첫 함정이다.

가족은 알코올중독이 질병 중 하나라는 점을 이해해야 한다. 불치병이 아니기 때문에 적절한 치료와 회복의 과정을 밟으면 얼마든지 정상적인 삶으로 되돌아갈 수 있다. 큰 병에 걸렸을 때 절망하고 화내고 슬퍼하며 억울함을 토로한다고 회복이 되는 것은 아니다. 적절한 치료와 회복의 과정만이 희망을 준다.

"나는 남편이 술을 끊을 수 있도록 필사적으로 노력한 죄밖에 없어요!"

박명자 씨는 억울했다. 그녀는 중독자 남편이 술을 끊게 하기 위해 수단과 방법을 가리지 않고 노력했다. 남편 대신 돈을 벌고 아이들을 키운 것도 명자 씨였다. 그런데 의사는 아내도 함께 변화해야 한다고 이야기했다.

명자 씨의 그간의 노력이 정말 회복의 과정이었는지, 서로를 지치게 하고 분노에 차게 만든 것은 아니었는지 생각해봐야 한다. 가족 또한 의존의 덫에 빠져 있다는 것을 인정하는 것은 중독자가 자신이 알코올중독에 빠졌다는 것을 인정하는 것만큼 어렵다. 하지만 이는 가족을 사랑하고 최선을 다해 노력했는가와는 별개의 문제다.

공동의존 현상은 자연스러운 인간의 감정 때문에 생긴다. 중독자 대신 가정을 지키고, 경제적인 부분을 책임지고, 중독자를 보살피며 힘겹게 살아왔기 때문에 중독자를 보면 화가 나고 감정이 요동치는 것이다. 가족을 사랑하고 애착이 있고 최선을 다하려다 보니 마음이 괴로운 것이다. 중독에서 벗어나려고 몸부림치다 보니 의존의 덫에 더 깊이 빠져든 것이다. 중독은 늪이고 수렁이 아니던가?

중독자의 가족이 공동의존에서 벗어나려면 한 걸음 물러나 심호흡을 하는 마음으로 자신의 마음부터 헤아려보아야 한다. 대표적인 공동의존의 특징에 대해서 소개한다.

가족의 노력만으로 중독을 극복하려고 한다

가족의 노력만으로 술을 끊게 할 수 있다는 헛된 믿음에 사로잡혀 있는 경우다. 술을 끊겠다는 약속을 받기 위해 설득도 해보고 사정도 해보고 울어도 보고 화도 내본다. 술병을 빼앗고 연을 끊자며 협박도 해본다. 그래도 술을 마시니 돈을 주지 않거나 통금 시간을 정하고 단골 술집에 찾아가 술을 팔지 말라고 사정도 하고 별의별 수를 다 써본다.

가족이 필사적으로 노력한 결과 때로는 몇 주까지 술을 마시지 않을 수도 있다. 중독자도 인간이다. 가족에게 술을 끊겠다고 약속도 하고 각서도 쓴다. 그러나 중독자는 또 술을 마신다. 가족은 다른 방법을 쓰거나 어떤 계기가 있으면 술을 끊게 할 수 있을 것이라고 착각한다.

"나도 술을 끊고 싶어! 가족이 이렇게 대해주면 술을 끊겠어! 회사만 옮기면 술을 끊겠어!"

중독자의 평계에 가족들도 장단을 맞추어 협상하고 기대하고 또 절망한다. 중독자가 되면 중독성 사고체계에 빠진다. 합리적이지 않은 억지 주장이 중독자에게는 합리적이다. 그 목적은 술을 계속 마시는 것이다. 중독자의 왜곡된 생각은 설득이나 협박으로 회복되지 않는다. 단주와 회복의 과정을 통해서만 중독을 극복할 수 있으며 그 책임은 중독자 자신의 것이다.

지나친 죄책감과 책임감을 느낀다

보호자의 죄책감이나 책임감이 지나치면 오히려 중독자가 의존에서 벗어날 수 없게 방해한다. 중독자가 정당하게 느껴야 할 책임감마저 보호자가 대신해주는 결과를 초래하기 때문이다. 중독자가 술로 인해 벌인 모든 문제를 가족이 대신 책임져주는 것을 흔히 보게 된다.

'가족이 이렇게 노력하는 모습을 보여주면 중독자 역시 마음이 동요하지 않을까? 이번 일만 잘 처리해주면 술을 끊겠다고 결심할지도 몰라.'

이것은 매우 치명적인 선택이다. 술을 끊으려면 술로 인해 생기는 고통을 처절하게 경험해보아야 한다. 가족이 대신 변명을 해주고 모든 문제를 해결해주는 동안 중독자가 가져야 할 회복의 동기는 사라진다. 중독자가 술로 인해 벌인 문제들은 중독자가 책임감을 지고 극복할 수 있도록 해야 한다. 냉정한 사랑이 때로는 과한 사랑보다 더 도움이 되는 법이다.

"아내가 조금 더 도와줬더라면, 그때 그 문제를 대신 해결해주었더라면 이렇게까지 술을 마시지는 않았을텐데…."

중독자는 점차 억지를 부리며 술에 의존한다. 가족이 모든 것을 변화시켜줄 책임을 느낀다면 중독자는 자신의 책임을 끝까지 외면할 것이다. 환경이 중독을 만드는 것은 아니다. 설사 환경이 중독이 되는 데 일정 부분 기여했다고 해도 주변 환경을 바꾸는 데만 매진하는 것은 술을 끊는 좋은 방법이 아니다.

주변 사람들, 경제적인 여건, 업무 스트레스 같은 환경은 중독자가 마음대로 바꿀 수 있는 것이 아니다. 다른 사람의 행동과 주어진 환경을 바꾸는 것은 불가능하다. 한두 가지를 주변에서 해결해주어도, 중독자가 술을 마시는 이유가 되는 사람들과 환경은 수십, 수백만 가지는 널려 있다.

술을 마신 이후에 벌인 일을 다른 사람이 대신 수습해주면 술은 술대로 마시고 그 결과는 회피할 수 있어 계속 중독자로 남게 된다. 가족이 죄책감을 느끼고 환경을 대신 바꾸어줄 것이 아니라, 중독자가 그 환경에 적응하고 술 없이도 당당하게 대처할 수 있도

록 도와야 한다. 문제를 해결하는 것은 어디까지나 중독자 자신의
몫이다.

자존감이 저하된다

어쩌면 중독자만큼 가족의 자존감도 저하된다. 자존감이 저하된
가족은 현실을 인정할 수 없다. 수치심 때문에 현실을 받아들일 수
가 없는 것이다. 중독자와 마찬가지로 상황 탓, 남 탓을 하며 자신의
가족이 중독에 빠진 것을 받아들이지 못하고 부정한다.

분노와 적개심과 절망을 느끼고 감정 조절에 어려움을 겪는다.
오늘은 화를 내지 말고 참아야겠다고 다짐하지만 마음을 조절하는
일이 쉽지 않다. 그래서 자신의 감정과 욕구를 부정하거나 억압하
고 인내하려고만 노력한다.

'내 인생은 아무것도 제대로 되는 것이 없어.'

자신의 잘못이 아닌 문제에도 죄책감을 가지고 외로움과 소외감
을 느낀다. 안전부절못하며 의사결정을 내리는 데 어려움을 겪는다.
변화를 기대하지 못하고 희망을 외면하고 회피한다. 우울하고 불안
한 마음을 떨쳐버릴 수가 없다. 다른 사람들과 신뢰를 주고받고 친밀
하게 지내는 데 어려움을 겪고 눈치를 보며 위축될 때도 있다.

술을 끊으라는 강요만 한다

가족은 환자를 통제하고 조종하고 싶은 유혹을 느낀다. '어떻게
하면 술을 못 마시게 할까?'라는 생각에 집착하다 보면 결국 술을

끊으라는 강요만 되풀이하게 된다. 하지만 진정한 회복은 중독자가 자기 스스로 변화하려는 욕구를 느낄 때 시작된다.

"이 구제 불능아! 지금 어디야! 몇 시까지 들어올 거야? 또 술 마시려고 하지? 내가 다 지켜보고 있어!"

중독자는 술을 끊는 고통이 너무나 괴롭기 때문에 계속 술을 마신다. 중독자가 술을 끊는 순간은 술을 마시는 고통이 술을 끊는 고통보다 더 크게 느껴질 때다. 아무도 자신을 대신해서 단주를 선택해주지 않는다. 자신을 위해 변명해주고 자신을 구원해주는 사람도 없다. 스스로 술이 주는 고통을 느끼고 변화를 결심해야 한다.

공동의존을 겪고 있는
가족의 구체적인 양상은?

순교자형The Martyr

"내가 짊어지지 않는다면 남편과 아이들은 어떻게 되겠어요? 내 업보인 걸요."

"내가 조금만 더 참고 잘 대하면 남편도 언젠가 마음을 잡을 거예요."

가장 일반적이고 흔한 공동의존의 형태는 중독자의 음주가 자신의 탓인 것처럼 느끼는 것이다. 이는 잘못된 죄책감과 지나친 책임감에서 비롯된다. 화나고 실망하는 자신의 감정은 최대한 억압한 채 희생과 헌신으로 상황을 극복하려고 한다.

중독자가 벌이는 모든 문제를 대신 나서서 해결해주기도 한다. 그 노력만이 죄책감을 더는 방법이고 자존감을 지탱하는 방법이다. 본인에게는 다른 선택의 여지가 없고 이렇게 노력하며 견디다 보면 언젠가 보상받을 것이라는 희망을 가지고 있다. 그러나 정작 내면에는 공허함과 좌절감이 쌓여간다. 결국 술 문제를 병으로 인식하고 해결하는 것은 요원해진다. 보호자가 대신 책임을 져주기 때문에 중독자가 술 문제에 책임을 느끼는 것을 방해한다. 중독자의 책임까지 보호자가 자청해서 떠안게 되는 것이다. 중독자는 가족의 헌신이 부족해 자신이 중독에서 벗어나지 못한다면서 가족을 원망하고 술잔도 내려놓지 못한다.

중독자가 벌이는 모든 문제를 가족이 해결해주기 때문에 중독자는 문제를 해결하기 위해 스스로 노력할 수 없게 된다. 중독으로 인해 벌어진 일들에 대한 책임은 중독자가 지도록 해야 한다. 가족은 조력자일 뿐이다.

박해자형The Persecutor

"이렇게 술을 마실 바에야 차라리 나가서 죽어버렸으면 좋겠어!"

중독자에게 적개심을 반복적으로 표현하며 비난하는 유형이다. 물론 이런 가족도 한때는 중독자의 술 문제를 해결해보려고 노력했을 것이다. 그러나 실패와 실망과 좌절이 반복되는 동안 미움과 분노가 쌓이게 되었다.

중독자의 잘못된 행동에만 초점을 맞추고 모든 문제가 중독자의 책임이라고 비난한다. 그 결과 가족이 할 수 있는 노력을 외면하게 된다. 모든 것이 중독자의 잘못이라고 치부하며 마음의 안정을 기대하지만 아무것도 나아지지 않기 때문에 다시 좌절하고 분노하게 된다.

술은 중독자가 마시는 것이기 때문에 가족이 어찌할 수 없다. 가족은 할 수 있는 것과 할 수 없는 것을 구분해야 한다. 중독자를 비난해서 술을 못 마시게 할 수 있다는 기대를 버려야 한다. 가족 간에 의사소통을 회복하고 치료와 회복의 과정을 시작하고 유지할 수 있도록 돕는 것이 가족이 할 수 있는 일이다.

공모자형 The Co-conspirator

가족이 자신도 모르게 중독자가 술을 마시도록 돕는 것은 너무나 비상식적인 일이다. 그러나 공동의존의 상식에서는 얼마든지 가능하다. 가족이 중독자에게 술을 사다주거나, 술을 마시는 데 쓸 것을 뻔히 알면서도 용돈을 쥐어주기도 한다. 술을 마시도록 자극하기도 한다.

"술을 사다 줄 수밖에 없었어요. 내가 술을 사다 주지 않는다고 안 마실 사람도 아니고 조용히 넘어가려면 그 방법밖엔 없다고요."

중독자가 단주를 하면 마른 주정이라고 해서 오히려 짜증이 늘기도 한다. 차라리 술을 마시고 조용히 잠이나 잤으면 하는 마음이 들 때도 있다. 또한 중독자인 가족을 보살피는 헌신적인 가족이라는 자신의 왜곡된 자기정체성에 무의식적으로 애착을 가지게 되기도 한다. 가족의 관계와 상황이 변화하는 것을 두려워하기 때문에 약자이던 중독자가 술을 끊고 자신과 대등하게 되는 것을 꺼린다.

이런 문제를 지적하면 보호자는 강하게 부인하며 화를 내기도 한다. 그러나 술로 인해 왜곡된 가족의 심리 상태 역시 당당하게 인정할 때 극복할 수 있다. 또한 중독자가 회복하려면 단주만이 유일한 방법이라는 인식이 필요하다. 중독자가 회복하길 바라면서도 음주를 방치하는 일관성 없는 행동을 발견해내는 용기가 필요하다.

술친구형The Drinking Partner

"혼자서 폭음을 하지 말고 가족끼리 적당히 반주만 합시다!"

가족이 중독자와 함께 술을 마시는 모습도 종종 볼 수 있다. 대부분 함께 술을 마시는 것이 습관이 된 배우자인 경우가 많다. 중독자보다 조금 덜할 뿐 가족 또한 술에 의존하게 된 경우도 있다.

이들은 중독자의 음주 양상에 일상처럼 익숙해진 나머지 중독자가 섭섭한 감정을 느낄 법하면 술을 통해 위로하려고 한다. 술을 적당히 마시는 것은 심각하지 않는다고 믿는다. 이들의 사고방식과 삶의 양식은 중독자와 매우 유사하다. 함께 병을 이해하고 회복의 과정에 동참하지 않으면 어려운 상황을 이겨내기 힘들어진다.

냉담자형

"우리도 이 방법 저 방법 안 해본 것이 없습니다. 이 사람은 절대

바뀔 리가 없습니다."

"병원에서 알아서 치료해주십시오. 퇴원할 즈음 연락을 주시면 면회를 오도록 하겠습니다."

오랜 시간 음주 문제가 되풀이되고 실망하고 좌절하고 분노하길 되풀이하다 보면 가족들은 용기를 잃고 무력감에 빠진다. 괜한 기대를 걸었다가 또 상처를 받는 것은 너무나 괴롭다. 그래서 가족은 차라리 환자를 포기함으로써 마음이 조금이라도 평화로워지기를 택한다. 그러나 이 고요는 희망을 포기한 대가다.

회복하기 위해서는 중독자·치료자·가족·선험자의 치료 동맹이 중요하다. 그러나 이런 유형의 가족은 치료자가 희망을 강요하면 화를 내거나 회피한다. 더이상 고통과 아픔을 느끼고 싶지 않기 때문이다. 그러나 병이 악화되는 과정에서 좌절이 되풀이되는 것은 그동안의 노력이 잘못된 방법이었을 경우가 많다. 그 경험을 포기하지 않고 회복을 위해 사용할 때 회복을 기대할 수 있다.

주재현 씨는 단주를 유지한 지 6개월째에 접어들었다. 이전에 한 달을 넘기지 못하고 자주 재발했던 환자였다. 의사는 호기심이 일어 갑자기 술을 끊게 된 심경의 변화가 있었는지 물었다.

"아내의 변화 때문이었어요. 이전에는 제가 술에 취해 쓰러져 있으면 저를 찾아다니고 경찰에 신고도 하고 그랬어요. 아내는 제 건강에도 관심이 많아서 건강검진도 함께 받곤 했어요. 그런데 술을 끊으라고 하도 잔소리를 하니까 제가 아내를 엄청 미워해서 행패도 여러 번 부렸어요. 손찌검도 했고요. 그런데 어느 날부터 이 사람이 저한테 화를 안 내는 거예요. 술 마시고 사람을 때려서 경찰서에 갔는데, 예전에 이런 일이 있었을 때는 아내가 상대방 가족을 찾아가 울면서 애원해서 합의를 해줬거든요. 근데 이번에는 화도 안 내고 그저 저보고 알아서 하라는 거예요. 아차! 싶더라고요. 아내가 잔소리를 안 하는 게 그렇게 불안할 수 없었어요. '내가 길거리에 쓰러졌는데 찾으러 안 오면 어쩌지?' '이제 내가 술 먹고 사고를 쳐도 완전히 손을 떼겠다는 건가?' 하는 생각이 들었죠. 그제야 '그나마 걱정해주고 화를 내주는 사람이 한 명이라도 있으니 내가 지금까지 안 죽고 살아있는 거구나.' 싶더라고요! 가족이 저를 포기하기 전에 술을 끊어야겠다는 절박한 마음이 생겼어요."

재현 씨의 가족이 꼭 올바른 선택을 했다고는 할 수 없다. 재현 씨와 같은 상황에서도 원망만 하면서 술을 더 마시는 중독자도 있다. 그러나 틀림없이 가족의 태도는 중독자에게 중요한 영향을 주고 변화를 시작하고 유지하는 데 도움을 준다. 각각의 상황에 따라 전문가와 상담을 하며 침착하게 대응한다면 가족이 중독을 대신 책임져주지는 않더라도 좋은 조력자가 되어줄 수는 있다.

치료를 거부하는 중독자를
어떻게 도울 것인가?

우리가 극복해야 할 첫 번째 과제는 병에 대한 부정이라는 것을 잊지 말자.
모든 사람이 단호하고 일관되게 권유할 때 중독자의 마음이 흔들리기 시작
한다.

알코올중독은 참 얄궂은 병이다. 병은 병인데 본인은 치료를 원
하지 않는다. 많은 보호자들이 술을 줄여 마시라고 했다가 끊으라
고 했다가 달랬다가 싸웠다가 하며 오랜 시간을 환자와 함께 고통
을 받는다.

그러다가 마침내 최악의 상황에 이르면 병원에 문의를 하고 강제
입원 절차를 밟는다. 회복에 대한 기대로 치료를 시작하는 것이 아
니라 지칠 대로 지친 자포자기 상태에서 치료의 문을 두드린다.

"내 허락도 받지 않고 감히 입원을 시켰겠다! 퇴원만 하면 가만두
지 않겠어!"

그리고 몇 개월 뒤 환자가 퇴원을 하면 술 문제는 다시 반복되고 거기에 더해 강제로 입원시킨 것에 대한 원망만 듣게 된다.

치료를 거부하는데 강제 입원 말고
다른 방법이 있을까요?

"그렇다고 강제 입원 말고 또 무슨 방법이 있을까요?"

그러나 다른 병과 마찬가지로 알코올중독을 치료하려면 무엇보다도 환자 스스로 병을 이겨내려는 마음가짐이 가장 중요하다. 주변 사람들은 중독자를 다그치고 강요하기보다는 일관된 설득을 먼저 해야 한다.

완전한 단주와 치료만이 희망을 줄 것이라는 메시지를, 최대한 많은 지인이 이구동성으로 전달한다. 환자는 치료를 받는다는 것에 대해 불안감을 느끼고 있다. 술을 빼앗기고 심신을 구속당할지도 모른다고 생각하면 얼마나 무섭겠는가? 그 점을 이해하고 치료가 환자의 권리와 삶을 지켜주기 위한 것이라는 점을 이야기해주는 것이 좋다. 비난하는 말투 대신 존중하는 태도가 중요하다. 요즈음 중독을 연구하는 정신과 의사들의 화두 역시 '환자가 어떻게 치료 동기를 회복하도록 돕느냐?' 하는 데 있다.

사실 그동안 보호자 역시 중독의 굴레에 함께 빠져 있었는지도 모른다. 입원 치료를 결정하기 전에 보호자 또한 먼저 이 병에 대해 공부를 해야 한다. 관련 도서를 읽어보고 전문가를 만나보아야 한다.

강제 입원만을 권하는 병원이나 의원은 좋은 치료기관이 아니다. 알코올중독 역시 자의로 외래치료를 먼저 시작하는 것이 원칙에 부합한다. 입원 치료가 필요한 경우에도 자의 입원을 먼저 생각하는 것이 옳다. 이것이 환자의 자존감과 치료 동기를 유지하고 회복하는 데 더 유리하기 때문이다. 환자를 도저히 설득할 수 없을 때는 보호자라도 먼저 직접 정신과 전문의나 상담사를 만나 머리를 맞대고 환자를 도울 방법을 고민해보았으면 한다.

그러나 현실적으로 본인을 설득하는 모든 노력을 제대로 했는데도 도저히 더이상은 안 된다고 판단될 때, 자해나 타해의 우려가 있어 치료가 시급할 때는 강제입원(보호자 동의하에 입원)을 고려하게 된다. 이 역시 전문가의 도움을 받아 판단하는 것이 옳다. 이후 병원이나 의원, 알코올상담센터에 관련 절차를 문의한다.

강제로 입원을 했다고 해도 인내심을 가지고 환자를 설득했던 시간이 무용지물이 되는 것은 아니다. 환자는 회복 과정에서 보호자가 자신을 존중하고 조언을 해주었던 시간을 밑거름 삼아 회복에 힘을 낼 수 있게 된다.

또한 우리는 입원한 후가 더 중요하다는 사실을 유념해야 한다. 입원해 있는 환자가 분노할까 두려워 환자를 외면하는 것은 가장 어리석은 행동이다. 많은 보호자들이 치료가 완성될 무렵에나 대화가 되지 않을까 생각하고 정작 치료중에는 환자를 회피하는 경우가 많다.

"입원을 왜 시켰냐! 빨리 퇴원시켜 달라!"라고 환자가 성을 내면 괜히 싸움만 하게 될지도 모르니 걱정이 들만도 하다. 하지만 의사소통을 회피하거나 외면하는 것만큼 오해와 불신을 키우는 방법도 없다.

중독자가 입원해 있는 상황보다 안정적인 환경에서 소통할 수 있는 기회가 또 있을까? 입원중에는 치료자가 원활한 의사소통을 돕기 위해 직접적인 도움을 준다. 환자가 퇴원에 대해서만 이야기하려 든다면 대화의 주제를 회복의 과정을 함께하는 것으로 바꾸도록 노력해야 한다.

"이런저런 이유로 입원을 결정했다. 우리는 병원과 상의해서 네가 재활 과정을 밟을 수 있을 때로 퇴원시기를 결정할 것이다. 너를 벌주려거나 가두려는 의도가 결코 아니다. 술을 끊고 가족의 품으로 돌아오길 응원하고 지지한다. 우리는 가족이고 네 편이다."라고 이야기하고 변화에 대한 환자의 이야기를 경청하고 힘을 주어야 한다.

퇴원 이후에는 반드시 외래 치료와 재활 치료를 받도록 권유한다. 자조모임 참여도 중요하다. 입원 치료는 비행기가 이륙하기 위해 활주로를 달리는 과정이나 다름없다. 활주로에서는 비행기가 추락할 리 없다. 이륙 후 관제탑과 더 긴밀히 연락을 하며 여러 위험을 극복해나가야 한다. 우리의 목표는 입원이라는 제한된 환경에서 술을 피하는 것이 아니라, 술이 널려 있고 스트레스와 갈등이 많은 이 세상에서 단주를 하며 건강한 삶을 살아가는 것이다.

현실을 부정^{denial}하고 있다는 것을
알려주어야 한다

가족이 극복해야 하는 첫 번째 난관은 대부분, 중독자 당사자는 자신이 알코올중독이라는 사실을 인정하지 않는다는 점이다. 그에게 술 문제가 있다는 것을 먼저 발견하는 것은 대개 가족이나 친구, 직장 동료들이다. 주변 사람들이 걱정해서 충고를 할 때 중독성이 강한 사람일수록 역으로 현실을 강하게 부정할 것이라는 점을 잊지 말자.

"아직 중독까지는 아니야! 지금 날 모욕하는 거야?"

이때 주변 사람들이 뒤로 한 걸음 물러서면 실타래가 꼬이기 시작한다.

"그래. 중독까지는 아니겠지! 내 말은 건강을 생각해서 술을 줄이라는 것이니 화를 내지는 마!"

이런 식으로 타협을 시도하면 현실을 부정하는 중독자를 인정해 주고 치료를 요원하게 만드는 결과를 초래한다. 이때부터 자신이 중독자라는 것을 부정하는 중독자의 논리에 주변 사람들은 서서히 말려들어 가고 옥신각신하길 반복한다.

우리가 극복해야 할 첫 번째 과제는 병에 대한 부정이라는 것을 잊지 말자. 중독자는 모든 사람이 단호하고 일관되게 변화를 권유할 때 마음이 흔들리기 시작한다.

"우리는 여전히 당신을 사랑해요. 하지만 당신이 술 문제를 극복하려고 전혀 노력하지 않는다면 우리는 당신을 떠날 거예요."

안타깝게도 중독자는 큰 위기가 오기 전까지 현실을 받아들이지 못한다. 아내가 이혼 절차를 요구하거나, 부모가 자신의 술 문제를 더이상 해결해주지 않아 어려움에 봉착하거나, 회사에서 해임될 위기가 닥쳐서야 그들은 치료에 관심을 갖는다. 중독자가 술로 인해 처한 현실을 직시하도록 도울 필요가 있다. 중독자를 아끼는 마음으로 가족이 참아주고 나서서 문제를 해결해주면 오히려 현실을 보지 못해 중독자는 계속 그 길에 남게 된다. 다만 주변 지인들이 이구동성으로 중독자에게 전하는 메시지가 그를 비난하는 것이 되어서는 안 된다. 중독자는 궁지에 몰리고 자존감이 낮아질수록 술에 의존할 것이다.

중독자에게 전하는 메시지는 분명하다. 현실을 직시하라는 것이다. 현실을 직시해야 하는 이유는 여전히 희망이 있기 때문이다. 더 늦기 전에 회복에 나서라는 것이다.

"노력하기 시작한다면 회복할 수 있어! 하지만 당신이 술에 의존하는 한 모든 것을 잃게 되는 것이 우리가 처한 현실이야."

사실 중독자 역시 누군가 자신을 잡아주기를 원하고 있는지도 모른다. 중독자와 가족이 힘을 모아 현실 부정을 극복하는 시기는 빠르면 빠를수록 좋다.

"그때 내가 중독에 빠졌다는 것을 일깨워줘서 고마워!"

깨달음이 빠를수록 상처는 적고 회복은 가볍다.

그를 위한다면
조력자가 되어주어야 한다

2013년 10월, 전남 나주에서 뜻밖의 사건이 벌어졌다. 알코올중독자인 남편이 부부싸움 끝에 자신의 집에 불을 내 1,400만 원 상당의 재산피해를 낸 것이다. 가스레인지 호스를 잘라 가스를 누출시킨 뒤 라이터로 불을 붙였으니 사람이 다치지 않은 것만으로도 천만다행이었다. 사람들은 추측했다.

'가족이 억지로 병원에 입원을 시키려 하니까 불을 질렀나? 아니면 과거에 강제로 입원시켰던 것에 대한 분풀이로 불을 질렀나?'

그러나 실제 상황은 그 반대였다. 남편이 부인에게 "알코올중독 치료를 받을 수 있게 병원에 입원을 시켜줘!"라고 요구했으나 들어주지 않는다는 이유로 말다툼 끝에 사고를 친 것이었다.

남편의 행동은 결코 용납될 수 없다. 그러나 그 심경은 이해할 수 있다. 자신의 중독 문제가 얼마나 심각한지 알고 나면 술을 마실 때마다 부끄럽고 화가 나고 불안감을 느끼게 된다.

'이렇게 계속 술을 마시다가는 정말 끝장이 나겠지?'

위기감이 들자 오히려 아내를 닦달하고 큰소리를 치게 된다.

'누가 날 좀 구해주었으면…. 치료를 받게 해주었으면….'

이런 마음조차 때로는 공격적으로 표현하게 하는 것이 알코올중독이다. 알코올중독자가 보이는 위협적인 태도에만 주목하면 피하게 되거나 함께 화를 내는 것 말고는 도울 수 있는 방법이 없다. 하지만 사람들은 대부분 마음이 나약해지면 더 화를 낸다. 치료를 거부하며 술만 마시는 중독자 역시 마음속에 위기감이나 회복을 원하는 마음이 없을 리 없다. 진정 중독자를 위한다면 그가 그 마음을 발견하고 깨어날 수 있도록 조력자가 되어주어야 한다.

가족도 회복의 방법을
배우고 익혀야 한다

가족 안에 어떤 문제가 생겼을 때 서로를 탓하느라 시간을 낭비하는 것은
어리석은 일이다. 술 문제도 마찬가지다. 우리 가족은 여전히 같은 편이라는
공감이 있어야 무엇이든 해볼 수 있다.

천석훈 씨의 아내는 중독자인 남편을 진심으로 돕고 싶었다.

"사람을 미워하지 말고 병을 고치자는 생각은 매일 해요. 그런데
그게 마음먹은 것처럼 되지가 않아요. 남편을 보면 지치고 화가 나
서 말 한마디도 곱게 나오질 않아요."

남편을 대할 때 느껴야 할 안정감과 행복은 이미 사라진 지 오래
다. 아내는 남편과 대화를 하는 것이 가장 불편하고 두려웠다. 조심
스럽게 대화를 시도했다가도 또다시 서로를 공격하며 상처를 주고
받는 일이 반복되었다. 언젠가부터 집 안에는 무거운 침묵만 흘렀다.

"술에 대한 이야기는 아예 꺼내지도 못해요."

중독은 그녀와 남편 모두에게 건드리면 너무 쓰리고 아픈 상처다. 그렇다 보니 곪아가는 상처를 방치하고 있었다. 가족 모두의 마음은 부정적인 감정들로 가득 찼다.

"남편을 바꾸는 것은 불가능해요. 이혼을 하든지 제가 죽든지 해야 끝날 거예요."

아내는 회복을 포기하려고 했다.

"그렇군요. 그렇다면 남편의 변화를 기대하는 것은 일단 접어두고, 나의 변화에만 초점을 맞춰보는 것은 어떨까요?"

의사는 조심스럽게 조언을 건넸다. 가족이 할 수 있는 회복의 첫걸음은 중독자가 아니라 자신부터 변화를 도모하는 것이다. 아무리 가까운 사이라고 하더라도 타인을 변화시키는 것은 매우 힘들다. 변화를 기대한다면 우선 자기 자신부터 먼저 시작하는 것이 가장 쉬운 방법이다.

중독자의 그릇된 말과 행동은 병의 증상 중 하나다. 증상에 대해 분노하고 논쟁해봐야 근본적으로 병이 치료되지 않는 한 같은 일이 반복될 뿐이다. 가족은 중독자가 겪는 증상에 대응하는 방법을 배워야 한다. 여러 어려움에도 불구하고 가정은 여전히 중독자의 마지막 버팀목이고 희망의 시작점이다. 천석훈 씨의 아내는 우선 대화 방법을 바꿔보기로 결심했다.

"제가 정말 남편과 한편이 되어 병을 이겨낼 수 있을까요?"

"장담할 수는 없지만 남편과 소통할 수 있다면 기대를 걸어볼 만하겠지요."

소통과 관계는 중독을 극복하려는 사람들에게는 회복의 주춧돌
과 같다.

중독자와 대화를 하는 것이
의미가 있을까요?

맑은 정신일 때 대화하자!

술에 취한 사람을 상대로 논쟁하는 것은 무의미하다. 이미 그는
술에 취해 의사소통 능력을 상실했다. 취중에는 그가 이야기하는
것이 아니라 술이 이야기하고 있는 셈이다. 전쟁 같은 밤을 보냈다
면 다음 날은 가족 모두 입을 닫고 어제의 기억을 회피한다. 중독자
도 전날 저지른 실수 때문에 움츠러들어 있다.

'괜히 말을 꺼냈다가 남편을 잘못 건드리면 또다시 다툼이 생기
고 가족끼리 미워하게 되지는 않을까?'

이렇게 되면 이 가정은 중독자가 술을 마실 때만 서로 감정을 분
출하게 된다. 그리고 이런 식으로 대화 아닌 대화가 유일한 의사소
통 방법으로 굳어진다. 차라리 그가 술에서 깨어 맑은 정신일 때 확
실하게 가족의 생각과 감정에 대해 이야기할 수 있어야 한다. 그가
온전한 정신으로 말하도록 도와야 한다.

중독자가 술에서 깨었을 때는 진정한 대화를 할 수 있는 천금 같
은 기회다. 중독이 심해지면 술에 취하지 않은 평소에도 술의 지배

하에 생각하고 말하게 된다. 대화를 미루다 보면 기회는 점차 사라진다.

현실을 올바르게 알려주자!

"어젯밤에 술에 취해 몸을 가누지 못하는 당신을 보며 무척 속이 상했어요. 얼마 전 술을 끊겠다고 했던 약속을 지킬 거라 믿고 싶었는데 하늘이 무너지는 것 같았어요. 밤새 잠을 못 자고 앞으로 어떻게 해야 할지 고민했어요."

가족들의 생각과 느낌을 간결하게 전달하는 것이 좋다. 중독자는 논쟁할 때면 가족과 상황을 탓하며 술 마시는 것을 합리화한다. 이럴 때는 환자가 현실을 직시할 수 있도록 돕는 것으로도 충분하다. 현실을 진정으로 받아들일 때 중독자는 변화에 관심을 가진다.

화를 내며 위협적으로 이야기하거나 눈물을 터트리며 감정에 호소하는 것은 환자를 더욱 회피적으로 만든다. 상대의 행동을 비난하는 대신 나의 감정과 생각을 차분하게 표현하는 것은 널리 알려진 좋은 화법이다. 단호한 자세를 유지하면서도 중독자와 공감할 수 있다. 격한 감정을 실어야 설득력이 생기는 것은 아니다.

말하지 않으면 모른다!

상대방이 나의 생각을 알고 있다고 기대하지 말자. 사람은 누구나 표현한 만큼만 상대방의 마음을 이해한다.

'내가 전날 주사를 부렸지만 진심이 아니라는 걸 알아주겠지?'

'술도 못 끊는 한심한 놈이라고 비난했지만, 사랑하기 때문에 화도 내는 것이라는 건 알고 있겠지?'라고 생각하면 오산이다. 나의 생각, 나의 감정, 내가 원하는 것을 표현하지 않으면 상대방은 아무것도 알 수가 없다. 아무 말도 하지 않았는데 상대가 알아서 좋은 쪽으로 이해해주기를 기대하는 것은 억지다.

'뭐야! 내 마음을 하나도 모르잖아! 정말 구제 불능이군!'

말하지 않고 억압하면 억눌린 감정이 반드시 문제를 일으킨다. 시간이 지나면 대화를 해보려고 해도 부정적인 감정 탓에 소통하기가 더욱 힘들어진다.

어떻게 해야 싸우지 않고
대화할 수 있나요?

술이 하는 이야기에 말려들지 말자!

중독이 심해지면 취중이건 평소건 술이 대화를 조종한다. 핑계를 대며 합리화를 하고 가족을 탓하며 투사를 해도 '술이 하는 이야기'의 정체는 하나다.

"술을 끊을 수는 없어!"

하지만 그 논리가 매우 교묘하고 그럴듯하기 때문에 거기에 말려들지 않기란 생각처럼 쉽지만은 않다. 여러 해 동안 옥신각신하면서도 왜 같은 문제가 되풀이되는지 통찰하지 못하는 일이 흔하다.

중독자의 장황한 변명 속에 본질은 점점 사라져간다.

"술을 완전히 끊어야 해! 회복의 과정을 밟아야 해!"

중독자에게 전달해야 하는 메시지 역시 하나다. 이것만큼은 타협이나 후퇴가 있을 수 없다. 중독자가 공감할 수 있도록 어떻게 전달하는가가 우리의 관심사다.

"무슨 이야기를 해도 난 내 고집대로 할 거야!"

중독자의 논리는 단단한 철옹성이다. 가족이 알코올중독에 대해서 제대로 이해하지 못하면 중독자에게 전하는 메시지는 힘을 잃는다. 술이 하는 이야기에 말려들지 않으면서 그를 설득하려면 가족도 공부를 해서 이 병에 대해 이해해야 한다.

여러 사람이 합심해서 일관되게 철옹성 같은 단단한 문을 두드리다 보면, 거기에 갇혀 있던 중독자도 언젠가는 성문을 열고 현실을 마주할 것이다.

냉정하게 사랑하라!

"남편이 술 때문에 고통받는 것을 내버려두십시오. 그가 알아서 해결하도록 말입니다."

중독자가 술로 인해 극심한 고통, 즉 밑바닥을 경험하지 않는다면 그는 변화에 작은 관심조차 두지 않는다. 그만큼 술의 중독성은 강력하다. 술에 취해 난장판을 벌인 것은 중독자인데 가족이 이를 말끔히 해결해준다. 음주 사고를 내도 폭력 사건에 연루되어도 가족이 대신 나서 사과를 하고 합의금을 내준다. 직장을 잃지 않도록 동료들이 업무 공백을 메워준다.

술을 마시고 사고를 치는데도 계속 한없는 사랑을 주며 기다려주고 문제를 수습해주는 것은 옳고 그름을 떠나 일단 비현실적이다. 이렇게 되면 환자는 현실을 망각하고 책임을 느끼지 않게 된다.

"술로 인해 자기가 벌인 실수를 대신 수습해주는 가족을 보면 죄책감을 느껴 술을 끊지 않을까요?"

이것은 큰 착각이다. 중독은 감성으로 극복할 수 있는 가벼운 질환이 아니다. 가족이 해야 하는 역할은 현실적인 문제를 해결해주는 것이 아니다. 오히려 환자가 현실을 인식하고 변화를 결심하도록 도와야 한다. 가족이 문제를 해결해주다 보면 환자는 오히려 변화에 대한 욕구를 상실하고 자존감만 저하된다.

"이렇게 계속 술을 마신다면 이혼 외에는 방법이 없어요. 술을 끊고 치료를 받읍시다."

참아주는 것보다는 차라리 위기가 왔음을 알려주고 변화를 요구하는 것이 좋다. 이혼, 실직, 상실이 가까이 다가온 것을 외면하면 알코올중독에서 헤어날 수는 없다. 이혼이 눈앞에 다가왔는데도 '우리 아내는 날 버리지 않는 헌신적인 여자야!'라고 착각하는 것이 무슨 도움이 되겠는가? 차라리 이혼 서류를 들이밀며 회복을 하지 않으면 여기에 도장을 찍게 될 것이라고 경고하는 편이 낫다. 그것이 중독자가 처한 현실이기 때문이다. 이때 위협하거나 비난하면서 현실을 일깨워서는 안 된다. 구체적인 행동 변화를 함께 촉구하는 것이 좋다.

"함께 병원에 가요. 의사를 만나 상담을 받고 약을 먹으면 얼마든지 이 병을 이겨낼 수 있대요."

모든 대화에 타협은 필요하겠지만 단주와 회복에 대한 조언만큼은 단호해야 한다. 중독자에게는 헌신적인 사랑보다는 냉정한 사랑이 필요하다.

술은 중독자가 끊는 것이다!

"내가 아니면 누가 술에서 남편을 구하겠어요?"

알코올중독자를 구원할 수 있다는 환상에서 벗어나야 한다. 환자가 술을 마시지 못하도록 감언이설을 하고, 설교를 하고, 화를 내고, 위협을 해도 아무런 소용이 없었을 것이다. 가족이 술을 끊게 해줄 수 있다는, 술을 마시지 않도록 통제할 수 있다는 믿음은 헛된 일장춘몽일 뿐이다.

"술을 끊는 것은 중독자 자신입니다."

술을 못 마시게 감시하고 통제하는 폭군이 되지 말자. 중독자에게 해줄 수 있는 것은 변화의 필요성과 방법에 대해 먼저 배우고 환자와 이를 공유하는 것이다. 잃어버린 현실감각을 찾도록 보조해주는 조력자가 치료 초기에 택할 수 있는 가장 적절한 역할이다.

충고를 하려거든 제대로 하자!

이왕 충고를 하기로 결심했다면 빠르고 즉각적일수록 좋다. 어제 주사를 부렸다면 술에서 완전히 깨 맑은 정신으로 돌아오기를 기다렸다가 미루지 말고 말을 건네자.

"함께 이야기 좀 해보지 않을래? 어제 행동에 대해 화를 내려는 게 아니야."

그렇다고 짜증나는 감정을 모두 이야기하는 것은 좋지 않다. 충고하기 전에 잠시 생각을 멈추고, 화가 나 있다면 충고를 조금 미루자. 화를 내면 의사소통이 멈춘다는 것을 잊지 말자. 내가 하려는 이야기가 그와 나에게 정말 중요한 것인지 생각해보고 그에게 도움이 될 만한 이야기를 해주어야 한다.

어떤 것을 강요하기보다는 중독자의 술 문제가 우리에게 미친 영향에 대해서 차분하게 이야기하는 것이 좋다. 충고를 하는 이유는 어디까지나 중독자가 현실을 제대로 인식하도록 돕기 위한 것이지 무언가를 강요하기 위한 것이 아니다.

중독자와 공감을 나누는 것이 가능한가요?

여전히 우리는 같은 편이라고 말하라!

사람의 행동을 바꾸는 데 비난과 질책은 사실 별 효과가 없다. 아무리 야단을 쳐보았자 문제를 감추려 할 것이고 적개심만 키울 것이다. 문제를 해결할 수 있다는 자신감과 동기를 주는 것이 차라리 효율적이다. 문제가 있다고 서로를 비난하는 것이 아니라, 그 문제를 어떻게 해결할지 머리를 맞대고 작전회의를 하는 모양새가 되어야 한다.

"당신을 비난하거나 공격하지는 않을 거야. 다만 함께 문제를 극복하고 싶을 뿐이야. 여전히 우리는 가족이라는 이름으로 같은 편이야. 함께 헤쳐나가자!"

중독이라는 병 앞에 서로를 위하는 마음을 지키는 것이 쉽지만은 않다. 그러나 서로를 할퀴며 문제를 꼬이게 하는 대화에 익숙해져서는 안 된다. 중독은 가정의 대화방식을 가장 먼저 병들게 한다. 중독이라는 병과 타협하거나 굴복해서는 안 되지만, 중독자와 싸워 이길 필요도 없다. 중독자는 여전히 소통을 통해 우리가 도울 수 있는 가족이다.

함께 문제를 해결하자!

우리의 목표는 문제를 찾아내 비난하는 것이 아니다. 문제를 탐색해 본질을 밝히고 함께 해결하는 것이다. 중독자와 함께 문제를 판단하되 중독자를 판단하지는 않는다. '네가 문제야! 너만 바뀌면 아무런 문제가 없어!'라는 식으로 표현하지 말고 '너는 이 문제를 해결할 수 있어! 우리가 돕겠어! 무엇부터 시작해볼래?'라고 바꾸어보자.

"우리 가정에 어떤 문제가 있는가? 그 문제를 어떻게 해결할 수 있는가?"

중독자가 얼마간 술을 마시지 않는다고 해서 가정에 닥친 문제가 마법처럼 사라지지는 않는다. 가족이 힘을 모아 문제를 해결할 수 있는 힘을 회복하지 못하면 이는 잠깐 동안 이어지는 휴전 상태일 뿐이다.

"술만 끊어! 그럼 다 잘될 테니!"

모든 문제를 술과 중독자의 책임으로 규정하고, 술을 끊으라는 강요만 한다면 대화는 단절되어 더이상 진행되지 못한다. 술 문제를 포함해서 가족이 모든 문제를 함께 찾고 해결하려는 마음이 필요하다. 예를 들어 전날 가족 간에 언성을 높이는 일이 있었다고 가정하자. 이를 마음속에 묻어두면 중독자는 술을 마신 이후에야 억압된 분노를 폭발시킬 것이다. 맑은 정신일 때 문제를 해결해야 한다.

"우리는 왜 그렇게 화가 나서 상처를 주고받았던 걸까? 조금 더 좋게 표현할 수는 없었을까?"

우선 얼마나 상대의 의견과 감정을 경청할 수 있는지에 관심을 두자. 당장 어떤 문제를 말끔히 해결하지는 못한다 해도 건설적인 대화법에 익숙해지는 것만으로도 큰 도움이 된다. 그것만으로도 우리는 한 걸음도 전진하지 못하고 자중지란에 빠졌던 대화방식에서 벗어나는 것이기 때문이다. 가족이 힘을 모아 어려움을 이겨내는 일은 당연한 것 같지만 사실은 가장 어려운 일이기도 하다. 존중하고 의견을 나누고 실행해야 한다.

단주에 힘을 실어주자!

중독자가 단주라는 수레를 끌 때 감시하고 잔소리해봐야 더 힘을 낼 수 있는 것도 아니고 수레가 빨리 가지도 않는다. 뒤에서 수레를 함께 밀어주면서 격려하는 것이 효율적이다. 설사 그가 단주에 머무는 시간이 며칠에 불과할 정도로 짧더라도, 이때조차 그를 칭찬해주어야 한다. 다음에는 단주를 더 길게 이어갈 수 있다는 용기를 줄 수도 있다.

"넌 의지가 이것밖에 없어! 이번에도 가족을 실망시켰어!"라는 비난 대신 "그것 봐, 할 수 있잖아! 조금만 더 노력하면 할 수 있다니까!"라고 이야기하자. 가족과 한 약속을 어긴 것에 분노하는 대신 환자가 이룬 것에 대해서 이렇게 칭찬하자.

"대단해! 오늘을 이렇게 버티다니! 당신 덕분에 정말 행복해!"

적어도 단주를 했다면 하루에 한 번 이상은 언어적으로 보상을 해주어야 한다. 이것은 하나의 훈련이다. 그동안 서로를 비난하고 맞받아치는 것이 일상화된 가정에서 서로 만족을 주고 호의를 베푸는 연습을 한다는 것이 얼마나 대단한 변화인가!

긍정적인 감정을 표현하자!

사람들은 엄숙한 표정으로 화를 내면서 충고해야 효과가 좋다고 착각한다. 따뜻한 표정과 말투로 충고를 하면 상대가 귀담아듣지 않을 것이라고 생각한다. 그러나 가족을 신뢰하고 사랑하는 것과 단호하고 침착하게 충고를 하는 것은 서로 모순되지 않는다. 오히려 가족에 대해 느끼는 긍정적인 마음을 적극적으로 표현해야 충고도 더 효과가 좋다.

"당신은 원래 낯선 환경에도 적응을 잘하는 사교성 좋은 사람이 잖아. 자조모임에 가서도 사람들과 금방 친해질 거야!"

우리나라 사람들은 서로에게 긍정적인 감정을 표현하는 것을 어색해한다. 특히 중독자 가족에게 긍정적인 감정을 표현하는 것은 더 어렵다.

'화를 추스르기도 힘든데 어떻게 웃으며 칭찬을 하란 말이야?'

부정적인 분위기 속에 충고를 하는 것은 효율적이지 않다. 좋은 충고라도 부정적인 감정에 압도되어버린다.

'아! 오늘도 아내에게 욕을 먹었구나! 자존심 상해!'

아내가 어떤 충고를 했는지는 귀에 들어오지도 않는다. 긍정적인 정서와 함께 충고를 할 때 효과가 더 좋다. 비난을 당했다는 느낌으로 움츠러드는 대신, 자신감을 가지고 변화를 도모할 수 있기 때문이다. 어려움에 봉착했다고 해서 중독자에게 힘을 주는 것을 포기하지 말자! 어려운 상황이기 때문에 더 사랑하고 더 칭찬하고 더 응원해주어야 한다.

"우리끼리 지지고 볶으며 다람쥐 쳇바퀴 돌듯 하고 있었군요!"

천석훈 씨의 아내는 몇 년 만에 처음으로 남편과 다투지 않고도 긴 대화를 나누었다. 아직 서툴지만 남편과 함께 노력하기로 마음을 모은 것 같아 만족한다고 했다.

"진작 상담을 받을 걸 그랬어요."

한 가정에 중독자가 생기면 치부나 비밀처럼 여겨 쉬쉬하기 쉽다. 그러나 문제가 심각해지면서 어차피 드러나고 알려지게 되어 있다. 또한 부인과 자녀의 힘만으로 중독자를 돕기는 어렵다. 중독은 소통을 단절시키고 증오를 키운다. 중독에 빠진 것을 알아차리고 벗어나기 위해서는 주위의 도움이 필요하다.

"진작 주변의 도움을 받았더라면 서로를 미워하며 시간 낭비를 하지는 않았을 것 같아요."

시댁이나 친정식구, 중독자의 정상적인 친구들과 머리를 맞대는 것을 두려워하지 말아야 한다. 전문가의 도움이 있다면 왜곡된 대화를 인식하고 풀어가기가 상당히 유리해진다. 다른 중독자 가족의 충고도 도움이 된다. 중독자가 술에 무력하다는 것을 인정하면서 회복이 시작되듯, 가족 역시 적극적으로 도움을 청하는 용기를 낼 때 회복에 좀더 가까워진다.

술꾼보다
내가 회복하는 것이 우선이다

중독자가 아닌 나만을 위한 시간을 당당히 허락해야 한다. 나만을 위해 휴식
을 취하고 취미생활을 하고 사람들을 만나고 외출을 하자. 나의 정서가 안정
되어야 그 다음 노력을 할 수 있다.

방미진 씨는 만신창이가 된 것처럼 보였다. 얼굴은 야위고 표정
은 어두웠다. 그녀는 남편에 관한 이야기를 하다가 눈물을 왈칵 쏟
기를 몇 번이나 반복했다.

"사는 이유를 모르겠어요. 어떨 때는 그냥 죽어버리고 싶은 마음
이 덜컥 들어요."

담당 의사는 중독자인 남편만큼 미진 씨 역시 걱정스러웠다. 술
에 빠져 사는 남편을 돌보는 동안 그녀는 완전히 소진되어 마치 벼
랑 끝에 아슬아슬하게 서 있는 사람 같았다.

"아내 분에게 우울증이 있는 것 같습니다. 우선 아내 분이 기운을

회복해야 남편을 도울 수 있습니다."

의사는 그녀에게도 치료를 권유했다. 중독자의 가족이 우울증을 앓는 경우는 드물지 않다. 자신을 돕지 않고는 진정으로 다른 사람을 도울 수 없다.

"남편이 병원에 입원했는데 어떻게 마음이 편할 수가 있습니까?"

그녀는 여전히 남편에게만 온 신경을 쏟고 있었다.

먼저 나 스스로를
구하라!

가족도 중독자 이상으로 정신적·육체적으로 심각한 어려움을 겪는다. 그러나 가족에게 자신을 돌볼 여유 따위는 없다. 중독자의 가족은 참으로 외롭다. 가장 큰 고통을 겪지만 어떤 위로도 받지 못한다. 주변 사람들의 모든 시선은 중독자에게만 쏠려 있다. 중독자의 심신을 걱정하는 동안 정작 자신이 먼저 병들어가는 것은 놓쳐버린다.

"남편에게 조금만 덜 신경을 쓰는 것은 어떨까요?"

의사는 의외의 충고를 했다. 그러나 이는 상당히 역설적이지만 동시에 현실적인 제안이다. 방미진 씨는 남편에게서 결코 술을 뺏을 수 없다. 술을 끊는 것은 어디까지나 남편 자신의 몫이다. 가족이 24시간 그를 감시하고 아무리 화를 내도 스스로 변화하지 않는다면 술을 마실 방법은 얼마든지 널려 있다. 가족이 변화를 위해 무엇인가를 해야 한다면, 첫 번째 노력은 자기 자신을 돌보고 성장을 도모하는 것이다. 실타래를 풀기 위해서는 풀 수 있는 첫 매듭부터 시작해야 한다.

사실 중독자의 불행은 가족이 함께할 이유도 없고 그럴 필요도 없다. 중독자는 자신의 불행을 책임지라며 가족에게 화를 내고 원망한다. 그러나 모든 불행은 중독자가 마신 술에서 비롯되었다. 중독자가 술을 끊지 않는 한 가족이 나서봐야 임시방편일 뿐 아무것도 해결하지 못한다. 오히려 중독의 습성상 불행까지도 기꺼이 나누려는 가족의 마음을 악용한다.

"가족이 나를 불행에서 구해주지 못하기 때문에 내가 술을 마시는 것은 정당해!"

불행의 일차적인 책임은 언제나 자신에게 있다. 중독자가 남 탓만 하던 습관을 버리고 자기 스스로를 변화시키는 데 관심을 가질 때 회복의 첫걸음이 시작된다.

가족도 마찬가지다. 가족의 책임과 중독자의 책임을 구분해야 한다. 더이상 중독자가 전가projection하는 것들에 좌지우지되어서는 안 된다. 가족이 중독자의 책임까지 대신 감당해주면 오히려 중독자는 책임감을 느끼고 변화할 수 있는 기회를 빼앗긴다. 아무런 도움이 안 되는 쓸데없는 책임감에서 벗어나자! 자신을 비난하고 자책할 필요가 없다. 중독자 가족을 둔 것은 다른 가족 구성원의 잘못이 아니다. 가족 역시 중독의 피해자다.

"쓸데없는 번민일랑 털어버리고, 방미진 씨 자신에게 더 관심을 가지십시오!"

당신의 마음은 평온한가? 어디 아픈 데는 없는가? 당신은 여전히 친구들을 만나고 일을 잘할 수 있는가? 즐겁게 웃을 수 있고 즐거운 일상을 보낼 수 있는가? 자신에게 가장 좋은 것이 가족에게도 가장 좋은 것이다.

가족이 술을 못 마시도록 말리지 않으면
누가 중독자를 말리나요?

술을 마시는 것도 술을 끊는 것도 결코 가족의 뜻대로 되지 않는다. 억지로 술을 먹여 누군가를 중독자로 만들 수는 없다. 마찬가지로 강제로 술을 뺏어봐야 중독자가 치유될 리 없다. 술을 마신 것도 그 자신이요, 스스로 중독자가 된 것도 그 자신이며 회복에 대한 책임을 지는 것도 오로지 중독자 자신이다.

"중독자가 술을 마시는 것을 감시하느라 지치지 마십시오!"

가족 몰래 아무런 문제없이 술을 마실 수 있다면 그는 중독자가 아니다. 술을 마시면 문제는 드러나게 되어 있다.

"그가 왜 술을 마시는지 추궁하지도 마십시오!"

중독자가 술 마시는 이유를 찾아서 해결해준다고 해도 그는 다른 이유로 또 마신다. 중독자가 왜 술을 마시는지는 중요하지 않다.

"오로지 중독자 스스로의 변화를 촉구하십시오!"

중독자에게 중요한 것은 '어떻게 현실을 변화시킬 수 있는가.'다. 가족은 중독자가 느껴야 할 현실을 대신 나서서 해결해주어서는 안 된다. 오히려 중독자가 현실을 제대로 인식하도록 내버려둠으로써 그를 도울 수 있다. 스스로 회복을 선택해야 중독에서 벗어날 수 있다. 그러나 중독자의 변화 의지를 북돋는 구체적인 방법을 찾기가 쉽지만은 않다. 중독자가 그렇듯 가족 역시 혼돈 상태에 빠져 있는 경우도 많다. 그래서 술을 못 마시게 말리는 것보다 전문가를 찾아 상담을 하고, 가족자조모임에 참여하는 것이 더 중요하다.

나의 불행을 진심으로 공감해줄 수 있는 사람을 만날 때 우리는 진심으로 위로를 얻고 힘을 낸다. 회복을 위해서는 지칠 대로 지쳐서 자포자기가 되어버린 나의 마음을 먼저 추스려야 한다. 중독에 대한 지식을 배우고, 다른 사람들과 경험을 나누고, 마음의 안정을 도모하는 것이야말로 현실적인 대안이다. 당신은 지금 당신이 정말 할 수 있는 것을 하고 있는가?

가족들을 위한 자조모임에
어떻게 참여할 수 있나요?

A.A.Alcoholic Anonymous가 회복자들의 모임이라면 가족과 자녀를 위한 모임도 있다. 중독자 가족의 모임인 알아넌Al-Anon과

중독자 자녀들의 모임인 알라틴^{Alateen}이 그것이다. 중독을 극복하기 위해 경험과 힘과 희망을 나누며 서로를 돕는 것을 목적으로 한다. 우리나라에는 전국에 6개 정도의 모임이 형성되어 있다.

중독은 가족을 피폐하게 만든다. 그러나 중독자와 함께 수렁에 빠져 신음하면서 변화를 기대하기란 쉽지 않다. 역설적으로 가족이 술 문제에서 벗어나 자유롭고 즐겁게 살아갈 수 있을 때 중독자의 회복도 기대할 수 있다.

가족이 먼저 중독의 고통에서 벗어난다고 회복을 포기하는 것은 아니다. 알아넌은 중독자의 문제가 아닌 가족 자신의 정신적·감정적·영적 성장을 도모한다. 나와 비슷한 처지에 있는 사람들과 함께하기 때문에 용기가 나고 지치지 않을 수 있다. 이를 통해 우리는 자기 자신에 대한 사랑과 가족에 대한 사랑을 지킬 수 있다. 그리고 그 가운데 중독자를 진정으로 도울 수 있고 함께 회복의 길을 걸을 수 있다.

한국 알아넌 연합회
- 홈페이지: www.alanonkorea.or.kr
- 전화번호: 02-752-1808

—

술을 끊는 데 비법은 없지만 정도는 있다. 단주를 시작한 이후에도 여러 어려운 단계를 거쳐야 회복을 기대할 수 있다. 갈망감에 대처하고 단주를 유지하는 방법을 배우고 익혀야 한다. 또한 재발에 대한 경각심을 가지고 올바르게 대처해야 한다. 우리의 목표는 술을 억지로 참는 것이 아니다. 맑은 정신으로 건강한 삶을 살아가며 진정한 행복을 느끼는 것이야말로 우리가 이루어야 할 최종 목표다.

—

5부

알코올중독,
회복에 이르는 길은 무엇인가?

회복의
정석은 무엇인가?

술을 안 마시는 것은 회복의 시작일 뿐이다. 단주 후 해결해야 하는 문제들, 중독의 회복 방법은 새롭게 개발해야 하는 것이 아니라 이미 있는, 성공한 사람들이 걸었던 왕도를 가는 것이다.

"마음만 먹으면 언제든지 술을 끊을 수 있습니다."

이선환 씨는 술을 끊기로 결심만 하면 모든 문제가 해결될 것이라고 믿었다. 그래서 술을 끊는 것을 미루어왔는지도 모른다. 그러나 막상 술을 끊은 이후에 예상과는 다르게 전개되는 현실이 당황스러웠다.

"어리석은 생각인 줄은 알지만, 술을 끊었는데도 제 인생은 나아진 게 하나도 없는 것 같습니다."

현실은 냉정하다. 단주는 회복의 시작일 뿐이다. 술을 마시지 않기 시작했다고 해서 승자가 된 것이 아니다. 오히려 무장해제를 당한 포로 신세와 같다.

"인생에서 술이 사라졌으니 그 빈자리는 당연히 행복이 채울 줄 알았습니다."

그러나 매사에 스트레스를 받았고 짜증이 늘었다. 의욕도 사라졌다. 술을 마시는 동안 엉망이 되어버렸던 현실이 선환 씨를 옥죄었다. 차라리 술을 마실 때는 현실을 외면할 수라도 있었는데 이제는 그마저도 할 수 없었다.

"술을 다시 마시는 것도 이대로 참는 것도 답이 아닌 것 같습니다. 뭔가 잘못되어가고 있는 건 아닐까요?"

선환 씨는 해결책이 없는 진퇴양난에 빠진 것만 같았다.

단주만으로는
부족한가요?

단주를 결심하는 것이 가장 중요하지만 또 아무것도 아니기도 하다. 깜깜한 밤에 까마득한 절벽에 매달려 생명이 위태로운 사내가 있다고 가정해보자. 그 사내는 술에 취해 자신이 위기에 빠진 줄도 모르고 큰소리를 떵떵 치고 있다. 아마도 비틀거리며 산을 걷다가 그런 처지가 되었을 것이다. 그 사내가 정신을 번뜩 차리고 이 위기를 극복하기로 마음을 먹지 않는다면 그는 이대로 목숨을 잃을 것이다.

'정말 큰일 났어! 이대로라면 모든 것을 잃을 수도 있겠어!'

현실을 깨닫고 절벽을 기어오르기로 결심한다면 다행이다. 그러나 그것으로 끝이 아니다. 술에서 깨고 정신을 차린다고 한들 사내는 여전히 절벽에 매달린 위태로운 상태에 놓여 있다. 어둠 속에서 무턱대고 발을 뗐다가는 낭떠러지로 굴러 떨어질 것이다.

사내가 생명을 건지기 위해서는 절벽을 기어오르는 방법부터 생각해야 한다. 어디로 발을 옮기면 가장 좋은지 몸의 어디에 힘을 주고 무엇을 붙잡을지 정확히 계획한 후 발을 떼야 한다. 또한 사내의 정신과 몸이 그 방법을 따라줄 수 있는 상태여야 한다. 아직 술에서 깨지 못해 판단력이 흐리고 이미 체력이 고갈되었다면 더이상 어쩔 도리가 없다. 필사적으로 도움을 청하는 것만이 마지막 남은 희망이다.

단주를 결심하는 것도 마찬가지다. 단주를 원하느냐와 단주를 할수 있느냐는 별개의 문제다. 단주를 결심한 다음에는 효율적으로 단주를 유지할 수 있는 방법을 배워야 한다. 주변 사람들과 전문가에게 도움을 청하는 것도 시급하다. 갈망감과 금단 증상을 효율적으로 관리하고 정신과 체력을 회복해 단주할 수 있는 힘을 회복하는 것도 중요하다.

"술을 끊기로 했으면 그만이지 무슨 회복의 과정이 필요하다는 말입니까!"

중독자는 아직 절벽 위에 있다는 것을 명심하자.

술을 끊는 데
특별한 비법이 있나요?

"술을 끊는 데 특별한 방법이 있을 리가 있어? 그냥 안 마시고 참으면 그만이지!"

단주 방법을 배우는 과정은 수영을 배우는 과정에 비유할 수 있다. 수영을 전혀 할 줄 모르는 사람이 자신만의 방법으로 깊은 강을 건너겠다고 고집하는 상황은 얼마나 위험한가? 자유형·배영·접영·평영 같은 수영법들은 이미 정립이 되어 있다. 단주의 방법도 마찬가지로 일목요연하게 정립되어 있다.

"간섭하지 마! 내가 알아서 술을 끊을 테니!"

안전요원도 구명장비도 거부하고, 준비운동도 하지 않은 상태로 홀로 물에 뛰어드는 것은 실패하겠다고 고집을 부리는 것과 다름없다. 회복의 길에 처음 들어섰을 때 현실은 암흑 같고 미래는 두렵게 느껴진다. 희망을 가지는 것은 버겁게 느껴진다.

현실에 겸허히 맞서야 한다. 중독자는 절벽에 매달린, 혹은 물에 빠진 위태로운 상태다. 이미 수많은 사람들이 이와 같은 처지에서 위기를 극복했다. 다행히 회복한 중독자들은 전문가들과 함께 자신의 경험을 회복의 방법으로 정립했다. 마음은 열고 고집은 버리자. 술에 중독된 자신을 인정하고 회복의 길을 수용하는 것이 중독자가 할 수 있는 가장 효율적인 방법이다.

길을 잃은 미아로 남겠다고 고집을 부릴 필요 없다. 고집으로 술 문제를 해결하겠다는 것은 중독자의 대표적인 실수다. 회복의 길을 익히고 걸어나가자! 우리에게는 지도와 나침반이 있다. 그리고 길 안내자와 동무들도 있다. 원래 황무지와 같았던 이 길은 수많은 사람들이 왕래한 끝에 확고하게 우리 앞에 놓여 있다. 회복에 있어서는 비법도 고수도 없다. 그러나 회복의 정도는 틀림없이 있다.

힘든 단계를 거쳐야
회복할 수 있다!

"뭔가 정상은 아닌 것 같습니다. 술 때문에 손해 보는 게 너무 많습니다."

상황을 인식한다고 해서 곧 단주와 회복으로 이어지는 것은 아니다. 자신의 술 문제를 잘 알고 있다고 하면서도 정작 의사가 자신을 중독자라고 진단하면 깜짝 놀라 변명을 하고 인정하지 못한다. 그리고 현실과 적당히 타협하려 한다.

"술을 줄이겠습니다! 적당히 마시면 아무런 문제가 생기지 않을 것입니다!"

술 문제를 해결하기로 결심했을 때 만나게 되는 첫 번째 관문은 진심으로 자신의 현실을 인정하고 받아들이는 것이다. 평생 동안 술을 한 방울도 마셔서는 안 된다는 것을 처음부터 순순히 인정하는 사람은 거의 없다. 대부분의 사람들은 술을 줄여 마시려는 시도를 반복한다.

"안정적인 직업과 경제력이 있고 가족도 건사하고 있는데, 내가 중독자일 리 없어!"라고 생각하면 도저히 병을 인정할 수 없다. 술을 조절하려는 시도를 자존심을 지키는 일로 착각하기도 한다.

"그래, 내가 술에 중독되었을 수도 있지. 하지만 난 아직 초기 환자일 뿐이야!"

이런 사람들은 자신의 상태를 머리로만 이해한다. 자발적으로 노력하겠다고 말은 하지만 사회적 압력 때문에 어쩔 수 없이 술을 줄이려는 것뿐이다. 한동안 술 때문에 더 큰 고통을 겪은 이후에 현실을 통찰하고 새로운 결심을 하게 된다.

"이제는 도저히 안 되겠어! 완전히 술을 끊어버려야지!"

현실을 부정하려는 함정을 극복한 후에야 비로소 단주를 결심하게 된다. 현실이 괴로워서 술을 마시는 것이 아니라, 술로 인해 현재가 망가지고 있다는 것을 깨달았기 때문이다. 이때 비로소 술 문제를 극복하는 것은 누군가 강요해서가 아니라 자발적인 노력 덕택이다.

그러나 현실을 인정한다는 것은 동시에 현실이 야기하는 모든 고통을 있는 그대로 감내한다는 의미이기도 하다. 술이 인생을 망가뜨리는 것을 막은 대신 인생의 무게를 오롯이 모두 짊어지게 된다. 그래서 술을 끊은 초기에 오히려 삶은 더 고달파진다. 갈등이나 스트레스가 생기면 이러지도 저러지도 못하고 안절부절못한다. 자신은 변했는데 주변 사람들이 여전히 의심 가득한 눈초리로 바라보면 언제 술을 마시나 감시하는 것만 같다. 신뢰도 소통도 마음의 안정도 남의 일 같다. 재미도 없고 무료하다. 몸도 마음도 술을 마실 때보다 썩 좋아진 것을 느끼지 못한다.

"술에서 자유로워지는 기분이 어떤 기분인지 알겠습니다. 새로운 세상에서 사는 것 같습니다."

술에서 벗어나 3개월에서 1년 이상 단주를 한 이후에 변화는 서서히 찾아온다. 뇌는 술이 없는 환경에 적응하고 중독이 되기 이전의 상태를 회복한다. 갈망감과 금단 증상이 감소하고 사고방식과 자존감에 변화가 생긴다. 세상이 나를 화나게 해서 술을 마시고 싶은 단계에서 벗어나 다른 사람들과의 관계를 즐길 수 있다. 어떻게 술을 완전히 끊을 수 있냐며 회의하던 의존 상태에서 벗어나 당당히 단주를 즐길 수 있다.

이제 머리로만 중독자라는 것을 이해하는 것이 아니라 마음도 흔쾌히 자신이 중독자라는 것을 인정한다. 단주를 통해 형성된 새로운 소통과 관계를 즐기며 인생의 참된 의미에 대해 숙고하는 여유도 누린다.

술을 끊고 고통스러워지려고 단주를 하는 사람은 아무도 없다. 술을 끊지 못했을 때 더 큰 불행이 닥칠 것을 알았기에 단주를 결심했다.

인간은 누구나 고통이 없는 만족스러운 삶을 살고 싶어한다. 안락하고 행복한 삶을 추구할 권리가 누구에게나 있다. 행복을 추구하며 사는 것이야말로 인간으로서 존엄과 가치를 지키는 일이다.

"술을 끊지 못한다면 저는 영원히 고통스럽게 살게 될 것입니다. 저뿐만이 아니라 제 가족의 인생 또한 불안하고 불만족스럽겠지요."

중독은 우리를 불행하게 만들고 인간으로서 가져야 할 존엄성마저 훼손한다. 우리의 지향점은 단주이면서도 단주에 머무르지 않는다. 우리는 단주를 통해 나와 주변 사람들이 더 나은 삶을 누리기를 기대한다. 중독자도 행복해질 권리가 있다. 우리의 꿈은 단주 저 너머에 있다.

술을 마시지 않기 위해
무엇을 해야 하는가?

중독자에게 남아 있는 술에 대한 유일한 능력은 첫 잔을 피하는 것이다. 100% 술에 무력한 중독자는 없다. 중독자가 술에 무력해지는 것은 첫 잔을 마신 그 이후부터다.

"술을 끊을 수 있는 비법 3가지만 알려주십시오."

오재훈 씨의 목소리는 간절했다. 벌써 몇 번이나 단주에 실패했기 때문이다. 의사는 중독자 수천 명을 만났다고 했다. 그러면 무언가 답을 알고 있을 것만 같았다. 의사는 잠시 골똘히 생각하더니 대답했다.

"술을 끊을 수 있는 비법은 없습니다. 하지만 술을 끊는 방법은 있습니다."

단주하는 비법은 없다. 고수만이 알고 있는 비밀스러운 요령 따위는 없다. 오히려 술을 끊는 방법은 너무나 보편적이고 상식적이다.

'누가 몰라서 실패하나?'

중독은 원래 알면서도 실패하는 병이다. 게다가 우리는 막연하게 알고 있을 뿐 실천하지 않았다. 가장 기본적인 단주 방법을 복기復棋하는 것부터 시작해야 한다.

"가장 평범한 방법들을 실천한 이후에야 나만의 비법을 터득할 수 있지 않을까요? 그때가 되면 오재훈 씨가 제게 그 비법을 좀 알려주십시오!"

단주 방법을 아는 것은 물론 중요하다. 그러나 그보다 더 중요한 것은 확신과 실천이다. 많은 중독자들이 알면서도 실패하는 이유는 그저 알기만 하기 때문이다.

확신하고
실천하라!

단주를 결정하라!

"저도 사람인데 술을 줄이려고 노력을 안 해봤겠습니까?"

맞는 말이다. 중독자도 사람이다. 술 때문에 그 난리를 겪고도 술을 줄여볼 생각조차 안 했다면 어찌 사람이라고 할 수 있겠는가! 그러나 문제는 술을 줄이려고만 했다는 것이다. 단주를 결심한다는 것은 술을 완전히 끊는다는 의미이기에 앞서 절주를 포기한다는 의미이기도 하다. 죽을 때까지 흥청망청 술을 마시는 중독자는 흔치 않다. 중독자 대부분은 술을 줄여 마시는 절주만 평생 반복하는 사람들이다. 알코올중독은 절주를 할 수 있는 능력을 상실한 채 절주에 집착하는 병이다.

"절주할 수 있는지 한 번만 더 시험해보고 싶었습니다."

적당히 술을 마시면 문제가 없을지도 모른다는 일말의 기대를 철저히 포기해야 한다. 냉정하게 과거를 통찰할 수 있게 된 중독자는 자신이 이미 과거에 수많은 절주를 시도해왔고 결국에는 실패를 반복해왔다는 것을 깨닫는다. 시험하겠다는 것은 재발하겠다는 것과 같은 뜻이다. 이미 수많은 중독자들이 수차례 실패를 경험하며 중독자가 술을 입에 대는 모든 도전이 무의미하다는 것을 입증했다.

첫 잔을 피하자!

중독자에게 술을 얼마나 마시느냐는 아무런 의미가 없다. 중독자는 오로지 어떻게 '첫 잔'을 피하느냐에 관심을 쏟아야 한다. 늘 '한 잔만!'으로 시작된 술이 중독자를 그토록 괴롭혀왔다.

"정말 어쩔 수 없이 술을 입에 댔습니다."

핑계일 뿐이다. 술은 몸에 들어가기 전에는 아무것도 할 수 없다. 현재의 갈망감도 따지고 보면 이전에 마신 한 잔의 술에서 비롯되었다. 스스로 허락하지 않는 한 그 어떤 술도 몸에 들어갈 수 없고 그 어떤 생리적 작용도 일으킬 수 없다. 첫 잔 술은 뇌의 중독회로를 켜는 스위치가 될 것이다.

'오늘 술을 한 잔 입에 댔는데 멈출 수 있었어! 다음에는 한 잔만

더 해봐야지!'

오늘 마신 술 한 잔이 며칠, 몇 주, 몇 달간 끈질기게 다음 잔을 유혹한다는 것을 잊지 말자. 첫 잔의 유혹에 굴복한다면 결국 두 번째, 세 번째, 그리고 무수히 많은 술잔을 기울이게 된다.

단주가 최우선이다!

"이번 일만 잘 처리하고 나면 꼭 술을 끊겠습니다!"

여러 걸림돌을 해결한 다음에 단주를 시작하겠다는 중독자의 주장은 합리적일까? 그렇지 않다. 왜냐하면 술을 끊는다고 그 문제를 해결하지 못할 이유가 전혀 없기 때문이다. 게다가 술을 마시는 한 중독자에게는 끊임없이 새로운 문제들이 생긴다. 힘이 조금이라도 남아 있다면 모든 에너지를 단주에 쏟아부어야 한다. 단주에 성공해야 비로소 음주 문제를 해결할 수 있다.

"술을 안 마시면 영업에 지장이 있을 텐데요?"

중독자가 해결해야 할 가장 중요한 업무는 단주다. 설사 생계와 관련된 일이라고 해도 당장은 부업일 뿐이다. 그리고 사실 세상에 술을 꼭 마셔야만 하는 직업은 없다. 쉽고 편하게 일을 무마하기 위해 술에 기대며 핑계를 대는 것뿐이다. 일을 하면서는 도저히 술을 끊을 수 없다면 이직을 고민해야 한다. 술을 끊지 못한다면 더 소중한 것들까지도 모두 잃게 될 것이다.

가장 중요하고 지금 할 수 있는 것에 집중해야 한다. 중독자가 당장 해야 하고 할 수 있는 것은 단주뿐이다.

확신과 열망이 필요하다!

"술만 끊을 수 있다면…."

중독자는 한평생 절대 술을 조절할 수 없는 병에 걸렸다. 술을 포기하지 않는 한 모든 것을 잃게 될 것이다. 그러나 술만 포기하면 잃어버린 소중한 것들을 되찾을 수 있다. 그럼에도 불구하고 단주는 사실 회의와 불신과 벌이는 싸움이다.

'정말 술을 끊는 방법밖에 없을까?'라는 질문이 하루에도 몇 번씩 중독자를 유혹할 것이다. 여기에 확고한 대답을 할 수 없다면 또 한 번 실패를 되풀이한다. 중독은 언제나 가장 약한 마음을 강력하게 파고든다.

'술을 끊어야만 해!'

열망을 갖는 것은 온전히 중독자의 몫이다. 마부가 말을 연못으로 끌고 갈 수는 있을지언정 강제로 물을 먹일 수는 없다. 자기 자신에게 확신이 없다면 결코 술을 끊지 못한다. 머리로만 현실을 아는 것이 아니라 마음으로 뼈저리게 느낄 때 열망이 생긴다. 우리는 중독이라는 침몰선에 몸을 싣고 있다.

'탈출이 만만치 않을 것 같은데 혹시 이대로 머물러도 괜찮지 않을까?' '배에 머물면서 그럭저럭 살아남는 방법을 찾아봐야지!'

우리에게 중독을 벗어나야 한다는 확신이 있다면 지푸라기라도 힘차게 움켜쥘 것이다. 도움의 손길이 있다면 뿌리치지 않고 굳세게 잡을 것이다. 간절한 마음 없이 '한번쯤 술을 끊어보는 것은 어떨까?' 하는 가벼운 마음이라면 중독은 절대 이길 수 없는 재앙이다.

중독자로 남지 말고
회복자가 되어라!

고집을 버리자!

술에 빠져 사는 동안 중독자가 술만큼 포기하지 못했던 것이 있다. 바로 고집이다. 중독자는 가족이 옳은 소리를 할수록 듣기 싫어한다. 도리어 화를 내고 술 마시는 핑계로 삼기도 했다.

'내 고집이 틀렸다는 걸 인정하면 그 다음에는 술을 끊으라는 강요를 받아들여야겠지?'

그때는 변화하는 것이 꺼려졌고 불안했다. 이제 우리는 변화를 결심한 회복자다. 회복자는 고집을 지키기 위해서가 아니라 고집을 꺾기 위해 자신과 투쟁한다. '회복자인 나'가 '중독자였던 나'를 극복해야 한다. 그러나 사람의 생각을 바꾸는 것이 어디 그리 쉽던가?

"술과 조금이라도 연관되어 있는 일이라면 내가 고집해왔던 기존의 사고방식은 모두 틀렸어!"

이 정도의 각오는 있어야 고집을 버릴 수 있다. 술에 중독된 적이 없는 다른 사람의 판단에 건강하게 의지하는 것도 도움이 된다. 자신에게 진심 어린 조언을 해줄 가족이나 동료에게 도움을 청하는 것은 용기 있는 행동이다. 전문가를 정기적으로 만나거나 책을 읽고 알코올중독에 대한 전문지식을 습득하는 것도 좋은 방법이다.

'왠지 요즈음 짜증이 늘어난 것은 재발하려는 신호 같아. 자조모임에서 조언을 구해야겠어. 그리고 정말 짜증을 낼 상황이 맞는지,

해결책은 없는지 다시 한 번 파악해보자!'

막연한 혼자만의 믿음이 아니라 현실적이고 사실적인 정보들을 수집하고 거기에 의지해 판단을 내려야 한다. 객관적으로 현실을 파악하고 책임감을 느끼는 것이 회복자의 자세다. 중독이라는 성에 갇힌 것도 모르고 과거의 모습을 지키려는 우를 범하지 말자. 우리는 혁명가이자 정복자가 되어야 한다. 회복자가 되었다면 과거의 사고방식을 버리고 그 자리에 새로운 사고방식을 세워야 한다.

본래의 나를 되찾자!

태어날 때부터 중독자였던 사람은 단 한 명도 없다. 사전적으로 회복回復은 '원래의 상태로 돌이키거나 원래의 상태를 되찾음'이라는 뜻이다. 당신은 본래 중독자가 아니었다. 아무리 심한 중독자라도 과거에는 술 없이 건강하게 인생을 누릴 수 있는 당당한 사람이었다. 회복은 술에 지배당하는 '가짜 나'를 극복하고 '진짜 나'를 되찾는 과정이다.

'오늘은 아들 생일이니 빨리 귀가해야겠어. 다 함께 맛있는 음식을 먹고 축하 노래도 부르면 정말 행복할거야! 며칠 전에 다툰 아내와 화해하는 계기가 되겠지?'

중독자가 되기 이전에는 자신의 생각과 감정이 인생 전체에 현실적으로 도움을 줬다. 그러나 술이 개입되면서 술을 포기하지 않아도 되는 방향으로 생각과 감정이 왜곡되었다.

'아침에 미역국도 먹고 축하도 다 해줬는걸, 뭐. 오늘 회식 자리는 정말 중요해. 주말에 선물이나 하나 사주지, 뭐! 어차피 아내와 다퉈서 분위기도 어색할 테니 난 빠져야지.'

또한 중독자는 현실을 외면한다. 오만과 분노는 중독자의 몫이다.

"우리 남편은 회식에만 참석하면 필름이 끊길 때까지 술을 마셔요. 아들 생일 며칠 전에도 그 문제로 심하게 부부싸움을 했던 터라, 설마 생일날까지 회식이 중요하다고 핑계를 대리라고는 생각하지 못했어요. 잔소리를 하면 또 화를 내며 폭발하겠지요."

술에 중독되기 전에는 중독자도 현실에 당당히 적응하며 살아왔다. 자신의 약점과 아픔을 모두 찾아내 보완하고 치유할 수도 있었다. 현실을 숨기고 피하려는 마음은 술 때문에 나약해진 중독자가 감당해야 할 몫이다.

'술 때문에 가족과 말 한 마디 나누지 못했어. 가족들 눈에는 내가 술만 마시고 불평만 늘어놓는 중독자로 보일 거야. 이제 술을 끊고 가족과 함께 행복해져야지. 얼마 전 다툼도 아내 탓은 아니었어. 아내에게도 미안하다고 사과해야겠어.'

중독자가 되기 이전의 우리는 본래 솔직하고 정직하게 자신의 감정과 생각을 표현할 수 있었다. 자신감이 있었기 때문이다. 자만심과 절망감은 중독에 빠진 사람이 감당해야 할 몫이다. 중독자는 자만심을 부리며 다른 사람의 충고를 무시하고, 그 결과 절망감을 안고 살아간다. 우리의 자신감은 겸손과 희망에 근거한다. 자신감이 있기 때문에 겸손하게 스스로를 살피고 조언을 구할 수 있다.

'원래 나는 꽤 괜찮은 사람이었다. 진짜 내 모습을 되찾을 수 있다

는 희망을 가지자!'

과거를 피하지 마라!

과거에 자신이 저지른 실수를 마냥 덮어두려는 것은 상처가 곪도록 내버려두는 것과 다름없다. 우리는 과거를 통해 오늘과 내일을 준비한다.

'화가 치밀어 오른다! 저번에도 억울하고 화가 난다고 술을 마시고 재발해버렸어. 정신 차리자! 술을 입에 대지 말고 이 감정을 추슬러야 해.'

과거에 했던 행동과 술을 마셨던 양상을 분석하는 것은 단주를 유지하는 데 큰 도움이 된다. 술을 마셨던 상황, 감정, 생각을 이해한다면 우리는 이를 관리할 수 있게 된다. 상황을 미리 예측하고 구체적인 대비책을 마련하고 실천할 수 있다.

'술을 마시고 아내와 자식에게 손찌검했던 날을 떠올리자. 그날 가족이 공포에 떨었던 그 표정을 잊지 말아야지.'

또한 괴로운 과거일수록 단주를 유지할 수 있는 원동력이 된다. 과거에 저질렀던 끔찍한 실수와 아픔에 대해 기억해내자. 눈물을 흘리며 과거를 진심으로 후회하는 사람은 반드시 과거를 딛고 일어난다. 중독자였던 삶에 대한 고백은 단주에 대한 결심으로 이어진다. 과거의 모습이 너무 부끄럽고 고통스러웠다면 결코 그 기억만큼은 잊지 말아야 한다.

술을 끊으면
자존감을 회복할 수 있다!

당당히 세상과 마주하자!

술의 유혹을 피하기 위해 사람들을 만나지 않고 일에서도 한 걸음 물러나 세상을 등친 채 살아야 하는 것은 아니다. 우리는 술을 마시지 않으면서도 모든 것을 누릴 수 있다. 무인도에 가서 단주를 한들 무슨 의미가 있겠는가? 중독자는 술을 끊었기 때문에 더 당당하게 세상을 마주해야 한다.

중독자는 부끄럽다. 그러나 회복자는 당당할 수 있다. 과거에 중독자였다는 사실을 다른 사람이 안다고 해도 두려워할 필요는 없다. 인생의 역경을 극복한 사람은 존경을 받아야 한다. "나는 술을 절대 마시지 않는 회복자입니다."라는 말을 기꺼이 할 수 있어야 술을 거절할 수 있고 자신감을 가지고 사람들을 대할 수 있다.

술을 마시지 않아도 얼마든지 진심과 신뢰를 나누며 정직한 인간관계를 유지할 수 있다. 술을 마셨을 때는 공격적이거나 상황을 회피하는 대화만 나누었을 것이다. 그러나 단주를 함으로써 능동적이고 공감을 나누는 대화를 할 수 있다. 술을 내려놓았기 때문에 더 자신감을 가지고 대화를 시도할 수 있다. 다른 사람들의 마음을 헤아리면서 자기 주장을 펼치고 상대방의 의견을 경청하는 동등한 의사소통도 가능하다.

"술을 끊었기에 저의 인생이 더 자유로워졌다는 것을 이제는 알

것 같습니다.”

술에게 인생을 지배당하던 시절은 이미 지나갔다. 술과 관련된
그 무엇이 아니라면 세상에 한 걸음 더 적극적으로 다가서자. 피하
고 숨는 대신 차라리 세상으로 나가 상처받는 것도 좋다. 술에 의존
하지 않고 그 상처를 치유했을 때 우리는 또 한 걸음 성숙하게 되고
강해질 것이다.

자존감을 회복하라!

또 한 번 좌절을 맛보기 위해 과거의 실패를 되새기는 것이 아니
다. 이는 단지 실패를 통해 어제와 다른 내일을 준비하려는 시도일
뿐이다.

이제 자신이 본래 가지고 있었던 재능과 장점을 되찾는데 주목
하자. 술 때문에 사라진 줄로만 알았던 원래의 능력을 발휘할 수 있
다면 한결 쉽게 중독을 극복할 수 있을 것이다. 자기 자신을 신뢰할
수 있어야 한다. 술을 마시지 않고도 모든 일을 잘해낼 수 있는 사
람이었다는 사실을 명심하자.

‘나는 충분히 저 사람과의 오해를 풀 수 있어. 원래 말을 잘해서
친구도 많고 인기도 좋은 편이었잖아. 차라도 한잔 하면서 이야기
를 해봐야겠어!’

회복자를 처음으로 존중해주는 것은 주변 사람들이 아니라 바로
자기 자신이다. 자신을 책망하며 의존적으로 살려고 술을 끊는 것
이 아니다. 힘겨운 회복의 길을 오늘 하루도 무사히 해냈다면 자기

자신을 존중하고 칭찬해주어야 한다. 자존감은 다른 사람이 부여하는 감정이 아니다. 자신에 대한 신뢰와 존중은 자기 자신에게서 시작된다는 것을 잊지 말자.

'술을 끊는 것이 그렇게 힘들다는데 나는 오늘도 해냈어! 정말 대단해! 난 할 수 있다고!'

남들의 반응에 신경 쓰지 마라!

설령 몇 개월간 술을 끊었다고 해도 주위의 모든 사람들, 심지어는 가족들조차 믿어주지 않을 수도 있다. 몇 년간 술을 마시면서 남겼던 강렬한 기억들은 그들의 뇌리에 여전히 남아 있다. 모두들 당신을 여전히 중독자로 취급할 것이다.

'언제까지 술을 끊을 수 있을까? 또 술을 마시면 어떻게 하지? 분명 지금도 술이 마시고 싶겠지?'

결코 남의 마음을 바꿀 수는 없다. 정신과 의사조차 다른 사람의 감정과 행동을 마음대로 어찌할 수 없다. 가족은 걱정하고 또 불안해한다. 과거의 세월을 생각한다면 그들의 감정은 당연하다. 다른 사람의 반응에 신경을 쓰는 것은 아무런 의미가 없는 시간 낭비다. 전적으로 자신을 변화시키는 데만 집중해야 한다.

가족들의 반응에 눈치를 볼 시간에 차라리 자신에게 일어난 변화를 조금 더 살피는 것이 좋다. 가족들이 자신에게 미치는 영향은 마음에서 접어두어야 한다. 과거에 그리고 오늘 자신이 가족에게 미치는 영향을 통찰하는 것이 조금 더 건설적인 방법이다. 우리는 자기 자신의 마음만 추스를 수 있을 뿐이다.

정말 주변 사람들에게 신뢰를 얻고 싶다면 눈치를 볼 필요가 없다. 눈치를 보거나 왜 믿어주지 않느냐고 화를 낸다고 해서 없던 신뢰가 생기지는 않는다. 가족과 타인을 도울 수 있는 일에만 집중하자. 신뢰와 자존감은 그렇게 회복될 수 있다.

어떻게 계획을
실천할 것인가?

오늘 당장 술을 끊어라!

중증 알코올중독자조차 하루 정도는 술을 마시지 않을 수 있다. 그래서 단주에 성공하는 비법은 매일 아침마다 오늘 하루만큼은 절대 술을 마시지 않겠다고 결심하는 것이다. 영원히 혹은 몇 개월간 술을 참겠다는 다짐은 모호하다. 왜냐하면 중독자는 바로 이 순간, 오늘 하루 동안 해낼 수 있기 때문이다.

'오늘만 술을 마시고 내일부터 술을 끊어야지!'라는 생각은 애초에 말이 되지 않는다. 내일 어떤 일이 닥칠지, 오늘 이미 술을 마셔버렸는데 내일은 어떻게 될지 누구도 예측할 수 없다. 주어진 하루를 어떻게 보낼지 계획하고 실천하는 것만이 최선이다.

10분만 실천하자!

아무리 각오를 해도 술을 마시지 않으면 안 될 것 같은 상황은 반드시 찾아온다. 이때는 10분을 버티는 것이 중요하다. 한 번 술 생각이 나면 술을 마시기 전까지 그 생각이 계속 커질 것 같지만 그렇지 않다. 여러 연구와 선배들의 경험에 따르면 술을 마시고 싶은 마음은 몇 분이 지나면 최고조에 이르렀다가 사그라지기 시작한다. 아무리 길어도 몇 시간을 넘기는 일은 거의 없다.

한없이 솟구칠 것 같던 파도도 어느새 사그라져 흔적도 없이 사라진다. 술 생각도 마찬가지다. 술 생각이 가라앉는 경험이 곧 치료다. 뇌가 갈망감의 신호를 보냈는데 반응이 없으면 뇌는 그 신호가 무의미하다고 받아들여 점차 신호를 보내는 횟수와 강도를 줄인다. 점차 갈망감이 줄고, 갈망감이 들어도 그 정도는 훨씬 덜하게 된다.

술과 맞서 싸우려면 실천에 옮길 수 있는 구체적인 계획만이 효과적이다. 막연한 계획은 결코 실천할 수 없다. 도저히 피할 수 없을 것 같은 유혹의 순간은 반드시 오늘 찾아온다. 하루를 의미 있게 보내지 않으면 오늘 하루도 실패하고 만다. 계획은 최대한 자세히 세우고, 당장 실천에 옮겨야 한다.

음주 충동,
어떻게 대처해야 하나?

패배를 두려워하는 마음이 중독자를 패배로 이끈다. 갈망감을 느끼는 것은
전혀 부끄러운 일이 아니다. 갈망감은 자연스러운 회복의 과정중 일부분일
뿐이다.

"제가 어떻게 술을 마시고 싶어할 수 있단 말이죠? 술 때문에 여
기까지 왔는데…. 정말 저는 구제 불능인가 봐요!"

유만희 씨는 탄식했다. 만희 씨에게 술은 정말이지 지긋지긋한
존재였다. 가족은 뿔뿔이 흩어졌고 건강 상태도 최악이었다. 술에
서 벗어날 수만 있다면 무슨 짓이든 할 수 있을 것 같았다. 그럼에
도 불구하고 만희 씨는 종종 술을 마시고 싶은 극심한 음주 충동(갈
망감)을 느낀다고 토로했다.

"편의점 앞에서 술을 마시는 노인 한 분을 봤는데, 저도 어찌나
마시고 싶던지…."

만희 씨는 음주 충동을 느끼는 자신이 한심하다고 했다. 그러나 단주란 어찌 보면 술을 마시고 싶은 갈망감과 친구가 되어 여생을 살아가야 한다는 것을 의미한다. 만희 씨가 단주를 하지 않았더라면 갈망감과 씨름하는 일은 없었을 것이다.

"갈망감을 느끼는 것은 부끄러운 일이 아닙니다. 유만희 씨가 그 순간 갈망감을 이겨냈다는 것이 더 중요합니다."

의사는 회복을 향해 단주를 이어가고 있는 만희 씨에게 찬사를 아끼지 않았다.

술을 얼마 동안 끊어야
갈망감이 사라질까요?

다행히 시간은 우리의 편이다. 갈망감은 술을 끊은 직후에 가장 심하게 나타나지만 시간이 흐를수록 서서히 그 힘을 잃는다. 갈망감에 잘 대처해 단주를 유지할 수만 있다면, 갈망감의 빈도와 강도는 틀림없이 감소한다. 그러나 충동에 굴복하고 술을 마시면 다음에는 더 큰 갈망감이 중독자를 괴롭히게 된다.

갈망감 그 자체가 실패의 징조는 아니다. 갈망감을 어떻게 다루느냐에 따라 병의 호전과 악화가 판가름 날 뿐이다. 갈망감을 느끼는 시간은 오히려 좋은 기회일 수도 있다.

갈망감을 치료하는 가장 좋은 방법은 단주다. 뇌의 중독회로가 술을 달라는 신호를 강력하게 보냈는데도 몸이 아무런 반응을 보이지 않으면 중독회로는 점차 무력화된다. 술을 마셨을 때 우리 자신이 무력해지는 것과는 정반대의 결과를 거둘 수 있다.

'이 순간 술을 마시지 않는다면 나는 이 정도 상황, 이 정도 갈망감 정도는 이겨낼 수 있는 능력을 회복하게 될 거야!'

이렇게 생각하면 음주 충동이 드는 것을 두려워할 이유가 전혀 없다. 회복은 갈망감을 피하는 것이라기보다는 갈망감을 다룰 수 있게 되는 것을 의미한다.

오늘 찾아온 갈망감을 잘 다룬다면 우리는 또 한 걸음 성숙하고 회복할 수 있다. 더이상 술을 마시고 싶지도, 술이 필요하지도 않게 되는 것이 목표일 수는 있다. 그러나 그것은 갈망감과 오랜 시간을 살아가다 보니 먼 훗날 도달하게 되는 지향점일 뿐이다. 지금은 곁에 찾아온 갈망감과 오늘 하루를 어떻게 보낼지에 더 집중해야 한다.

술은 피하는 것이
상책이다!

언제 찾아올지 모르는 갈망감을 막연히 기다리는 것도 두려운 일이다. 그래서 단주를 잘하던 사람이 아직도 자신에게 갈망감이 생기는지 시험해보고 싶다며, 술병을 사다 집에 보관해두거나 술자리에 일부러 나가는 일도 생긴다.

그러나 그 시험의 결과는 언제나 절체절명의 위기로 돌아온다. 상당수는 자신이 만든 덫에 걸려 결국 실패를 맛본다. 갈망감은 환경이나 상황에 따라 촉발되기 때문이다. 갈망감을 잘 다루는 첫 번째 방법은 안전한 환경과 상황을 조성하는 것이다. 중독자에게 술은 재앙과 같다. 지진이 나고 폭풍이 부는데 그 속으로 걸어 들어갈 필요는 없다. 안전한 곳으로 몸을 피하는 것이 상책이다.

또한 중독자에게 술은 알레르기 물질과 같다. 알레르기 물질이 포함된 음식을 먹으면 몸과 뇌가 말을 듣지 않고 발작을 일으킨다. 알레르기가 있는 사람이 굳이 시험 삼아 그 식품을 먹어볼 필요가 있을까? 온몸에 두드러기가 나고 호흡이 마비될 뿐이다. 알레르기 물질은 철저히 피하면 그만이다.

중독자가 술과 맞서 싸우는 것은 가치 없는 모험에 불과하다. 중독자는 술에 매우 취약한 사람이다. 술에게 패배할 수밖에 없다는 것을 인정함으로써 회복자가 될 수 있다. 최선을 다해 자신을 술에서 보호함으로써 술을 제외한 다른 모든 영역에서는 자유롭고 당당하게 살아갈 수 있다.

"술이 곁에 있어도 갈망감을 느끼지 않아야 진짜 회복 아닌가요?"

이 질문 자체가 갈망감의 교묘한 표현이다. 중독자였던 자신이 건재함을 확인하고 싶은 심리다. 술의 곁으로 다가가려는 핑계일 뿐이다. 단주 의지가 강한 사람일수록 갈망감은 정체를 감추고 교묘하게 찾아온다. 겉으로는 술과 아무런 관련이 없는 상황들조차 알고 보면 갈망감 때문에 조성된 것일 수 있다.

갈망감을 피해 무인도나 산속으로 숨어들 필요는 없다. 현실을 마주하고 살면서도 갈망감을 느끼게 되는 환경은 얼마든지 관리할 수 있다. 그리고 그것은 다른 누군가나 현실의 탓이 아니라 어디까지나 자신의 책임이라는 것을 잊지 말자.

갈망감을 줄이려면
환경을 어떻게 조정해야 하나요?

술이 있는 곳에 갈망감이 있다. 따라서 회복자는 자신의 주위에 알코올이 머물지 않도록 항시 경계해야 한다. 맛있는 음식을 보면 침이 흐르는 것처럼, 술을 보거나 냄새를 맡으면 갈망감이 증가하는 것도 당연하다. 다른 사람이 술 마시는 장면을 보는 것도 마찬가지다. 찬장에 있는 술은 모조리 버리고, 술을 파는 곳을 지나치게 될 것 같으면 차라리 멀리 돌아서 가는 것이 좋다. 의지가 있는 사람은 알코올 성분이 들어 있는 화장품, 초콜릿, 발효 식품까지도 피한다.

또한 과거를 통해 앞날을 대비할 수 있다. 과거에 함께 술을 마셨던 사람들은 틀림없이 강력한 갈망감을 유발한다. 자주 술을 마셨던 장소와 시각이나 상황도 마찬가지다.

"술이 없이는 그 사람과는 친분을 유지할 수 없어요. 사정을 말했는데도 한 잔만 하라고 권하더군요."

그는 술친구일 뿐이다. 진정한 친구라면 술 없이도 관계를 유지할 수 있어야 한다. 진짜 친구라면 회복을 기꺼이 도울 것이다. 술친구는 술을 마시기 위해 당신을 이용할 뿐이다. 상대가 술친구라는 판단이 들면 과감히 관계를 단절할 필요가 있다.

술을 마시던 시간이 되거나 술을 즐겼던 장소에 가게 되거나, 회식 같은 상황을 접하게 될 때도 마찬가지 방식으로 대처할 수 있다. 갈망감을 유발하는 장소에는 애초에 아예 가지 않는 것이 좋다. 정어쩔 수 없는 경우라면 단주를 도울 수 있는 지인이나 여건을 충분히 만든 후에 잠시만 머물러야 한다. 저녁 퇴근 무렵에 술을 마셨다면 그 시간에 다른 즐거운 활동에 매진하는 방식으로 술을 피하면 좋다.

"사실 상황보다는 그 상황을 받아들이는 제 마음이 문제인 것 같아요."

또한 화가 나거나 스트레스를 받거나 피곤할 때는 틀림없이 술 생각이 나게 되어 있다. 중독자는 마음이 힘들 때면 꼭 술을 마신다. 때로는 기분이 좋고, 성취감을 느끼고, 흥분할 때조차 갈망감을 느낀다. 몸이 좋지 않을 때도 마찬가지다. 어딘가 찌뿌듯하고 아픈 것 같을 때, 몸이 긴장이 되거나 떨리는 느낌이 들 때 술을 찾게 될 것이다. 갈망감을 줄이기 위해서는 몸과 마음을 살펴 편안한 상태로 유지하는 것도 중요하다.

갈망감을 이겨낼 수 있는
좋은 방법이 있나요?

갈망감에 대해 이야기하자!

갈망감이 생길 때는 이를 숨기지 말고 오히려 가족이나 친구에게 솔직히 이야기하면 도움이 된다. 갈망감에 대해서 침착하고 자세하게 이야기하다 보면 본인도 모르는 사이에 갈망감을 유발하는 요인을 찾을 수 있고 대처하는 방법을 익힐 수 있다.

"치킨 집을 지나오는데 저도 모르게 유리창 안으로 사람들이 술 마시는 모습을 살피더라고요. 즐거운 표정이 눈에 들어왔고, 왁자지껄한 대화가 들리는 것 같고, 과거에 제가 술을 마시고 즐거웠던 순간이 떠올랐어요. 가슴이 두근거렸는데 그 설레던 기분이 갈망감 같아요."

누구나 한번쯤은 말로 감정을 표현하면서 마음이 진정되는 효과를 경험해보았을 것이다. 갈망감도 마찬가지다. 갈망감을 언어로 표현하다 보면 그 자체로 오래지 않아 갈망감이 누그러지는 효과를 거둘 수 있다. 또한 다른 사람에게 도움을 청하고 이해를 받는 과정은 의사소통능력은 물론 관계와 신뢰를 회복하는 데도 도움이 된다.

"제가 혹시라도 술의 유혹에 넘어가려고 할 때 도움을 청해도 되겠습니까? 제 감정에 대해 솔직히 이야기하다 보면 그 감정을 조절할 수 있을 것 같습니다."라고 용기를 내어 청해보자. 혼자 갈망감에 몸부림칠 때는 주변 사람들도 당신을 불안하게 여길 것이다. 그러나 침착하게 말로 표현하고 대책을 찾아가는 모습을 보여준다면 오히려 신뢰가 깊어질 것이다.

생각을 다루자!

갈망감이 드는 순간 기억도 왜곡된다. 왜 그토록 술을 끊고 싶었는지 까마득히 잊게 된다. 술을 마셨을 때 즐거웠던 기억만 나고 술로 인해 얼마나 큰 고통을 느껴왔는지 기억하지 못한다면, 결국 다시 술을 입에 대게 된다. 갈망감이 생각을 조종한다는 것을 알아차리고 이겨내야 한다.

평소 수첩에 메모를 해두고 늘 품에 지니고 다니는 것도 좋은 방법이다. 술 때문에 고통스러웠던 지날 날들의 기억, 술을 끊음으로써 얻은 유익한 것들, 앞으로 기대하는 것들을 적어놓는 것이다. 갈망감이 들 때 서둘러 메모를 읽어보면 음주 충동에 의해 흔들리지 않았을 때의 진정한 본심이 무엇인지 확신하게 될 것이다.

'술을 마시고 싶어. 얼마나 견디겠어? 점점 더 마시고 싶어질 텐데! 참으면 참을수록 마시고 싶어서 폭발해버리겠지? 어차피 결국에는 술을 마시고 있을 거야!'

밥을 먹지 않으면 배가 고프듯이 중독자가 술을 끊으면 술이 고픈 것은 당연한 이치다. 운동을 하고 싶은 충동, 대화를 하고 싶은 충동과 마찬가지로 회복자에게 술을 마시고 싶은 충동은 자연스러운 생리현상이다. 술을 끊고 몇 달, 혹은 몇 년이 지나도 종종 갈망감을 느낄 수도 있다.

어느 누구도 완벽하게 술 생각에서 자유로울 수는 없다. 필요한 것은 자신의 힘으로 상황을 바꿀 수 있다는 자신감이다. 자기 자신에게 다음과 같이 이야기해주자.

'조금만 시간이 흐르면 몸과 마음이 안정될 거야. 술 생각은 10분 정도만 버텨도 가라앉아! 이건 내가 못나서 느끼는 감정이 아니야! 자연스러운 회복의 과정이야!'

생각을 다루면 충동을 다룰 수 있다. 갈망감이 드는 순간 단주에 대한 확고한 결심을 떠올릴 수 있다면 갈망감은 희석될 것이다.

배·화·외·피를 피하라!

배고픔hungry, 화anger, 외로움lonely, 피곤함tired은 흔히 갈망감을 불러일으킨다. 술이 마시고 싶을 때 허기를 채우면 갈망감도 감소한다. 다만 간식을 지나치게 먹어서 비만이나 당뇨가 악화되는 일은 없어야 한다. 따라서 하루 세끼 고른 영양소로 안정적인 식사를 하는 것이 중요하다. 공복감을 피할 수 없다면 야채나 과일, 견과류, 유기농 식품처럼 몸에 해롭지 않은 간식을 준비하자. 하루 5잔 이상 충분히 물을 마시는 것도 도움이 된다.

생활의 활력을 잃고 피곤함을 느끼면 갈망감도 증가한다. 예전에 피곤함을 술로 달랬기 때문이다. 이를 피하기 위해서 무턱대고 쉬는 것보다는 오히려 활기차고 행복하게 사는 것이 좋다. 적당한 운동으로 건강한 몸을 유지하고, 충분한 휴식과 이완을 병행할 때 삶의 에너지가 충만한 상태 역시 지속된다.

분노와 외로움 같은 감정을 관리하지 못할 때도 극심한 갈망감을 느끼기 쉽다. 그러나 사람의 감정은 억누르거나 피할 수 있는 것이 아니다. 오히려 가족이나 전문가에게, 혹은 자조모임에서 자신이 느끼는 감정을 말로 표현하고 생각을 정리하는 것이 근본적인 해결에 도움을 준다.

몰두할 수 있는 즐거운 활동을 찾아라!

술을 대체해서 몰두할 수 있는 건강한 활동 몇 가지는 있어야 한다. 조깅·자전거·독서·영화 등 어떤 것이라도 좋다. 중요한 것은 의무감에 어쩔 수 없이 하는 것이 아니라, 스스로가 정말 즐길 수 있는 활동이어야 한다는 것이다. 이것은 숙제가 아니라 술을 끊은 것에 대한 일종의 보상이고 상이다.

"술 말고 좋아하는 것이 아무것도 없었는데 어떻게 하죠?"

무엇보다 여러 다양한 활동에 도전해보는 것이 중요하다. 그 활동이 갈망감을 줄이는 데 도움이 되고 정말 몰입할 수 있는지는 해보기 전에는 도무지 알 수가 없다. 갈망감이 자주 들었던 시각에 자전거도 타보고 효과가 없으면 다음에는 독서를 해보고 그것도 효과가 없으면 친구와 차를 즐겨보자.

몸과 마음에 전혀 해롭지 않으면서 효과적으로 긴장을 풀고 몰두할 수 있어야 진정한 즐거움이다. 가짜 즐거움인 술 대신 그 자리를 진정한 즐거움으로 채워나가면 갈망감이 괴롭히는 일도 줄게 된다. 단주는 진정한 행복을 찾는 과정이기도 하다.

• 갈망감 일지

날짜	상황 (생각과 느낌)	갈망감의 정도 (1~100)	대처 방법 및 효과
2014년 5월 16일	아내와 다투고 화해를 하지 못해 서로 말문을 닫음.	80	잠시 산책을 하면서 마음을 진정시키고 아내에게 할 이야기를 정리했다. 동네를 한 바퀴 돌 즈음 기분이 좋아지고 술 생각도 사라졌다.
2014년 5월 20일	잠이 오지 않아 몇 시간 동안 뒤척임.	70	따뜻한 물로 샤워를 하고 조용한 클래식 음악을 들었다. 음악은 오히려 잠을 깨우는 것 같았으나 샤워를 해 몸이 이완되니 잠이 오고 갈망감이 사라졌다.
2014년 5월 27일	과거 반주를 마셨던 음식점을 방문하게 됨.	85	친구에게 결코 술을 시키지 말라고 똑똑히 이야기 했다. 친구들이 자신들만 마시겠다면 술을 시켜서 참기 힘들었다. 식은땀이 나고 입이 말랐지만 겨우 참았고 그 자리가 끝나고 30분 정도 후에 갈망감이 가라앉았다.

갈망감 일지를 쓰자!

앞쪽에 있는 표와 같이 일지를 쓰는 것도 도움이 된다. 갈망감을 느꼈을 때 처했던 상황과 그에 따른 생각과 느낌, 정도, 대처 방법 및 효과를 적어보자.

파도를 타듯
갈망감을 타고 넘어라!

갈망감은 마치 파도와 같다. 조금씩 일렁이는가 싶더니 어느 순간 거침없이 솟아오른다. 한없이 솟구칠 것만 같던 파도는 오래지 않아 가라앉고 거짓말처럼 흩어져버린다. 음주 충동과 맞서 싸우려고 달려들면 오히려 우리를 집어삼킬지도 모른다. 음주 충동을 거부하거나 부정하지 말아야 한다.

우리는 싸움의 고수가 큰 힘을 들이지 않고도 상대방의 힘을 이용해 그를 제압하듯 갈망감을 다룰 수 있다. 갈망감의 힘을 있는 그대로 인정하고 받아들임으로써 유연하게 파도를 타고 넘듯 갈망감을 넘어가는 것이다. 갈망감을 자연스럽게 받아들임으로써 갈망감을 조절할 수 있게 된다.

갈망감의 파도타기 3단계

① 1단계: 편안한 의자에 힘을 빼고 앉아 손은 자유롭게 두고 다리는 편다. 밀려오는 갈망을 인식하고 그 안으로 들어가 이완relax한다. 깊이 숨을 들이마시고 내쉬면서 편안한 상태를 유지한다.

물결처럼 밀려오는 갈망감을 막을 수 없다. 물결을 그대로 허용하고 받아드린다. 갈망감을 무시하거나 신경을 딴 곳으로 돌리려 하지도, 갈망을 부정하려고도 하지 않는다. 갈망감을 있는 그대로 경험하고 받아들인다. 갈망감을 받아들이는 말을 한다. "알았다! 알왔어!" "그래! 지금 또 왔구나!" "바로 이것이란 말이지!" 그냥 고개를 끄덕이는 것도 좋다.

② 2단계: 갈망의 파도를 타려면 그 자체를 면밀히 살펴보아야 한다. '내 마음은 지금 무엇을 인식하고 있나? 내 몸에서 어떤 변화가 일어나고 있는가?'를 스스로에게 물어본다. 몸의 구석구석에 정신을 집중하고 하나하나 살펴본다. 몸의 어느 부분이 갈망감을 느끼는지, 어떤 감각의 형태로 경험하고 있는지 주목한다. 갈망감을 느끼는 신체의 한 부분에 집중한다. 그 부분에 어떤 느낌이 드는지 최대한 구체적으로 말해본다. 뜨거운지, 얼얼한지, 차가운지, 묵직한지 세세하게 이야기한다. 근육은 긴장이 되는지, 이완이 되는지, 혹은 얼마나 넓은 부위의 근육이 영향을 받고 있는지 스스로에게 말한다. 감각이 변화하는 과정에 주목하면서 말한다. 주의를 기울여서 감각의 변화를 스스로에게 묘사한다.

'입이 마르고 타들어가는 것 같아. 혀와 입술의 감각이 약해지고 마비될 것만 같아. 침을 삼키고 싶은데 입이 말라서 침이 나오질 않아. 마치 콧구멍에서 술 냄새가 느껴지는 것만 같아.'

변화에 대해서도 말로 정리해본다.

'점점 더 강해지네. 머리로 밀고 올라가네. 올라온다. 올라온다. 머리 쪽으로 갈망감이 올라가고 있어.'

'내 마음이 지금 무엇을 인식하고 있나?'를 되풀이해서 계속 물어본다. 갈망을 느끼는 다른 부분들도 하나하나 집중하면서 말하기를 반복한다. 그렇게 함으로써 자신이 지금 어떤 위치에 머물러 있는지 파악할 수 있다.

③ 3단계: 만일 파도를 타다가 조정이 안 되고 넘어질 것 같은 느낌이 들면 몸의 안전한 부분에 초점을 두었다가 다시 시작한다. 발이나 다리는 비교적 중립적이고 안전한 부분이기 때문에 여기에서부터 시작하는 것이 좋다.

'내 다리를 느끼자.'

편안하게 중심을 잡고 이완하는 느낌에 집중한다. 마치 파도를 타는 서퍼surfer들이 파도를 타다 넘어지면 몸을 추스르고 다음 파도를 탈 준비를 하는 것과 마찬가지다.

④ 4단계: 갈망의 물결이 완전히 없어질 때까지 이완된 상태로 갈망을 느끼면, 갈망이 잦아가고 안전하게 모래사장에 이르게 된다. 충동이 오고 가는 것을 피하지 말고 오히려 주목해야 한다. 많은 사람들은 충동의 파도타기를 통해 몇 분 이내에 갈망감이 사라지는 것을 느낀다. 그러나 이 훈련을 하는 목적은 갈망감을 사라지게 하는 것이 아니다. 갈망감을 새로운 방식으로 경험하는 것이 목표다. 이 훈련을 통해 갈망감에 익숙해지고 갈망이 사라질 때까지 어떻게 이 감정을 다루는지 배우게 된다.

술을 거절하는
특별한 요령이 있나요?

"한 잔 마신다고 큰일이야 나겠어? 오늘 같은 날 딱 한 잔 만 마시라고!"

술을 거절할 때는 얼마나 빨리 '아니오!'라고 단호하게 말할 수 있는가가 중요하다. 시간을 지체하거나 머뭇거리며 눈치를 보는 동 안에 '한 잔쯤이야!'라는 생각이 빈틈을 파고든다.

"아니오! 저는 절대 술을 마시지 않습니다."

누군가 술을 권했을 때 내뱉는 첫 마디는 반드시 술을 마시지 않 겠다는 단호한 표현으로 시작해야 한다. 상대의 시선을 피하지 말 고 직접적으로 마주보면서 명확하고 망설이지 않는 단호한 태도로 이야기한다. 변명하거나 애매하게 대답을 하는 것은 여지를 두는 것이다. 화를 내거나 싸울 필요도 없다. 차분함을 유지하면서도 변 하지 않는 확고한 의지를 전할 수 있다. 술을 거절한다는 것을 미안 해하지 말아야 한다. 어느 누가 다른 사람에게 순간의 만족을 주기 위해 자신의 인생을 포기한단 말인가? 미안한 마음을 가진다는 것 은 술을 마시고 싶은 핑계에 불과하다. 상대에게 충분히 단주 의사 를 표현하고 난 이후에는 곧바로 대안을 제시한다.

"나는 차를 마시며 대화하는 것을 선호합니다."

"함께 산책을 하면서 이야기를 나누면 어떨까요?"

"가볍게 식사를 하면서도 충분히 좋은 대화를 할 수 있습니다."

그리고 상대의 행동에 변화를 요구할 수 있다면 금상첨화다.

"저와 진정한 친구가 되기를 원하신다면 술만큼은 권하지 않으셨으면 합니다."

그리고 나서는 술에 대한 대화를 멈추고 대화 주제를 바꾼다. 술 없이도 얼마든지 진솔한 대화가 가능하다.

재발을 각오하면
재발하지 않는다

소방 경보음 소리가 시끄럽다고 무시하고 꺼버린다면 화재를 막을 수 없다.
재발의 경고신호에 최대한 예민하게 귀를 기울여야 한다. 의사를 만나 대화
를 하고, 약물치료를 받고, 단주모임에 참여하자.

"귀신에 홀린 듯 나도 모르게 다시 술을 마시고 말았습니다."

신지환 씨는 퇴원한 지 얼마 지나지도 않아 며칠간 실컷 폭음을
하고 재입원했다. 지환 씨에게 주치의는 왜 다시 술을 마시게 되었
는지 물었다. 퇴원하기 전에 지환 씨는 꼭 술을 끊겠다고 몇 번이나
약속을 했었다. 재발했을 때 중독자들은 마치 약속이라도 한 듯 '귀
신에 홀린 듯' '나도 모르게'라는 표현을 사용한다. 가족들은 환자가
책임을 피하려고 거짓말을 한다고 믿는다.

"아마 퇴원하기 전에 이미 술을 마실 계획을 세웠을 거예요. 그렇
지 않고서야 이렇게 쉽게 술을 다시 마실 수가 있나요?"

가족의 의심이 이해가 갈 법도 하다. 그러나 신지환 씨의 말 또한 사실이다. 중독자는 어떤 이유든지 간에 술을 조금만 입에 대면 정말 귀신에라도 홀린 것처럼 재발을 향해 치닫는다. 지환 씨가 '오늘만, 딱 한 잔만' 마시려고 했어도 그런 것은 중독자에게는 아무 소용이 없다. 첫 잔을 입에 댄 순간 중독자는 재발에 대한 선택권을 잃는다.

알코올중독은 정말 지긋지긋하게 재발이 잦은 병이다. 이 병은 영원히 나을 수 없는 병일까? 본인도 가족도 좌절한다. 이제 우리가 중독자인 것을 인정했듯이 재발의 가능성 또한 인정해야 한다.

'나는 정말 의지가 확고하기 때문에 절대 재발할 리가 없어.'라는 생각은 방해만 된다. 자만의 결과는 늘 좌절로 돌아온다. 술을 끊는다는 것은 재발할 가능성도 함께 시작된다는 것을 의미한다. 알코올중독은 재발률이 높은 질환이다. 재발은 냉정한 현실이다. 재발하지 않기 위해서는 재발을 각오하는 것에서 시작해야 한다.

재발은
언제 시작되나요?

과거에는 첫 잔을 마시는 순간 재발이 시작된다고들 했다. 그러나 이제는 훨씬 이전부터 이미 재발이 시작된다는 것이 정설이다. 첫 잔을 마시기 전에 이미 생각과 감정이 먼저 움직인다. 첫 잔은 그 결과에 불과하다.

알코올중독은 비단 술에 취했을 때만 문제를 일으키는 질환이 아니다. 술을 끊은 이후에도 오랜 시간 정신적·신체적·사회적 문제가 발생한다. '마른 주정'이라는 말이 있다. 이는 중독자였던 사람이 술을 끊은 이후에도 과거에 주정을 했던 것처럼 감정을 절제하지 못하고 예민한 언행을 하는 모습을 일컫는다. 단주하기 시작한 지 몇 개월이 지난 후에 이런 현상이 특히 잘 나타난다.

사실 이것은 재발의 중요한 경고신호이기도 하다. 우리의 뇌 자체가 중독에 익숙해져 있어서 관성이 생기는 것이다. 술을 마시지 않았는데도 술에 취한 사람의 뇌처럼 반응하고 이것이 행동으로 표출된다. 자신도 모르는 사이에 생각과 마음이 중독자 시절의 그것으로 돌아가려고 한다.

"마른 주정이요? 그런 것 절대 아닙니다. 가족들이 화를 돋운다니까요!"

이를 부끄럽게 여기고 숨기려고만 한다면 오히려 큰 실수다. 마른 주정은 단주 의지가 있고 술을 마시고 싶은 욕구를 참고 견뎠기 때문에 생기는 자연스러운 현상이다.

오히려 재발을 막기 위한 도구로 마른 주정을 사용할 수 있다. '재발 경고신호'를 잘 파악한다면 첫 잔을 마시기 훨씬 이전에 효율적으로 대처할 수 있다. 물론 첫 잔을 마시지 않는 것이 가장 중요하다. 하지만 그 이전에 재발로 이끄는 생각, 감정, 행동을 알아차린다면 좀더 효과적이고 성숙하게 대처할 수 있다.

마른 주정 외에도 스스로를 탐색해서 알아차릴 수 있는 재발의
경고들이 몇 가지 더 있다.

재발을 경고하는 증상에는
어떤 것들이 있나요?

술을 조절할 수 있다는 미련을 가진다

'얼마간 술을 끊었으니 이제 조금씩 마시면서 조절할 수도 있지
않을까?'

자기 자신을 속이려는 시도가 반복된다. 한 잔만 마시면 모든 것
이 해결될 것 같고, 그 방법 외에 다른 길이 없다고 속삭인다.

'참다가 나중에 폭발하는 것보다는 술을 조금씩 마시는 편이 더
낫지 않을까?'

중독자가 되기 전에 별 문제 없이 술을 즐겼던 시절을 떠올린다.
유혹에 빠지면 결국 첫 잔을 입에 대게 된다. 그리고 둘째 잔, 셋째
잔을 마셔야 하는 이유가 또 생긴다. 술이 술을 부른다. 술을 조절할
수 있다는 생각, 조금씩 마시는 것은 큰 문제가 아니라는 생각, 한
번 시험을 해보고 안 되면 다음에 술을 끊으면 된다는 생각. 이런
모든 생각을 떨칠 수 없다면 재발의 경고음이 요란하게 울리고 있
는 것이다. 재발은 늘 '한 잔의 술'에서 출발한다.

스트레스가 늘어난다.

"더이상 스트레스를 견딜 수 없는 상태입니다. 사라져버리고 싶습니다."

가족은 중독자를 신뢰하지 않고 경제적인 문제로 어려움을 겪고 있는데다가 술 때문에 잃은 것들을 만회하는 것은 생각만큼 쉽지 않다. 해결되지 않는 스트레스는 차곡차곡 쌓여간다. 스트레스를 이겨내지 못하면 쉽게 짜증이 나고 화를 내게 된다. 충동적인 언행을 하게 되어 주변 사람들과의 다툼도 늘어난다. 자신감은 저하되고 미래도 불안하게 느껴진다. 아무것도 할 수 없는 것 같아서 쉽게 좌절하게 된다.

"술을 끊어도 아무것도 나아지지 않아. 술을 마신다고 이것보다 얼마나 더 나빠지겠어?"

회복에는 시간과 인내가 필요하다. 그러나 재발이 다가오면 상황을 참을성 없이 성급하게 판단하고 미숙하게 대응하게 된다. 우리는 스트레스를 숙명처럼 받아들여야 한다. 사실 스트레스에서 도망치는 길은 없다. 해결책은 스트레스를 어떻게 피하느냐보다는 스트레스에 어떻게 당당하게 대처하느냐에 있다.

생활리듬이 깨진다.

불규칙한 식사와 수면도 재발의 신호다. 식사를 소홀히 해서 체중이 줄거나 과식을 해서 체중이 늘기도 한다. 불면증에 시달리거나 지나치게 오래 자는 것도 생활리듬을 엉망으로 만든다. 재발을 막으려면 정해진 시간에 푹 자고 영양가를 고려한 균형 잡힌 식사를 유지해야 한다.

일상생활이 불규칙해지는 것도 마찬가지다. 게으름을 피우게 되고 뭔가를 실천할 의욕은 사라진다. 삶에 대한 자신감 대신 뭘 해도 잘 안 될 것 같은 좌절감만 팽배하다. 생활패턴은 엉망이 된다.

"친구 부모님이 돌아가셔서 며칠 밤낮을 새니까 불면증이 도졌어요. 밤에 잠을 못 자니 운동도 일도 모두 귀찮아지더군요."

물론 생활패턴이 깨질 때는 그럴 수밖에 없었던 그럴듯한 이유가 있다. 하지만 그 상황이 절대적으로 어쩔 수 없는 것은 아니다. 어려운 상황에서도 얼마든지 생활리듬을 유지할 수 있다. 적절한 활동과 휴식은 어려운 상황을 극복하는 데도 도움이 된다.

'계획하던 일이 30분이나 늦어졌어. 오늘은 엉망이 되었으니 내일부터 다시 시도해야겠어.'

융통성 없는 강박적인 생활도 좋지 않다. 이런 사람들은 중요하지 않은 것에 매달리면서 정작 중요한 것을 놓치고는 한다. 현실적인 계획을 세워 하나하나 실현해나가야 한다.

치료 계획을 지키지 못한다

병원에 방문하기로 한 약속을 잊는다. 병원에 가기로 한 날에는 어쩐 일인지 다른 중요한 약속이 생긴다. 점차 단주모임에 결석하는 날도 늘어난다. 약을 잘 챙겨먹지 못해서 남는 약이 생긴다.

"치료를 받아도 별다른 효과가 없는 것 같아요. 제 스스로 각오를 해서 그런지 술 생각이 거의 안 나는 걸요."

회복은 자신의 몫인데 마치 제3자가 된 것처럼 무관심하게 군다. 주변에서 도와주려고 해도 거절한다. 괜히 잔소리를 듣는 것 같고 자존심이 상해서 화가 나기도 한다. 치료에 도움을 주던 사람들과의 관계는 점점 소원해진다. 그런데도 '이제는 괜찮아.'라며 치료를 받지 않아도 잘할 수 있다고 자위한다. 치료환경에서 멀어지는 것은 재발의 가장 강력한 신호라는 것을 기억하자!

중독자의 사고방식으로 돌아간다

현실을 부정하는 것이야말로 가장 강력한 중독자의 사고방식이다. 중독자의 사고방식은 그 어떤 논리로 위장을 해도 억지일 뿐이다. 결국 술을 마시는 쪽으로 귀결이 나기 때문이다. 이를 외면하면 재발을 피하기는 힘들어진다.

'술을 조절하지 못했던 건 상황 탓, 다른 사람 탓이었어!'

과거와 현재에 대해 그럴듯하게 변명한다. 가족 탓, 동료 탓을 하며 책임을 회피한다. 남들에게 책임을 돌리고 자신에 대해서는 합리화한다. 반면 다른 사람에게는 쉽게 분노하고 원한을 가진다. 그럴듯한 이유가 있지만 사실은 속죄양이 필요한 것뿐이다. 세상을 자기중심적으로만 바라본다.

점차 말과 행동이 일치하지 않게 된다. 때로는 의식적으로 거짓말을 하기도 한다. 진실은 줄고 거짓이 늘어간다. 말로는 단주를 열심히 잘하고 있다고 하는데 행동은 회복과는 정반대다. 점차 중독자의 인격과 다를 바가 없어진다.

이렇게 되면 어떤 발전도 할 수 없다. 책임을 인정하고 스스로 변화하는 것만이 회복할 수 있는 유일한 방법이다. 변화의 가능성에서 멀어지는 만큼 재발할 위험은 커진다. 결국에는 술을 마시게 된다. 중독자처럼 생각하지 않고 회복자답게 생각해야 한다. 이는 회복기간 내내 우리가 염두에 두어야 할 성숙의 과정이다.

우울해지거나 불안해진다

어떤 사람들은 재발이 가까워지면 혼자 지내려는 경향이 있다. 사람들과 나누는 대화가 줄어들어 외로운 사람이 되어버린다. 자기연민에 빠져 자신만이 가장 불쌍하고 절망적인 사람이라고 믿게 된다. 본인 스스로가 방어적이고 회피적으로 세상을 대하고 있는데도 이를 인식하지 못한다.

'나는 무능력하고 불쌍해. 아무도 나를 이해해주지도 도와주지도 않아.'

우울증이 오면 하루 종일 기분이 가라앉는다. 세상만사가 다 귀찮다. 어떤 일에도 의지를 가지지 못하고 자신은 아무것도 할 수 없다고 느낀다. 자신감은 사라지고 불평과 짜증만 늘어난다. 자는 것도 먹는 것도 체력도 엉망이 되어 힘을 내기가 쉽지 않다. 최악의 경우 절망 속에 죽음을 떠올리기도 한다.

어떤 사람들은 불안감이 심해진다. 현재도 미래도 곧 엉망이 될 것 같아 마음이 놓이질 않는다. 심한 경우에는 술을 마시든지 정신이상이 되거나 자살하는 것 말고는 다른 결말이 없을 것 같은 극도의 불안을 느낀다. 재발할 위험이 커질수록 혼란에 빠지는 시간도 점차 늘어난다.

'도저히 지금 기분을 극복할 수 없어. 모든 것이 다 끝났어!'

자존감과 자신감까지 잃게 되면 회복의 에너지는 고갈되어버린다. 도움을 청하고 우울하고 불안한 마음을 털어놓지 못한다면 제대로 된 대처 한 번 해보지 못한 채 모든 것을 포기하기 십상이다. 도움을 청하는 것은 부끄러운 일이 아니다. 그것은 자존감을 지키기 위한 용기다. 우울증과 불안증을 혼자 힘으로 이겨낼 수 있는 사람은 거의 없다. 마음을 주체할 수 없을 때는 마땅히 도움을 청해야 한다. 도움을 청함으로써 중독에서 한 걸음 벗어났던 회복의 첫걸음을 기억하자!

금단 증상과 갈망감이 증가한다

술을 끊은 직후에 금단 증상과 갈망감이 가장 심하다. 당신은 이를 잘 이겨냈다. 그러나 재발의 기운이 엄습할 때 오랜 친구가 돌아오듯 금단 증상과 갈망감도 돌아온다.

'너무 술을 마시고 싶어! 어떻게 하지?'

우리는 이들을 있는 그대로 인정하고 받아들여야 한다. 금단 증상과 갈망감은 회복의 오랜 벗이다. 있는 그대로 그것들을 느끼고 올바르게 대하는 것만이 굴복하지 않는 방법이다.

삶의 목표가 사라진다

당신은 즉흥적인 즐거움을 포기했다. 그동안 살아온 인생을 돌아본 끝에 앞으로 나아갈 삶의 방향을 정했기 때문이었다. 당신은 진정한 행복, 가족, 가치관, 인생의 목표, 종교적 신념에 관심을 가졌고 이를 바탕으로 술을 끊을 수 있었다.

재발이 다가오면 당신은 다시 눈앞의 고통과 즐거움에만 주의를 기울인다. 숲을 보지 못하고 나무만 바라본다. 나무는 바람에 흔들려도 숲은 울창한 상태로 그 자리를 지킨다. 당신이 꿈꾸는 삶의 목표는 재발을 막는 숲과 같다.

재발하지 않으려면
어떻게 해야 하나요?

단주의 초심을 지키자!

재발을 하지 않기 위한 가장 간단한 방법은 누구나 알고 있다. 그것은 술을 한 잔도 마시지 않는 것이다. 언제나 재발은 '한 잔 정도는 괜찮겠지.'라는 헛된 믿음에서 출발한다. 중독자가 술을 조절할 수 있다고 생각한다면 그것은 망상일 뿐이다.

중독자이기 때문에 한 잔의 술에 그토록 집착하는 것이다. 중독자가 아닌 사람은 술을 마시지 말아야 하는 상황에서 '한 잔은 괜찮을거야.'라는 생각조차 하지 않고 당연히 술을 마시지 않는다.

알코올이 조금이라도 체내에 흡수된다면 중독자가 스스로 재발을 막을 수 있는 방법은 사라진다. 혹시 아무런 문제 없이 넘어간다면 그것은 어쩌다 생기는 행운일 뿐이다. 그러나 그 행운 역시 결국에는 완전한 재발을 예고할 뿐이다.

더 나아가 "한 잔도 마시지 않겠어!"라는 각오로는 부족하다. 재발한 환자들은 도저히 술을 마시지 않고는 견딜 수 없을 것 같은 시간을 겪었다고 말한다. 우리는 술이 절박하게 필요한 순간이 오기 전에 대비해야 한다. 재발로 가는 감정, 생각, 행동을 미리 발견하고 다룰 수 있어야 한다. 앞서 말한 바와 같이 재발할 위험이 가까이 다가왔음을 알리는 경고신호에 예민하게 반응하자. 작은 징후라도 재빨리 발견해내고 그것을 성숙한 방법으로 해결하기 위해 집중하자.

스트레스를 관리하자!

첫 번째로 스트레스를 관리해야 한다. 술에 빠져 사는 중독자는 스트레스를 관리할 수 있는 능력이 없다. 기껏해야 남 탓이나 한다. 술을 끊으면 스트레스에 대처할 수 있는 능력을 가질 수 있다. 달리 말하면 이제 모든 것이 자신의 책임이 되는 것이다. 이는 다행스러우면서도 버거운 일이다.

"술을 끊기가 얼마나 힘들다고요! 그러니 제발, 스트레스를 주지 마세요!"라고 이야기하는 것은 중독자의 말투다. 다른 사람들이 스트레스를 대신 해결해주는 데는 언제나 한계가 있다. 좀더 자신감을 회복한 사람은 스트레스에 당당히 맞설 수 있다. 주변의 문제를 스스로 파악하고, 그 문제가 심각한 갈등과 좌절을 일으키기 전에 해결할 수 있다. 이것은 누가 대신해줄 수 없는 문제다. 내 마음을 편안하게 유지할 수 있는 힘은 나밖에 가질 수가 없다.

다른 사람들에게 스트레스의 책임을 미루다 보면 결국 그 스트레스에 압도된다. 어떤 상황에서 주로 스트레스를 받는지 평가하고 대책을 생각해보자. 다른 사람들에게 의존하며 가만히 있는다면 아무것도 해결할 수 없다. 귀 기울여 조언을 구하고 책임감 있게 변화를 도모해야 한다.

스트레스 말고도 도처에 재발할 수 있는 위험한 상황들은 널려 있다. 위험 요소를 하나하나 최대한 제거해나가야 한다. 불가피한 상황은 미리 예측하면 대비할 수 있다.

"생계를 유지하려면 거래처 사장을 만나야 합니다. 과거에는 술을 마시면서 영업을 했었습니다. 내일 저녁에 그 사장을 만나기로 했는데 어떻게 대처해야 할까요?"

상황이 오기 전에 미리 위기 상황임을 인지하는 것만으로도 변화는 시작된다. 그러나 물론 그게 전부는 아니다. 재발의 과정에 대해 깊이 있게 이해하고 충분히 회복 훈련을 한 사람들만 이러한 위기를 원만하게 넘긴다.

치료를 유지하고 모임에 참여하자!

그래서 우리는 치료를 유지하고 단주모임에 참여해야 한다. 위기가 찾아올 때 직접 겪은 경험만을 활용할 수 있다. 그러나 전문가와 회복자 선배들을 만나면 수백 명, 수천 명이 겪은 경험들을 우리에게 전해줄 것이다. 술의 유혹은 상상하지도 못할 다양한 방법으로 찾아온다. 우리에게는 풍부한 상상력과 다양한 경험이 필요하다.

도움을 거절하는 것은 중독자가 보이는 고질적인 특징이다. 그것은 중독 때문에 일어난 수치심 때문이다. 도움을 받을 수 있는 넉넉한 마음은 회복을 위한 중요한 조건 중 하나다. 전문가나 회복자 동료와 우정을 쌓자. 위기 상황에 대비해 연락처를 받아두는 것도 좋은 방법이다. 만약 재발의 신호가 오면 언제든지 조언을 해달라고 부탁하자. 재발의 신호는 제3자의 눈에 더 객관적으로 보일 수밖에 없다. 술을 선택하기 전에 15분만 결정을 미룰 수 있으면 충분하다. 먼저 경청하고 그 후에 생각을 정리하자.

입원중에는 열심히 치료를 받다가 퇴원한 이후에 치료를 중단해버리는 사람도 많다. 그 사람들은 자신이 진심으로 단주를 결심했기 때문에 아무런 문제가 생기지 않을 것이라고 믿는다. 그러나 그들은 어김없이 재발하고 만다. 치료만이 중독자가 신뢰할 수 있는 최후의 보루다. 정기적으로 의사를 만나 대화를 하고, 약물치료를 유지하고, 단주모임에 참여하자.

입원중인 중독자는 활주로를 달리는 비행기와 같다. 퇴원하면 창공을 나는 비행기가 된다. 활주로를 나는 비행기는 추락하지 않는다. 그러나 이륙 후의 비행기는 다르다. 비행기의 상태를 살피고 수시로 관제탑과 교신을 해야 하는 것은 창공을 날게 된 지금이다. 치료를 거부한다면 결국 추락하고 말 것이다. 어떤 경우에도 치료만큼은 포기하지 말아야 한다. 퇴원하고 적어도 1년 이상은 치료가 삶의 주가 되어야 한다. 결국 치료를 통해 더 자유롭게 세상을 살아갈 수 있게 될 것이다.

안정된 삶을 유지하자!

몸과 마음을 안정된 상태로 유지하는 것도 중요하다. 24시간의 생활 계획을 세우는 것은 술 없이 일상이 평안해지는 좋은 방법이다. 계획이 흐트러질 때 우리는 재발의 신호가 울리는 것을 알아차릴 수 있다. 회복자들이 단주 일기를 쓰는 것은 이러한 이유 때문이다. 매일을 돌아봄으로써 잘해낸 일에는 성취감을 느끼고, 잘해내지 못한 일에서 단주를 유지하기 위한 힌트를 찾아낼 수 있다.

갈망감과 금단 증상을 이겨내자!

갈망감과 금단 증상에 대한 대응도 마찬가지다. 여기까지 온 중독자는 이미 가장 격렬한 갈망감과 금단 증상을 견뎌냈다. 그보다 더 강한 증상은 어지간해서는 오지 않는다. 온다고 하더라도 갈망감과 금단 증상을 이겨내는 방법은 얼마든지 있다. 문제는 그것을 인식하지 못하고 휘둘리는 데 있다. 정확한 평가는 올바른 대처를 할 수 있도록 한다. 갈망감과 금단 증상이 다시 찾아올 것이라고 예측하자. 그리고 준비하자.

경험을 활용하자!

당신이 만약 이전에 재발한 경험이 있다면 그것은 귀중한 자원이다. 그 자원을 활용하지 않고 묻어두면 같은 약점에 또 당하게 된다. 거기에 다시 재발하지 않기 위한 모든 답이 있다. 그때 왜 재발했는가? 이것은 자존심을 건드리는 질문이 아니다. 고통의 시간을 겪었으면서도 왜 재발했는지 이유도 모르는 것이 자존심 상하는 일이다. 이 수수께끼는 반드시 답을 가지고 있다. 이유 없는 재발은 없다. 과거의 경험에서 최대한 많은 재발의 이유를 캐내야 한다.

자신감을 갖자!

재발을 막기 위해서는 무엇보다 자신감이 필요하다. 당신은 이미 단주에 성공했고 자격이 있다. 자신감은 단주를 유지하는 데 힘을 더해주고, 오만은 단주를 포기하게 한다. 우리는 자신감을 가지고 있기 때문에 언제든지 재발할 수 있다는 사실을 인식해야 한다. 다가올 상황을 두려워할 이유가 없다. 얼마든지 상황을 변화시킬 수 있다. 현재까지 이루어낸 성공을 생각해보자. 당신은 가장 어려운 시기를 견뎌왔고 앞으로 인생을 당당하게 살아갈 것이다.

인생의 목표를 기억하자!

'당신은 무엇을 위해 술을 끊었습니까? 당신은 미래에 어떤 모습으로 살고 싶습니까? 당신은 왜 삽니까? 당신에게 진정 필요하고, 당신이 진정 원하는 것은 무엇입니까?'

삶 전체를 회복하려던 귀중한 마음을 지켜내자. 삶의 목표를 상실했기에 술에 중독되었고 급기야 중독에서 벗어날 수 없었다. 이제부터는 매일 삶의 의미를 찾아야 한다. 가치관과 신조는 재발을 막는 중요한 방패다. 의미 있는 삶을 사는 사람은 작은 시련에 굴복하지 않는다.

실수로 술을 마셨을 때는 어떻게 해야 하나요?

회복의 과정에서 '한 잔의 술'이 얼마나 위험한지에 대해서는 이론의 여지가 없다. 그러나 이를 잘못 이해해서 어이없는 선택을 하는 경우도 있다.

"어차피 한 잔을 마셔버렸으니 모든 것이 다 끝났어. 이왕 이렇게 된 것 원 없이 취해나보자."

이렇게 생각했다면 너무 섣부르게 포기를 하는 것이다. 완벽주의는 오히려 회복에 방해가 된다. 왜냐하면 술을 한 잔 마신 이후에도 여전히 다양한 선택을 할 수 있기 때문이다. 마라톤을 생각해보자. 우리가 실수로 발을 헛디뎌 넘어졌다면 이는 큰 실수다. 분명 기록에도 큰 영향을 줄 것이다. 하지만 100m 달리기처럼 치명적이지는 않다. 우리는 기권을 할 수도 있지만 다시 일어나 최악의 결과를 피할 수도 있다. 적어도 회복의 과정은 마라톤보다 훨씬 더 긴 장거리

경기다.

조금이라도 술을 마셨다면 절체절명의 위기를 맞은 것은 틀림이 없다. 이 위기를 무사히 넘기기 위해서는 우선 더이상 술을 마시지 않기 위해 노력해야 한다. 첫 잔을 마시지 않는 것이 가장 중요하지만 그렇다고 둘째 잔, 셋째 잔을 마시지 않는 것이 아무런 의미가 없는 것은 아니다. 술 한 잔이 중독의 불씨를 얼마나 밝혔는지는 아직 알 수 없다. 다시 중독을 잠재우기 위해 노력해야 한다.

시급히 눈에 보이는 술을 없애고 이 상황에서 벗어나도록 하자. 여기에서 멈출 수만 있다면 아직 완전히 재발할 것은 아니다. 소량의 술도 생각을 왜곡시킬 수 있다.

"한 잔만 더 마시자. 내일부터 안 마시면 그만이잖아. 봐! 한 잔 마셔도 아무런 변화가 없잖아?"

이것은 온전한 생각이 아니다. 만약 이런 경우를 대비해서 전문가나 회복자 선배의 연락처를 받아두었다면 큰 도움이 될 것이다. 그들은 당신이 한 잔의 술을 마시기 전에 가졌던 온전한 생각을 다시 떠올리도록 도와줄 것이다. 그러면 당신은 그동안 절주에 숱하게 실패해오며 단주를 결심했었던 시간들을 떠올릴 수 있을 것이다.

위기를 넘길 수 있다면 치료 전반에 대한 점검이 필요하다. 분명 당신이 무시한 재발 경고 신호가 있을 것이고 잘못된 대처가 있었을 것이다. 자책을 하고 죄책감을 가지는 것은 좋지만 여기에 휩쓸릴 필요는 없다. 우리의 관심은 단지 재발을 멈추는 것이다.

'술을 마시기 전에 어떤 사건들이 있었습니까? 술을 마시게 된 유

발인자들은 무엇이었습니까? 그리고 그것에 당신은 어떻게 반응하고 대처했습니까?'

이 같은 질문에 구체적으로 대답할 수 있어야 한다. 그리고 같은 실수를 되풀이하지 않도록 새로운 계획을 세워야 한다. 실수를 하고 난 이후에 죄책감 때문에 치료를 회피하는 경우도 많다. 그러나 위기의 순간에는 늘 치료를 강화해야 한다. 서둘러 전문가를 만나고 모임에 참여하는 시간을 늘리고 약물도 조절하는 것이 좋다.

"술을 마신 주제에 무슨 말을 하겠습니까."

아니다. 당신은 많은 이야기를 해야 한다. 성숙한 사람은 실수를 통해 깨달음을 얻는다. 우리는 주어진 현실을 인정하고 그 다음을 준비하는 회복자임을 잊지 말자.

알코올중독이 누구나 걸릴 수 있는 병이듯 재발도 마찬가지다. 어떤 중독자도 재발에서 자유로울 수 없다. 심지어 10년간 술을 끊은 회복의 영웅마저 재발할 때가 있다. 재발을 현실적인 문제로 인식하고 대처해야 한다. 재발을 각오해야 재발하지 않는다.

알코올중독,
어떻게 치료하나?

과거의 치료는 입원 치료에만 치중되어 있었다. 그러나 최근 들어서는 지역 사회 내에서 중독 문제를 해결하려는 노력이 지속되고 있다. 하루라도 빨리 치료의 문을 두드리는 것이 중요하다.

술에 취해 웃고 사랑하고 울고 친구를 부르고 춤추고 허풍을 떨었던 순간이 있었을 것이다. 향락에 빠져 헛된 짧은 즐거움을 누렸겠지만, 술병의 바닥에는 병원이 있다. 내과 치료든 중독에 대한 치료든 중독자는 결국 병원을 찾게 된다.

술을 향유해온 세월을 인정하고 치료에 적극적이라면 그나마 다행이다. 치료가 필요한 현실을 외면하고 계속 술을 마시려고만 한다면 결국 폐인이 되거나 죽음을 맞게 된다. 고통스러운 결말을 외로이 맞지 않으려면 이제는 치료에 관심을 기울일 때다.

외래(통원) 치료는
어떻게 진행되나요?

"알코올중독은 입원 치료밖에 방법이 없다면서요?"

가족, 심지어 중독자 본인마저도 알코올중독의 치료에 대해 오해하고 있는 경우가 많다. 중독자는 치료 의지가 없기 때문에 강제로 입원을 시키는 수밖에 없다는 믿음이다. 그러나 다른 모든 병과 마찬가지로 알코올중독의 치료에서도 가장 중요한 것은 본인 스스로 병을 이겨내려는 마음가짐이다.

환자 스스로 통원 치료와 단주모임 참여를 병행하는 방법이 오히려 이상적인 치료에 가깝다. 본인이 자발적으로 치료 동기를 가지고 참여할 때 더 좋은 결과를 기대할 수 있다. 또한 입원을 하지 않으면 시간과 비용을 절약할 수 있다. 직장생활이나 대인관계를 유지할 수 있기 때문에 현실 속에 생기는 많은 문제들을 상담을 통해 해결해나갈 수 있다.

그러나 아무나 통원 치료를 할 수 있는 것은 아니다. 통원 치료는 본인의 술 문제를 인정하고 단주를 위해 노력할 마음이 있는 사람만 가능하다. 성실히 정해진 시간에 병원을 방문하고, 일주일에 한 번 이상은 단주모임에 참여할 정도로 의욕이 있어야 한다. 통원 치료를 하면서도 술을 조절하지 못하거나 갈망감과 금단 증상이 너무 심한 경우에는 주치의와 상의 후 일정 기간 입원 치료를 먼저 거쳐야 한다.

• 한국중독정신의학회 홈페이지(www.addictionacademy.org)

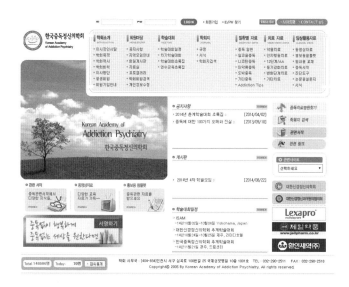

입원 치료를 마친 후 퇴원한 환자는 반드시 통원 치료를 유지해야 한다. 최소 6개월에서 길게는 수년간 통원 치료를 유지해야 단주에 성공할 수 있다. 병원에 있는 동안 술을 안 마시는 것이야 누군들 못 하겠는가? 퇴원 후 더 긴밀하게 주치의와 자신의 증상, 현실에서 부딪히는 문제에 대해 상의하고 약물의 도움도 받아야만 단주에 성공할 수 있다.

통원 치료는 대개 10~30분의 면담과 약물 처방으로 구성된다. 면담 주제에 제한은 없다. 의사는 환자의 단주생활에 대해 경청한다. 환자에게 전문 지식을 제공하기도 하고 생각과 행동의 변화를 권유하기도 한다. 치료 동기가 약해질 때는 힘을 북돋는다. 갈망감과 금단 증상을 관리하는 데 도움을 주는 약물을 처방해준다. 술을 끊은 이후에 우울증, 불안장애, 불면증이 심해지는 경우도 있고, 신체적인 질환을 발견하는 경우도 많은데 이에 대해 종합적인 상담을 받을 수 있다.

어느 병원에서 외래 치료를 시작할지 고민을 하는 경우가 많다. 각 대학 병원에는 중독을 전공한 교수님이 계신다. 혹은 보건복지부에서 지정한 알코올 전문 병원을 이용하는 것도 좋은 방법이다. 또한 한국중독정신의학회 홈페이지를 방문해 거주지 근처에 중독을 전문으로 다루는 정신과 전문의를 알아본 후 방문하는 것도 좋은 선택이다.

입원 치료는
어떻게 이루어지나요?

입원 치료를 하면 외래 치료와는 다른 집중적인 관리를 받을 수 있고 여러 프로그램에 참여할 수 있다. 직업적으로 부담이 적고 시간이나 비용을 투자할 여력이 있다면 먼저 입원한 다음 급성 증상을 관리한 후 외래 치료를 하기도 한다. 입원 치료 역시 본인의 의지로 시작하는 것이 가장 이상적이다. 외래 치료와 마찬가지로 치료 동기와 의지를 유지하는 데 더 유리하기 때문이다.

자의 입원의 경우 본인이 먼저 원해서 병원을 방문한 경우에 가능하다. 의사와 상의한 후 본인에게 충분한 치료 의지가 있으나 외래 치료를 시행하기 어려운 경우에는 입원을 권유받게 된다.

자의 입원의 경우 본인이 원한다면 바로 퇴원할 수 있기 때문에 부담이 덜하다. 그러나 이로 인해 치료를 안정적으로 유지하는 데 어려움이 따르기도 한다. 따라서 자의 입원을 하길 원한다면 주치의와 충분히 치료 계획에 대해 상의하고 치료 목표를 먼저 정한 다음 이에 따른 치료 기간을 준수해야 한다.

그러나 본인이 치료를 거부하는 상황에서 불가피하게 입원 치료를 하게 되는 경우도 많다. 단주를 하지 않고서는 병의 진행을 막을 수 없는데도 계속해서 술을 마시며 본인은 물론 다른 사람까지 해할 위험을 키우는 경우가 그렇다.

정신보건법상 정신과 전문의의 진단과 2명 이상의 직계가족이 동의하면 본인의 의사와 상관없이 6개월 이내로 입원할 수 있다. 물론 입원 후에도 인권을 존중받고 입원의 정당성에 대해 재심을 받을 수 있는 여러 장치가 있다.

입원 치료 초기에는 주로 금단 증상 및 신체적 문제를 해결하기 위한 해독 치료가 이루어진다. 혈액 검사, 소변 검사, 심전도 검사, 내시경 검사, 엑스레이 검사, 초음파 검사, 내시경 검사 등 검사와 약물 치료가 시작된다. 본인의 의사에 반해 입원을 하면 분노와 절망감, 불안한 마음에 사로잡히는 경우가 많다. 상담을 통해 이를 이겨내고 치료 목표를 분명히 하며 희망을 가지는 것도 중요하다.

본인이 치료 의지를 가지게 되면 본격적인 치료가 시작된다. 대개의 병원에는 병동생활 동안 지켜야 할 시간표가 있다. 병동생활은 강연·집단 치료·일대일 상담 및 여러 부가적인 활동으로 진행되고, 정해진 시간에 약물을 복용할 수 있다. 특히 12단계 치료, 인지행동 치료, 동기강화 치료는 알코올중독 치료의 대표적인 프로그램이다.

병동에서 여러 활동에 참여하고 환자들과 인간관계를 맺고 가족과 면회를 할 수도 있다. 가족과 병원에서 동의할 경우에는 산책이나 외출도 가능하다. 단주를 할 수 있는 능력과 의지가 회복되면 퇴원을 준비하게 된다. 이때 퇴원 이후에 이어갈 치료프로그램과 재활프로그램을 잘 계획하는 것이 중요하다.

입원 기간은 보통 3개월 정도가 적당하다. 중독되었던 뇌가 정상화되는 데는 일정 기간이 필요하기 때문이다. 대부분의 병원프로그램도 3개월 정도로 세팅되어 있다. 최근에는 단기 입원을 한 후, 낮병동이나 외래프로그램을 통해 통원 치료를 하는 방법이 시도되고 있다. 개방형 병동도 늘어나는 추세다. 단주와 치료를 병행할 의지가 있다면 굳이 격리 치료만 고집할 일은 아니기 때문이다.

그러나 중독의 경우 본인의 치료 의지가 부족하거나 치료를 거부하며 시간을 허비하는 경우가 많다. 이럴 경우 치료 기간이 6개월까지 길어지기도 한다. 본인, 가족, 치료진이 치료 목표를 공유하고 꾸준히 노력할 때 자존감을 지키면서 효율적인 치료 방법을 선택할 수 있다.

알코올 상담센터는
어떻게 이용하나요?

　　　　알코올중독 상담센터를 찾을 때는 사설업체를 피하고 반드시 보건복지부 소속이거나 지정을 받은 상담센터를 이용하기를 당부한다. 전국에서 50여 개의 상담센터가 운영되고 있다.

　지역사회 내 알코올중독자, 문제 음주자 및 그 가족 등 지역주민을 대상으로 술 문제가 있는 사람들을 조기에 발견해서 상담 · 치료 · 재활 및 사회복귀를 지원하는 역할과 음주폐해 예방 및 건전한 음주 방법을 교육하고 홍보하는 역할을 담당하고 있다. 병원 치료를 어디에서부터 해야 할지 막막하거나, 단주모임에 참여하는 방법을 모르겠다면 알코올 상담센터에 먼저 전화를 해보는 것도 좋은 방법이다. 알코올 상담센터가 없는 지역에서는 각 지역 보건소 산하 정신건강증진센터가 그 역할을 대신하고 있다.

　알코올중독에 대한 치료는 통원 치료 · 입원 치료 · 알코올 상담센터 · 단주모임을 유기적으로 활용해 효율적으로 이루어질 수 있다. 사회 복귀에 어려움을 겪는 경우 중간 단계로 재활시설을 이용하기도 한다.

보건복지부 정신건강 상담전화
- 전화번호: 1577-0199, 국번 없이 129
- 홈페이지: www.mw.go.kr

중독이라는 병을 극복하려면
약이 필요하다

술은 뇌에 직접적으로 작용해서 생물학적인 변화를 일으키기 때문에 이에 대한 치료가 가장 중요하다. 술에 의해 변화한 뇌와 신체를 방치하면서 회복을 기대하는 것은 온당치 않다.

정신과에서 처방하는 약에 대해서는 유독 편견이 많은 것이 사실이다. 이것은 비단 알코올중독에 국한된 문제는 아니다.

'정신과 약을 먹으면 바보가 된다던데?'

'약에 중독이 되지는 않을까?'

'의지로 고치면 되지 굳이 정신과 약을 먹어야 하나?'

이른바 '술 끊는 약'에 대해서도 마찬가지다. 술을 끊을 수만 있다면 약을 먹겠는데, 막상 약을 먹으려니 의구심도 생긴다.

약 효과가 얼마나 있는지, 부작용은 없는지에 대해 자세히 이해하지 못하면 약을 먹더라도 금방 중단해버리고 만다. 그렇기 때문에 약을 복용하기 전에 기대할 수 있는 효과와 부작용에 대해 충분히 이해하는 것이 중요하다.

약을 먹지 않고
술을 끊을 수는 없나요?

중독은 복합적인 병이다. 심리적인 병이고 사회적인 병이며 생물학적인 병이기도 하다. 이 중 어느 한 가지 문제만 해결하고 나머지를 방치한다면 병을 완전히 치유하기는 힘들 것이다. 남은 문제들이 재발을 초래할 것이기 때문이다. 특히 술은 뇌에 직접적으로 작용해서 생물학적인 변화를 일으키기 때문에 이에 대한 치료가 가장 중요하다. 술에 의해 변화한 뇌와 신체를 방치하면서 회복을 기대하는 것은 온당치 않다.

생물학적인 치료에는 크게 2가지 방법이 있다. 하나는 오랜 시간 술을 마시지 않음으로써 뇌와 신체가 정상 기능을 회복하기를 기대하는 것이다. 나머지 하나는 약을 복용함으로써 회복을 촉진하는 것이다.

중독에서 벗어나기 힘든 가장 큰 이유는 술 때문에 형성된 중독회로 탓이다. 중독회로가 과민하게 반응할 때 중독자는 매우 심한 갈망감을 느낀다. 이때는 아무리 술을 마시지 않으려는 의지가 있어도 도저히 어쩔 수 없는 상태가 되어버린다. 뇌의 정상적인 기능이 중독회로에 의해 완전히 압도되기 때문이다. 거기에 금단 증상을 비롯한 여러 신체 증상이 중독자를 괴롭힌다면 회복은 더욱 요원해진다.

중독에 빠졌던 사람이 단주를 유지하는 기간은 뇌를 회복시킬 수 있는 천금 같은 기회다. 술을 마시는 동안에는 어떤 노력을 해도 중독은 악화된다. 수개월간 꾸준히 단주와 약물치료를 병행해야만 생물학적인 중독에서 벗어날 수 있다.

중독 치료제에는
어떤 종류가 있나요?

과거에는 약을 먹은 후 술을 마시면 극단적인 고통을 느끼게 하는 약이 있었다. 디설피람disulfiram, 안타부스antabuse, 알코올스톱alcohol stop, 알코올빙alcoholbing 등으로 불렸던 약이다.

이 약은 몸이 술을 분해할 수 없도록 만든다. 따라서 아주 적은 양의 술을 마셔도 극단적인 숙취를 느끼게 된다. 두통, 구토, 발한, 호흡 곤란 등 불쾌한 느낌에 시달리게 되고 도저히 술을 먹을 엄두가 나지 않게 만든다.

그러나 이 약은 술을 마셨을 때 고통을 주는 것 이외에는 근본적인 치료 효과를 기대할 수는 없다. 게다가 2주 정도 약을 먹지 않다가 다시 술을 마시면 아무런 힘도 발휘하지 못한다. 또한 독성 작용이 강해서 약을 먹은 후 술을 마셨을 때는 응급실을 방문해야만 하는 상황을 초래하기도 해서 안전성도 부족하다. 이 약은 치료 효과가 적고 안정성이 보장되지 않아서 국내에서는 시판이 금지된 상태다.

보다 근본적인 치료제는 항갈망제다. 항갈망제는 뇌의 중독회로가 생성하는 술에 대한 갈망감을 효과적으로 줄여준다. 약을 먹는다고 해서 새뇌가 되거나 없던 의지가 생기는 것은 물론 아니다. 항갈망제는 새로운 생각을 주입하는 약이 아니다. 항갈망제는 중독자가 의지를 가지고 술을 끊으려고 할 때 중독회로의 신호들이 이를 방해하지 못하도록 한다. 중독자 스스로 의지를 더 잘 발휘할 수 있도록 돕는 보조적인 역할을 하는 것이다.

약을 먹으며 단주를 유지한다면 술에 의해 왜곡되었던 사고방식과 감정도 정상으로 돌아오고 맑은 정신으로 일상생활을 할 수 있게 된다. 즉 본래 뇌가 가지고 있던 정상적인 기능이 하나씩 회복되는 것이다.

물론 부작용이 없는 약은 없다. 그러나 항갈망제는 상당히 안전한 약에 속한다. 대부분의 부작용은 경미하다. 설사 부작용이 나타나더라도 충분히 관리할 수 있고 완치할 수 있기 때문에 염려할 필요가 없다. 또한 의존성이 없기 때문에 안심하고 장기간 복용해도 몸에는 전혀 지장이 없다.

대표적인 항갈망제로는 날트렉손naltrexone과 아캄프로세이트 acamprosate가 있다. 이 약을 복용하면 약의 도움 없이 단주를 하는 사람들에 비해 단주에 성공할 확률이 2배 정도 높아진다.

날트렉손에 대해서
자세히 설명해주세요!

알코올이 중독회로의 특정 부위를 자극하면 쾌락을 느끼게 하는 물질인 오피오이드와 도파민이 증가해서 술에 취하는 즐거움을 누리게 된다. 날트렉손(레비아)은 이를 차단하는 약이다.

날트렉손을 먹으면 갈망감이 줄고 설사 술을 마신다고 해도 과거와 같이 큰 즐거움을 느끼지는 못하게 된다. 술을 마시니 발음도 부정확해지고 졸음이 오는 것은 예전과 같은데, 취했을 때의 좋았던 느낌만 사라지기 때문에 폭음을 막아준다. 또한 술을 마시면 일부에서는 두통이나 매스꺼움이 심해져서 더이상 술을 마시기 힘들게 만들기도 한다.

이 약의 또 다른 장점은 하루 한 알만 먹으면 된다는 것이다. 최근에는 한 달에 한 번 근육 주사를 맞으면 한 달 내내 효과가 지속되는 약(비비트롤vivitrol)도 개발되었다(아직 국내에는 시판되지 않았다).

날트렉손의 대표적인 부작용은 두통, 매스꺼움, 어지러움이다. 용량을 서서히 늘이거나 다른 항갈망제를 처방하면 사라지는 부작용이기 때문에 크게 염려할 필요는 없다. 이 약을 과량 복용할 경우 간에 해로울 수도 있다. 그러나 원래 가지고 있는 간질환이 심한 경우가 아니라면 크게 염려할 필요는 없다. 환자들의 혈액을 검사해보면 대부분 약물 복용과 단주를 병행한 경우 간의 상태도 오히려 호전되는 것을 관찰할 수 있기 때문이다.

• 아캄프로세이트와 날트렉손의 효능 및 효과

	아캄프로세이트	날트렉손
작용기전	가바 · 글루타메이트 균형 조절	오피오이드 차단제
항갈망 효과	있음	있음
강화 차단	양성강화 · 음성강화 차단	양성강화 차단
용법	1일 3회 복용	1일 1회 복용
부작용	복통, 설사, 성기능장애	오심, 두통, 간독성

일부에서는 날트렉손이 다른 즐거움도 느끼지 못하게 해서 사람을 무기력하게 만드는 것은 아닌지 걱정하기도 하지만, 이는 기우에 불과하다. 날트렉손은 오로지 술에 관련된 쾌락만 효과적으로 억제한다.

아캄프로세이트에 대해서
자세히 설명해주세요!

술은 중독회로의 균형도 흐트러트린다. 뇌의 깊은 곳에서 글루타메이트glutamate는 자동차 액셀러레이터 같은 역할을 해서 기운 넘치고 활기찬 상태를 만든다. 반대로 가바GABA는 브레이크의 역할로 편안하고 안정된 상태를 유지하게 한다. 액셀과 브레이크가 적절히 조화를 이루어야 안전한 운행을 할 수 있다.

그러나 장기간 과음을 하던 사람이 술을 중단하는 것은 브레이크가 고장 난 것과 같다. 액셀이 과도하게 작동해 흥분되고 불안한 상태에 빠진다. 자연스럽게 안정이 되지 않고 술을 마셔서 다시 브레이크를 작동하고 싶은 유혹, 즉 갈망감에 빠지게 된다.

아캄프로세이트, 아캄프롤은 중독회로의 액셀과 브레이크가 균형을 맞출 수 있도록 해주는 약이다. 뇌가 금단 증상과 갈망감에 휘둘리지 않고 균형을 회복해 정상 기능을 발휘할 수 있도록 돕는다. 실제로 이 약을 4~6주 동안 복용하면 술에 대한 갈망이 줄고 안정이 되는 효과가 있다. 스트레스에 효과적으로 대처할 수 있고 집중도 더 잘할 수 있다.

날트렉손이 폭음을 막는 데 조금 더 효과가 있다면, 이 약은 재발을 막고 단주를 유지하는 데 강점이 있다. 식후 2알씩 하루 총 6알을 복용해야 한다. 체중이 60kg 이하인 사람은 하루 4알을 복용한다. 신장을 통해 배설되기 때문에 간이 좋지 않아도 안전하게 먹을 수 있다. 반면에 신장이 나쁜 사람들은 유의해서 처방받아야 한다.

부작용으로는 설사, 복통, 졸림, 성기능장애가 대표적이다. 용량을 서서히 늘이거나 약을 바꾸면 완치되기 때문에 크게 염려할 필요는 없다.

아캄프로세이트와 날트렉손의 작용기전이 다르기 때문에 두 약을 함께 복용하는 방법도 대안이 될 수 있다. 그러나 아직 두 약의 병용은 정식으로 인정받은 치료 방법은 아니기 때문에 보험 적용이 되지 않는 단점이 있다.

알코올중독 치료를 위해
먹는 다른 약은 없나요?

　　비타민 B1은 술로 인해 손상된 뇌세포와 말초신경세포가 회복되는 데 도움을 준다. 뇌세포 손상으로 인해 기억력이 저하된 경우나 말초신경세포가 손상되어 통증, 마비, 저림을 느낀다면 이 약이 도움이 된다. 신경세포는 다른 세포에 비해 회복이 더디기 때문에 수개월 동안 약물 섭취와 함께 단주, 운동, 건강 관리 등을 병행해야 한다.

술을 끊은 이후에 발생하는 금단 증상을 예방하거나 치료하기 위해 안정제인 벤조디아제핀benzodiazepine을 사용한다. 리버티(성분명: 클로르디아제폭사이드chlordiazepoxide), 아티반(성분명: 로라제팜lorazepam), 바리움(성분명: 디아제팜diazepam), 자낙스(성분명: 알프라졸람alprazolam)가 주로 처방되는 안정제다. 불면증이 심한 경우에는 수면 위생을 개선하도록 하고 스틸녹스(성분명: 졸피뎀zolpidem)를 수면제로 처방한다.

단주 초기에 안정제를 복용하지 않으면 금단 증상을 관리하기 힘들어진다. 심한 경우에는 간질을 앓거나 섬망에 빠져 생명을 위협받기도 한다. 또한 금단 증상은 단주를 유지하기 어렵게 한다. 따라서 금단 증상이 완화되기 전까지는 충분한 용량의 안정제를 복용할 필요가 있다.

그러나 안정제 역시 술에 비해서는 덜하겠으나 의존성과 내성이 있다. 특히 보통 사람들에 비해 중독자였던 사람들은 안정제에도 훨씬 쉽게 중독되는 경향이 있다. 따라서 금단 증상이 완화되는 속도에 맞추어 가급적 빨리 안정제의 용량도 줄이는 것이 좋다. 삶 속에서 자연스럽게 느껴야 하는 일반적인 스트레스마저 안정제를 통해 해결하려 해서는 안 된다. 항갈망제나 항우울제처럼 장기간 복용해도 문제를 일으키지 않는 약과 달리 안정제나 수면제는 유의해서 사용해야 한다.

또한 기타 중독 치료제로 토파맥스topiramate, 설존nefazodone, 조프란ondansetron, 리오레살baclofen 같은 약을 보조적으로 사용하기도 한다. 이들은 갈망감을 치료하고 절주를 하는 데 가능성이 있는 것으로 알려져 있다. 그러나 아직 효과가 충분히 입증되지는 않아서 널리 사용되지는 않는다.

회복을 함께할
진정한 벗을 만들자

중독은 다른 사람에게 도움을 받고, 다른 사람을 도움으로써 벗어날 수 있는 병이다. 지금 회복을 꿈꾸는 당신에게도 수십 년 전 빌과 밥이 가졌던 그 소망이 필요하다.

A.A.모임은 'Alcoholic Anonymous(익명의 알코올중독자들)'의 약자다. 이 모임은 익명성을 강조하지만 스스로 중독자라고 부르기를 주저하지 않는다. 많은 중독자가 이 모임을 통해 회복자로 변화했다. 지금부터 이 모임에 대해 소개하려 한다.

중독을 전문 분야로 하는 많은 정신과 전문의들은 '의사가 환자에게 치료와 더불어 A.A.모임 참여를 권유하지 않는다면 그것은 직무유기다.'라고 말하곤 한다. 그만큼 알코올중독자들이 동료나 선험자의 도움을 받아야 병을 더 잘 극복할 수 있다는 사실은 이미 의학적으로도 입증된 바 있다.

A.A.모임에는
어떻게 참여하나요?

중독에 빠지면 전문가나 가족들이 아무리 조언을 해도 중독자는 자신의 문제를 이해하지 못하는 제3자로만 그들을 대할 뿐 자신만의 사고 틀에 갇히게 된다.

'저들은 내 사정을 모르기 때문에 술을 끊으라고 강요만 하는 거야. 외롭고 괴로운 마음을 잊기 위해 오늘 딱 한 잔만 마시자.'

이를 '중독성 사고'라고 부른다. A.A.모임은 전 세계 2백만 명이 넘는 알코올중독자들이 흉금을 터놓는 자조모임으로 중독성 사고를 극복하고 단주 의지를 유지하는 데 큰 도움을 준다.

중독자는 다른 중독자를 믿는 경향이 있고 그들에게만 자신의 이야기를 편하게 하곤 한다. 중독자를 가장 잘 이해할 수 있는 사람은 중독자다. 먼저 중독에서 회복된 사람들이 단주를 결심한 사람들을 돕는다면 중독의 함정에서 탈출하는 데 큰 도움이 될 것이다.

국내에도 각 지역 공동체 모임이 형성되어 있다. 어떠한 종교, 학회, 병원, 정치 단체와도 연관되어 있지 않은 모임으로 이미 단주를 유일한 목적으로 하고 있는 사람들이 새로이 술을 끊으려고 하는 사람들을 돕는다.

모임에 참여하면 먼저 신입 회원이 자신이 중독자임을 고백하고 중독에 관한 자신의 이야기를 한다. 다른 참여자들은 이를 경청한 후 자신이 겪어온 중독에 관한 이야기와 어떻게 이를 극복하고 있는지 등에 대한 이야기를 나눈다. 지속적으로 자신의 이야기를 진지하게 경청해줄 동료들을 만나 관계를 맺고 그들의 경험담과 조언을 들을 수 있다. 어떤 이야기라도 편견 없이 이해와 지지를 해주고 자세한 상담을 들려주는 아군이 생기는 것이다.

중독자는 사회에서 고립되기 십상이다. 그러나 A.A.모임에 참여하다 보면 대인관계에 대한 열정을 회복할 수 있다. 이를 근간으로 자신감 있는 사회활동을 영위할 수 있다. A.A.모임은 가입비나 사례금을 받지 않는다. 술을 끊겠다는 열망이 A.A.모임 참여자가 되기 위한 유일한 조건이다. 문의는 아래 전화와 주소로 하면 된다.

에이에이한국연합Alcoholic Anonymous Korea
• 주소: 서울시 영등포구 영신로20길 6, 정우빌딩 2층
• 전화: 02)833-0311, 774-3797 / 팩스: 02)833-0422
이메일: aakoreagso@gmail.com
• 홈페이지: www.aakorea.org

A.A.모임의
이념과 목적은 무엇인가요?

A.A.모임은 1935년 유명한 외과 의사였던 밥 스미스Dr. Bob와 증권중개인 빌 윌슨Bill W.의 만남에서 시작되었다. 알코올중

독자였던 두 사람은 많은 대화를 통해 중독자들이 회복하기 위해서는 자조모임이 필요하다는 데 공감했다. 그리고 곧 A.A.모임을 창립했다. 여러 시행착오 끝에 오늘날까지 이어지는 A.A.의 기본 원칙들도 정해졌다.

이 모임은 알코올중독을 하나의 병으로 이해한다. 따라서 어떠한 편견도 가지지 않는다. 그리고 이 병을 극복하기 위해서 자신이 중독자라는 사실을 먼저 인정한다. 그들은 완전한 단주를 통해서만 회복할 수 있다고 믿는다. 멤버들은 한 잔의 술도 마시지 않도록 서로를 돕고 점검하며 일깨워준다.

이 모임은 의학과 기독교의 영향을 많이 받았다. 특히 기독교의 10계명과 유사한, 회복을 위한 12단계라는 개념이 있다.

12단계에서는 '위대한 힘, 신'에게 자신을 맡기라고 이야기한다. 이 신은 특정 종교를 지칭하는 것은 아니다. 과거에 알코올중독자에게 신은 술이었고, 알코올중독자의 신념은 고집이었다. 12단계의 위대한 힘은 그에 대항해 회복을 이끄는 절대적인 믿음을 말한다. 이 신은 각자의 종교일 수도 있고 A.A.모임 자체일 수도 있으며 조력자로도 얼마든지 대체할 수 있다. 여러 다른 종교를 믿는 사람들과 무신론자들도 이 모임에 참여한다.

또한 12단계는 단순히 술을 끊는 것에 머물지 않는다. 겸손을 강조하고 자신의 잘못에 대해서도 도덕적으로 검토한다. 지난 시절에 저지른 잘못을 고백하고 자신 때문에 고통받은 사람들이 받은 아픔을 되돌리려고 노력한다. 결점을 시인하고 인격적 성숙을 도모한다.

• 회복을 위한 12단계

단계	내용
1단계	"우리는 알코올에 무력했으며, 우리의 삶을 수습할 수 없게 되었다는 것을 시인했다."
2단계	"우리보다 위대하신 힘이 우리를 본정신으로 돌아오게 해주실 수 있다는 것을 믿게 되었다."
3단계	"우리가 이해하게 된 대로, 그 신의 돌보심에 우리의 의지와 생명을 맡기기로 결정했다."
4단계	"두려움 없이 우리 자신에 대한 도덕적 검토를 했다."
5단계	"우리의 잘못에 대한 정확한 본질을 신과 자신에게, 그리고 다른 어떤 사람에게 시인했다."
6단계	"신께서 이러한 모든 성격상 결점을 제거해주시도록 완전히 준비했다."
7단계	"겸손하게 신께서 우리의 단점을 없애주시기를 간청했다."
8단계	"우리가 해를 끼친 모든 사람의 명단을 만들어서 그들 모두에게 기꺼이 보상할 용의를 갖게 되었다."
9단계	"어느 누구에게도 해가 되지 않는 한, 할 수 있는 데까지 어디서나 그들에게 직접 보상했다."
10단계	"인격적인 검토를 계속해 잘못이 있을 때마다 즉시 시인했다."
11단계	"기도와 명상을 통해서 우리가 이해하게 된 대로의 신과 의식적인 접촉을 증진하려고 노력했다. 그리고 우리를 위한 그의 뜻만 알도록 해주시며, 그것을 이행할 수 있는 힘을 주시도록 간청했다."
12단계	"이런 단계들의 결과, 우리는 영적으로 각성되었고 알코올중독자들에게 이 메시지를 전하려고 노력했으며, 우리 일상의 모든 면에서도 이러한 원칙을 실천하려고 했다."

12단계는 세상을 바꾸려 하지 않는다. 그보다는 자신의 변화에 희망을 건다.

12단계의 좀더 자세한 내용은 A.A.모임에서 출판한 『익명의 알코올중독자들』과 『12단계와 12전통』이라는 책에 소개되어 있다. A.A.모임에 문의하면 책을 구입할 수 있다.

안타깝게도 우리나라 사람들은 여러 사람들 앞에서 자신의 상처에 대해 이야기하기를 힘겨워한다. 자존심 상해하고 수치심을 느낀다. 특히 중독에 빠지면 자신의 문제를 꽁꽁 감추려고 한다. 물론 A.A.모임과 잘 맞지 않는 사람도 있을 수 있다. 그런 사람들은 병원의 집단치료나 단주모임 혹은 인지행동치료, 동기강화치료로 A.A.모임을 대체할 수 있다.

그러나 어떤 치료든지 간에 중독자들은 똑같은 어려움을 이겨내야 한다. 상처받은 마음을 벽 뒤에 숨겨왔다면 벽을 허무는 아픔을 견뎌내야 한다. 그래야 누군가 도움을 주기 위해 다가올 수 있다.

어떻게 하면
조력자를 만들 수 있을까요?

자신의 의지가 가장 중요하다고 해도 중독을 극복하기 위해서는 조력자가 반드시 필요하다. 혼자 맞서 싸우기에 중독은 너무 강력한 적이다. 최대한 많은 아군이 있지 않고서는 중독을 도저히 이겨낼 수 없다.

"가족들은 저를 비난하고 의심만 할 뿐 도와주지 않아요. 오히려 가족들과 대화를 하다 보면 술 생각이 난다고요. 저에겐 진정한 조력자가 없으니 실패할 수밖에 없어요."

조력자는 단순히 의존할 수 있는 대상을 의미하지 않는다. 진정한 조력자는 양방향의 동등한 관계다. 조력자는 중독자의 책임을 대신 져주지 않는다. 조력자를 구하는 것도 조력자의 도움을 받는 것도 중독자의 책임하에 이루어져야 한다.

중독자는 의지하되 의존하지 않는 삶을 살아야 한다. '의존依存'이라는 말을 풀이하면 '존재 자체를 의지하는 상태'를 뜻한다. 그에 반해 '의지依支'라는 말에서 '支'는 '근원에서 갈라진 가지로 지탱하는 상태'라는 뜻이다. 즉 자신의 존재를 지키면서 살짝 기대 도움을 받는다는 뜻이다. 의존이 상대에게 전적으로 의지하는 것이라면, 의지란 자신이 중심이 되어 일시적으로 부분적인 도움을 받는 것을 말한다.

아플 때는 약에 의지해야 하지만 약에 의존해서는 안 된다. 어려울 때는 누군가에게 도움을 청할 수 있지만, 상대방에게 책임을 떠넘기고 모든 문제를 다 해결해달라고 할 수는 없는 노릇이다. 문제를 해결하는 중심에는 본인이 있어야 한다.

중독자는 과거에 술에 의존해 중독자가 되었다. 이제 건강하게 의지함으로써 회복해야 한다. 누가 중독자를 도울 수 있을까? 그들은 술에 의지하지 않고 맑은 정신으로 하루를 사는 사람이어야 한다. 중독자로 인해 상처받고 화가 난 사람에게 중독자를 도와달라고 강요할 수는 없다. 그들에게는 먼저 사과하고 보상을 하는 것이 낫다.

A.A.모임이나 알코올중독 전문가는 가장 쉽게 선택할 수 있는 조력자다. 그 외에도 단주를 지지해줄 수 있는 사람들을 찾아볼 수 있다. 중독자 쪽에서 먼저 노력해서 다른 사람들이 도울 수 있도록 상황을 조성하는 것이 옳다. 그들에게 받은 도움만큼 중독자도 다른 사람을 도우려는 마음을 갖는 것이 중요하다. 일방적인 의존이 아닌 건강한 도움을 원해야 한다.

"제가 만약 술 생각이 나서 어쩔 줄 몰라 한다면, 제가 얼마나 단주를 원했고 술로 인해 얼마나 고생을 했었는지 일깨워주세요."

"이 상황을 해결할 수 없을 것 같고 앞으로 모든 것이 잘못될 것 같은 생각이 자꾸 듭니다. 제 생각이 합리적인 것일까요? 저에게 조언을 해주세요. 그리고 제가 상황을 해결할 수 있도록 용기를 주십시오."

조력자를 정했으면 모호한 도움을 기대하는 대신에, 조력자에게 아주 직접적이고 구체적으로 도움을 부탁하는 것이 좋다. 중독자에게 완전한 단주가 필요하고 이것을 유지하기 위해 필요한 도움과 문제를 해결할 수 있도록 조언을 부탁해야 한다. 조력자는 우연히 만나게 되는 귀인과는 다르다. 그것은 상호관계와 대인관계, 대화법의 개선을 통해 얻어진다.

〈또 다른 탄생My name is Bill W.〉이라는 영화는 중독자였던 빌이 A.A.모임을 만들어가는 과정을 담고 있다. 빌은 평생의 동지인 밥과 함께 병원을 찾아다니며 입원한 중독자들을 만난다.

"나는 의사면서 알코올중독자입니다."

"우리 둘 다 중독자예요. 알코올중독이죠."

둘은 자신들 역시 중독자인 것을 고백한다.

"우리는 혼자 힘으로는 술을 끊을 수 없다는 걸 알았어요. 그러나 함께하면 할 수 있을 거라고 생각합니다."

자기 자신은 물론 다른 중독자를 돕겠다던 작은 소망은 훗날 몇 백만 명의 중독자를 구해내는 모임을 탄생시킨다. 중독은 도움을 받고 다른 사람을 도움으로써 벗어날 수 있는 병이다. 지금 회복을 꿈꾸는 당신에게도 수십 년 전 빌과 밥이 가졌던 그 소망이 필요하다.

진정한 의미의
회복은 무엇인가?

회복의 길을 통해서 중독자 역시 현실에 굴복하고 좌절했던 중독자의 늪에서 벗어날 수 있다. 당신은 세상을 바꿀 수 있고, 당신 자신과 다른 사람에게 빛이 될 수 있다.

"알코올중독은 죽어야 낫는 병인가 보다!"

중독자와 가족만이 내뱉는 탄식이 아니다. 알코올중독을 치료하는 의사들조차 때로는 절망감을 느낀다.

"선생님, 진심으로 단주를 결심했습니다. 이제 술에서 벗어나 인간답게 한번 살아보고 싶습니다."

단주가 간절하다며 눈물을 훔쳤던 환자가 몇 개월 만에 고주망태가 되어 의사 앞에 돌아온다. 심지어 술에 취해 의사를 가만두지 않겠다며 협박 전화를 하는 사람도 있다. 그러나 차라리 돌아오기라도 하면 다행이다. 때로는 보호자들이 찾아와 사망 소식을 전하기도 한다. 퇴원 후 집에서 나와 혼자 술을 마시다가 죽음에 이르렀다는 이야기를 들었을 때 그 착잡함은 이루 말할 수 없다.

알코올중독자에게
희망이 있는가?

"이 병에 정말 희망이 있습니까?"

그럼에도 불구하고 우리는 중독자와 가족들 앞에서 여전히 이 병의 희망에 대해서 이야기한다.

국내의 한 연구에 따르면 중독자 중 50~60%는 퇴원 이후 3개월 내에 재발한다. 1년간 단주를 유지하는 사람의 비율은 15% 정도에 불과하다. 10명 중 1~2명만이 성공적으로 술을 끊는다는 것이다. 그러나 주목할 만한 사실이 있다. 이 1~2명은 정말 성공적으로 술을 끊더라는 것이다. 또 다른 연구에 따르면 2년 이상 단주를 유지한 사람이 10년간 단주를 유지하는 비율이 80%나 된다.

여기서 한 가지 힌트를 얻을 수 있다. 중독의 터널에 갇혀 있는 동안 회복은 아득하다. 우리는 술을 끊고도 몇 개월은 여전히 그 터널을 벗어나지 못한다. 사방에는 실패한 사람들밖에 보이지 않는다. 그러나 1년 정도 포기하지 않고 계속 단주를 하면 상황이 달라진다. 다시 말해 단주를 유지하는 시간이 길어질수록 재발할 확률도 줄어든다.

전국의 A.A.모임 멤버들이 모이는 워크숍에 참석한 적이 있다. 그곳에서 수백 명의 회복자가 자신의 성공담을 들려주었다. 몇 년간 술을 끊은 사람은 부지기수고 10년 이상 단주를 해낸 사람도 적지 않았다. 그들의 표정은 절망감에 사로잡혀 있는 중독자와는 사뭇 달랐다. 얼굴에는 웃음이 만연했고 당당한 기운이 넘쳤다.

"우리라고 현실이 순조로운 것도, 재발이 두렵지 않은 것도 아닙니다."

그들은 재발하지 않기 위해 대비하지만 재발을 두려워하지는 않았다. 현실은 어렵지만 자신감에 차 있었다. 왜냐하면 수년간 단주를 유지하며 재발하지 않을 수 있는 회복의 힘을 얻게 되었기 때문이다. 그 세월 동안 그래도 어제보다는 내일이 나을 것이라는 희망을 가지게 되었다. 그들에게도 시련은 있겠지만 희망을 품은 사람은 시련 속에서도 행복과 자존감을 지킬 수 있다.

회복자들은
무엇이 다른가요?

그럼에도 불구하고 단주 성공률은 20%도 되지 않는다. 중국 명나라 때 명의 편작은 어떠한 의사도 고칠 수 없는 6가지 불치의 병, 육불치六不治에 대해 다음과 같이 말했다.

- 일불치一不治: 스스로 교만해 자신의 병은 자신이 안다고 주장하는 사람
- 이불치二不治: 자신의 몸을 함부로 여기고 오직 재물만을 귀중히 여기는 사람
- 삼불치三不治: 옷과 음식을 제대로 가리지 못하는 사람
- 사불치四不治: 음양의 조화를 거스르고 함부로 과욕을 하는 사람
- 오불치伍不治: 몸이 극도로 쇠약해져서 도저히 약을 받아들일 수 없는 상태에 있는 사람
- 육불치六不治: 의사의 말은 듣지 않고 무당의 말만 믿는 사람

편작은 육불치六不治를 말하면서 이 중 1가지만 있더라도 그 병은 고치기 어렵다고 강조했다. 그런데 중독자는 이 6가지 모두를 가지고 있다. 중독자는 교만하고 고집을 부리며 몸을 함부로 다룬다. 쾌락에 치중해 생활을 제대로 관리하지 못하고 과욕을 부린다. 어느 누구의 말도 듣지 않는 것은 물론이다.

회복에 성공하는 사람들은 분명 이와는 다른 특징을 가지고 있다. 그들은 철저히 자신이 중독자인 것을 인정한다. 그리고 겸손하게 다른 사람이 하는 이야기를 경청한다. 의지만으로는 나아질 수 없다는 것을 인정하고 절실하게 도움을 청한다.

또한 스스로 단주를 하고 싶어하는 강한 동기를 가지고 있다. 그 동기는 그들의 생각과 행동을 바꾼다. 그들은 오랜 시간 동안 한결같이 의사를 만나고 약을 복용하고 모임에 참석한다. 어떠한 일이

있더라도 치료만은 포기하지 않는다.

남 탓을 하는 대신에 관계를 개선하기 위해 노력한다. 그들의 하루는 어떻게든 견디거나 피해야만 할 고난이 아니다. 스스로 책임지고 환경을 개선하고 인식하려 노력한다. 그들의 하루는 자신을 성숙시킬 수 있는 모험이고 기회다.

회복할 확률이 떨어지는 이유는 중독자가 이런 마음을 가지기 어렵기 때문이다. 우리가 이러한 초심을 가질 수만 있다면 회복할 가능성은 훨씬 더 높아진다. 이런 사람의 대다수는 회복에 성공한다. 스스로 알코올중독을 고칠 수 있는 병으로 만들 수 있다.

우리가 여전히 중독자처럼 생각하고 느끼며 이 병을 대한다면 회복에 성공할 확률은 더 낮아질 것이다. 그러나 회복자답게 생각하고 마음을 먹고 행동한다면 회복은 어느새 현실로 다가올 것이다.

진정한 회복이란
무엇인가?

사전적 의미의 회복이란 '원래의 좋은 상태로 되돌리거나 원래의 상태를 되찾음'을 일컫는다. 그러나 술을 끊고 몸이 편해진다고 해서 곧 진정한 회복을 이루었다고 하기는 어렵다. 중독자가 되찾아야 할 것은 생각보다 훨씬 더 많다.

중독자는 뇌와 신체의 건강을 되찾아야 한다. 그러나 이것은 기본에 불과하다. 중독자는 정서적 영역에서도 회복해야 한다. 스트레스를 관리하고 감정을 편안하게 유지하고 즐거운 일상을 보낼 수 있어야 한다. 또한 중독성 사고나 왜곡된 방어기제 때문에 잃어버렸던 자신을 되찾아야 한다. 원래의 지능과 이성적인 판단능력을 회복해야 한다. 인간관계에서 오는 어려움과 사회적 스트레스도 충분히 이겨낼 수 있는 건강한 나를 되찾아야 한다. 중독자는 경제적·사회적인 환경 때문에 힘겨워만 할 것이 아니라 당당히 맞서 환경을 다룰 수 있어야 한다. 인생관과 가치관도 회복해야 한다. 삶의 의지도 다시 느낄 수 있어야 한다.

또한 진정한 회복은 술로 인해 잃어버린 것들을 되돌리는 것보다 더 큰 의미가 있다. 오래전 중독에 빠지지 않았다고 상상해보자. 그랬다면 하루하루를 그저 허비하지는 않았을 것이다. 하루를 통해 경험을 쌓고 인생을 통찰하며 자신감 있는 당당한 성인이 되었을지도 모른다. 우리는 술 때문에 중독에 빠진 어린아이로 살아왔다. 술은 인생의 성숙을 멈추고 오히려 후퇴하게 만들어왔다. 나이에 걸맞는 성숙을 하지 못했을 때 인생은 고달파진다.

영국 웨스트민스터 대성당의 지하 묘지에 있는 유명한 성공회 주교의 묘비에는 다음 글귀가 적혀 있다.

내가 젊고 자유로워 상상력의 한계가 없을 때,
나는 세상을 변화시키겠다는 꿈을 가졌었다.
좀더 나이가 들고 지혜를 얻었을 때,

나는 세상이 변하지 않으리라는 것을 알았다.

그래서 시야를 약간 좁혀서 내가 살고 있는 나라를 변화시키겠다고 결심했다.

그러나 그것 역시 불가능한 일이었다.

황혼의 나이가 되었을 때 나는 마지막 시도로,

나와 가까운 내 가족을 변화시키겠다고 마음을 먹었다.

그러나 아무도 달라지지 않았다.

이제 죽음을 맞이하기 위해 누운 자리에서 나는 깨닫는다.

만일 내 자신을 먼저 변화시켰다면,

그것을 보고 내 가족이 변화되었을 것을

또한 그것에 용기를 얻어 내 나라를 더 좋은 곳으로 바꿀 수 있었을 것을

그리고 누가 아는가. 세상까지도 변화되었을지도

우리는 모든 것을 변화시킬 수 있다. 하지만 그 변화는 나로부터 시작해야 한다. 진정한 회복은 멈추었던 인생의 성숙을 다시 시작하는 것이다. 이때 회복은 실로 무시무시한 힘을 가지고 있다.

이제 우리는 인생이라는 여정의 순례자가 되기를 주저하지 말아야 한다. 술에 빠지지 않았는데도 인생을 허비하는 사람도 많다. 비록 중독에 빠졌다고 해도 그를 통해 새로이 인생을 성숙시키는 계기를 만난다면 인생 전체에서 지난 시간은 오히려 전화위복일 수도 있다.

당신이 묘비에 글을 남긴다면 어떤 글을 남기고 싶은가? 중독자는 인생의 끝에서 아무것도 남기지 못한다. 오히려 짐을 남기고 짐을 떠안고 간다. 하지만 회복을 꿈꾸는 사람은 다르다.

'나는 나 자신을 먼저 변화시켰다. 내 인생은 회복과 성숙의 과정이었다. 때로는 시련이 있었다. 중독은 내 인생의 가장 큰 시련 중 하나였다. 그러나 나는 불평하는 대신 나를 변화시킴으로써 세상을 변하게 했다. 나 자신과 더불어 내가 사랑하는 모든 사람들은 당당하고 행복한 인생을 누렸다.'

인생의 끝자락에서 진정한 회복은 이렇게 마무리될 것이다.

· A.A. 302, 379, 380, 381, 382, 384,
   386, 387, 390
· 가바(GABA) 87, 375
· 가족 알코올중독 243
· 간경화 27, 29, 38, 58, 118, 204, 211
· 간질환 56, 211, 234, 374
· 강박장애 150, 156, 157
· 강박적인 음주 37
· 공동의존 264, 265, 266, 270, 272
· 공모자형 272
· 공존질환조사 213
· 관상동맥질환 121
· 글루타메이트 87, 88, 375
· 기분장애 154, 155, 156
· 내성 36, 94, 158, 159, 378
· 냉담자형 273
· 노인 알코올중독 231, 236
· 뇌간 87
· 뇌졸중 121, 230, 234
· 뇌출혈 76, 121, 233
· 단주 폭음 반복형 49
· 대뇌 보상회로 89
· 도파민 87, 88, 90, 223, 244, 374

· 도파민 수용체 244
· 렘수면 158
· 로빈 윌리엄스 127, 128, 129
· 말로리바이스 증후군 119
· 박해자형 271
· 반복강박 246
· 반사회인격장애 161
· 방어기제 98, 245, 293
· 범불안장애 150, 157
· 베르니케 코르사코프 증후군 92
· 벤조다이아제핀 377
· 변연계 165, 223
· 부신피질자극호르몬 90
· 불면증 24, 26, 36, 46, 50, 55, 151,
   158, 159, 160, 349, 350, 366, 377
· 불안장애 150, 151, 156, 157, 162,
   163, 214, 356
· 블랙아웃 88, 93
· 비타민B1 92, 119
· 세계보건기구 44, 46
· 세로토닌 88, 154
· 순교자형 270
· 술친구형 273

· 신피질 165
· 아세트알데하이드 115
· 알라틴 303
· 알아넌 302, 303
· 알코올간경변증 117, 118
· 알코올사용장애 46, 47, 201, 231
· 알코올성 치매 92, 234, 235
· 약물치료 62, 91, 161, 345, 357, 372
· 에릭슨 236
· 오디트 검사 44
· 오피오이드 87, 88, 372, 375
· 외상후스트레스장애 150, 157
· 우울증 36, 38, 46, 50, 55, 57, 139,
   140, 144, 150, 151, 152, 154, 155, 162,
   163, 176, 213, 254, 214, 258, 259, 298,
   299, 352, 353, 366
· 음주통제모델 130
· 자아 39, 57, 110, 193, 194, 195, 196,
   204, 205, 217, 236, 238, 239
· 자조모임 62, 66, 69, 73, 74, 106, 196,
   208, 238, 279, 296, 302, 338, 380, 382
· 자존감 100, 103, 104, 106, 109, 110,
   170, 194, 195, 207, 209, 214, 216, 217,

   232, 237, 245, 257, 258, 269, 271, 278,
   281, 290, 313, 324, 325, 326, 327, 353,
   390
· 작화증 92
· 저녁 폭음형 48
· 전두엽 87, 90, 93, 224, 235
· 정신적 외상 214, 216
· 조울증 154, 155
· 조현병 161
· 졸피뎀 159, 377
· 종일 음주형 48
· 중추신경억제제 162
· 청소년 알코올중독 220
· 췌장염 119, 121, 234
· 치매 38, 76, 91, 93, 230, 234, 235,
   237
· 키친 드링커 50
· 태아알코올증후군 122, 212
· 투사 98, 99, 288
· 한국형 알코올중독 선별검사 42
· 휴일 폭음형 49

『왜 우리는 술에 빠지는 걸까』
저자와의 인터뷰

Q. 『왜 우리는 술에 빠지는 걸까』 책 소개를 해주시고, 이 책을 통해 독자에게 주고 싶은 메시지는 무엇인지 말씀해주세요.

A. 정신건강의학과 전문의 자격을 취득한 후 줄곧 알코올 전문 병원에서 중독자와 함께 긴 시간을 보냈습니다. 많은 분들이 회복에 성공했기에 저에게도 의미 있는 시간이었습니다.

그러나 한 가지 안타까운 점은 대부분의 중독자들이 회복을 결심하기까지 너무 오랜 시간을 허비한다는 것이었습니다. 긴 시간 절망의 늪을 헤매다 보면 인격마저 변하고 삶의 의미도 잃어버립니다. 자신에게는 아무런 희망이 없다고 믿으며 최적의 치료시기를 놓쳐버립니다.

초기에 병을 인식할 수만 있다면 우리는 회복의 자원을 모두 잃기 전에 인생을 구할 수 있습니다. 이 책은 더 늦기 전에 절망의 여정을 멈추고 회복의 과정을 함께하자는 하나의 이정표입니다. 이정표는 완전한 회복을 가리킵니다. 이 책을 통해 중독을 극복한 많은 선배들과 전문가들이 증언하는 희망의 메시지를 전하고자 합니다.

Q. 알코올중독이란 무엇이고 증상은 어떠하며, 어떻게 진행되나요?

A. 알코올중독이란 심리적으로나 신체적으로 술에 의존하게 되어 술 없는 삶은 상상할 수도 없게 된 상태를 말합니다. 자신이 평범한 애주가라고 착각할 수도 있습니다. 중독이 된 이후에도 기능을 잘 유지하는 사람들도 많습니다.

그러나 회복하지 못했을 때 종착지는 정해져 있습니다. 내성과 금단 증상이 생기고 삶 전체가 망가집니다. 인격도 변해 폐인이 되거나 치매에 이릅니다. 결국 비극적인 죽음을 맞게 됩니다. 그런데도 많은 중독자들이 술을 줄여 마시려고만 합니다. 하지만 이 병은 술을 완전히 끊지 않는 한 현재보다 반드시 더 악화됩니다.

최근 들어 중독에 대한 가장 중요한 인식 변화는, 중독을 치료가 가능한 뇌의 질병으로 이해한다는 점입니다. 과거에는 중독을 의지력이 약한 일부 사람들의 도덕적인 문제로 여기는 경향이 있었습니다. 그러나 중독의 치료 방법이 정립되었고, 이 치료 방법을 수용한다면 누구나 회복에 성공할 수 있습니다.

Q. 알코올중독에서 회복되는 방법은 무엇이고 완전한 회복은 가능한가요?

A. 중독은 완치는 안 되지만 완전한 회복은 가능한 병입니다. 완치가 안 된다는 것은 술을 끊어도 여러 어려움이 남고, 다시 술을 입에 대면 금방 재발하기 때문입니다.

그러나 단주를 통해 완전히 회복할 수 있습니다. 알코올중독을 극복한 후 병이 발병하기 전보다도 오히려 훨씬 더 나은 삶을 살게 되었다는 사람들을 심심치 않게 만납니다.

보통 사람들도 인생의 성숙을 이루지 못한 채 시간을 낭비하곤 합니다. 중독을 극복하는 과정에서 인생의 성숙을 도모할 수 있다면 술 하나를 포기하는 대신 훨씬 더 윤택한 삶을 살 수 있습니다.

Q. 술에 문제가 있는지 스스로 점검해보려면 어떤 방법을 활용하면 좋을까요?

A. 오디트AUDIT검사나 NAST와 같이 중독을 자가 평가해볼 수 있는 몇 가지 설문지가 있습니다. 10가지 정도의 질문에 대답하면서 중독이 되었는지 스스로 점검해볼 수 있습니다.

그러나 많은 사람들이 고주망태가 되어 매일 술을 마시는 사람들만이 중독자라고 믿으며 현실을 외면해버립니다. 사실은 오히려 폭음과 단주를 반복하는 중독자 유형이 더 많습니다. 그들은 술을 마시지 않는 기간에는 일상생활을 어느 정도 잘 유지합니다.

중요한 것은 얼마나 술을 조절하는 데 어려움을 겪고 있고, 술 때문에 어떤 문제를 겪고 있느냐 하는 것입니다. 주변 사람이 술을 줄이라는 권유를 하고 현실에 여러 문제가 있는데도 술을 끊지 못하고 문제를 되풀이하고 있다면 이미 중독에 빠졌을 가능성이 높습니다. 단주를 내일로 미루며 술을 줄이려는 시도만 반복하는 것이야말로 중독의 가장 큰 특징입니다.

Q. A.A.모임을 통해 알코올중독에서 회복하는 사람들이 늘어나고 있습니다. A.A.모임은 어떤 단체이며, 회복에 어떤 역할을 하나요?

A. A.A.모임은 1935년 유명한 외과 의사였던 밥 스미스Dr. Bob와 증권중개인 빌 윌슨Bill W.의 만남에서 시작되었습니다. 알코올중독자였던 두 사람은 많은 대화를 통해 중독자들의 회복을 위해서는 자조모임이 필요하다는 데 공감했고 A.A.모임을 창립했습니다. 이 모임은 알코올중독을 하나의 병으로 이해하고 어떠한 편견도 가지지 않습니다. 대신 이 병을 극복하기 위해서 자신이 중독자라는 사실을 먼저 인정하자고 주창합니다. 그들은 완전한 단주를 통해서만 회복할 수 있다고 믿습니다. A.A.모임 참가자들은 한 잔의 술도 마시지 않도록 서로를 돕고 점검하며 일깨워줍니다.

중독자들은 자신과 같은 경험을 한 중독자만을 믿는 경향이 있다고 합니다. 반대로 회복자는 다른 회복자와의 관계를 통해 희망을 찾습니다. 이 모임을 통해 수많은 사람들이 회복에 성공했습니다.

Q. 중독의 가장 큰 증상이 '부정'이며, 인정하는 사람만이 회복할 수 있다고 하셨습니다. 부정이란 무엇이고 어떻게 대처해야 하나요?

A. 부정은 현실을 인정하지 못하는 것입니다. 중독자는 현실을 인정하지 못합니다. 왜냐하면 자신이 중독자라고 인정하는 순간 도덕적 타락을 인정하고 낙인이 찍히는 것처럼 느껴지기 때문입니다. 현실을 받아들이고 나면 다시는 술을 마실 수 없게 될 것이고, 자기 자신을 통제할 수 없다는 점을 받아들여야 합니다. 마치 암에 걸린 사람이 자신이 암에 걸렸을 리 없다며 수술과 항암치료를 거부하는 것과 같습니다.

자존감이 낮아지고 술을 조절할 수 없게 될수록 부정이 심해집니다. 또한 중독이 심해질수록 부정이 심해집니다. 그러나 병에 걸린 것을 인정하지 않으면 병에 대응할 수도 없습니다. 중독으로 망가진 현실을 부인해서는 현실을 극복할 수 없습니다.

Q. 중독성 사고보다 더 무서운 건 없다고 하셨습니다. 중독성 사고란 무엇인가요?

A. 중독자의 사고방식이 왜곡되는 현상을 중독성 사고addictive thinking라고 합니다. 가족들이 아무리 술을 끊으라고 권유해도 중독자에게는 술을 마시는 나름의 이유가 있기 마련입니다. 오히려 가족들이 잔소리를 하기 때문에 술을 마시고 화를 낸다는 억지가 중독자에게만큼은 정당합니다.

대표적인 중독성 사고가 몇 가지 있습니다. 자신의 현실을 부정하고 합리화하고 남 탓을 하게 됩니다. 절망감에 차 있고 갈등을 견디지 못하며 과민해집니다. 다른 사람을 조종하려고 듭니다. 자신의 실수는 인정하지 못하면서 다른 사람들에게 분노하고 감정을 다스리지 못합니다. 현실에 만족하지 못하고 세상으로부터 스스로를 격리합니다. 중독성 사고는 술이 뇌와 마음을 망가뜨리면서 생깁니다. 따라서 중독성 사고는 오랜 기간 단주를 하고 회복했을 때만 극복할 수 있습니다.

Q. 알코올중독은 우리 모두의 병이라고 하셨습니다. 그렇다면 남녀노소 누구나 걸릴 수 있는 병이라는 의미인가요?

A. 중독자라고 하면 폭음을 반복하고 폭력을 행사하는 성인 남자만을 떠올리기 쉽습니다. 그러나 사실 청소년, 여성, 노인의 경우 은밀하게 술을 마시는데다가 알코올에 취약하기 때문에 더 심각한 결과를 초래하고 있습니다.

청소년 중 25% 정도가 주 1회 이상 술을 마신다고 하는데, 청소년이 음주를 하면 심각한 중독자가 될 확률이 5배나 늘어납니다. 그뿐만 아니라 게임이나 도박, 다른 약물에 중독될 위험이 높아지고 인격 형성에도 부정적인 영향을 미칩니다.

여성 중독자의 경우 남성 중독자에 비해 건강이 쉽게 나빠지고, 중독이 빠르게 진행됩니다. 우울증이나 정신적 외상이 악화되어 자살처럼 심각한 상황에 이를 확률도 높습니다.

노인의 경우에는 술을 마셔도 건강을 유지할 수 있는 능력이 거의 사라지기 때문에 고통스러운 죽음을 맞이하고는 합니다. 알코올성 치매로 인지장애를 겪거나 인격과 감정이 왜곡되어 노후를 불행하게 보내고 가족 모두를 불행하게 만듭니다.

Q. 알코올중독은 가족병이라고 합니다. 가족이 도움을 받으려면 어떻게 해야 하나요?

A. 많은 중독자의 가족들이 중독자를 걱정하며 옥신각신하는 동안 정작 자신을 돌보지 못합니다. 우울증이 생기고 중독자를 돕기는커녕 서로를 증오하며 문제를 악화시키고 있는 현실을 놓치고 맙니다. 중독자를 돕기 위해서는 먼저 가족이 위로를 받고 변화하기 시작해야 합니다. 가족을 위한 자조모임에 참여하는 것은 좋은 방법입니다. 또한 중독자에게 치료를 권유하는 데 어려움을 겪고 있다면 가족이 먼저 전문가를 찾아 대화를 나눠보는 방법도 추천할 만합니다. 가족이 희망을 가지지 못하는데, 중독자에게만 희망을 강요할 수는 없는 노릇입니다.

영화 속 인물을 통해 정신병리를 배운다

영화 속 심리학

박소진 지음 | 값 16,000원

이 책은 정신병리에 대해 관심을 가지고 있거나, 심리 관련 분야를 전공하고자 하는 사람을 위한 안내서다. 정신병리라는 명칭이 내포하듯, 일상적인 인간의 심리를 다루기보다는 병적이거나 이해하기 어렵고 부적응적·역기능적인 심리나 장애를 다루기 때문에 일반인들이 이해하는데 어려움이 있다. 이에 접근성이 용이한 영화 속 인물들의 정신병리를 중심으로 설명했기에 해당 병리에 대한 기초적인 그림을 그리는 데 많은 도움이 될 것이다.

두고두고 마음에 새겨야 할 삶의 지혜

채근담

홍자성 지음 | 박승원 편역 | 값 13,000원

『채근담』은 본래 전집 223조목과 후집 135조목으로 구성되어, 유·도·불의 사상을 융합해 가르침을 주는 책이다. 철학박사 박승원에 의해 재구성되어 출간된『채근담』은 고전에 익숙하지 않은 독자들에게 그 의미가 잘 전달되지 않는 것을 제외한 239조목으로 편집되었다. 크게 전집과 후집으로 나누어 전집에서는 주로 사회에서 어떻게 처신하고 어떤 삶의 태도를 가져야 하는지를, 후집에서는 자연을 벗 삼아 살아가는 풍류의 삶을 다루고 있다.

불안을 받아들이면 인생이 달라진다!

불안을 치유하는 마음챙김 명상법

수전 M. 오실로 · 리자베스 로머 지음 | 한소영 옮김 | 값 17,000원

늘 쫓기듯 살아가며 만성적인 스트레스에 시달리는 사람들을 위한 책이 나왔다. '마음챙김'은 불안을 바라보는 시각을 바꾸고 불안으로 생긴 상처를 치유하기를 원할 때 가장 효과적인 방법이다. '마음챙김 명상법'은 지금까지 봐오던 것을 새로운 시각으로 바라보게 한다. 저자들은 이 책에서 마음챙김으로 불안과 씨름하는 것에서 어떻게 자유를 얻을 수 있는지 소개하고, 새로운 인생의 가능성을 보여주려 했다.

이순신의 인간적인 리더십, 그 진면목을 본다!

이순신의 말

이순신 지음 | 강현규 엮음 | 박승원 옮김 | 값 13,000원

420여 년 전 이순신은 장수로서 자식으로서 부모로서 어떤 생각을 했을까? 화려한 승전보 뒤에 숨은 그의 인간적 면모는 무엇이었을까? 그토록 어려운 상황에서 어떻게 백전백승을 거두었는가? 여기 그가 남긴 말들을 한 권의 책으로 엮어냈다. 이 책은 충무공 이순신이 직접 했던 '말'을 살펴봄으로써 이순신은 과연 누구인지, 그리고 왜 지금 한국 사회에 이순신과 같은 리더가 필요한지에 대한 답을 얻고자 한다.

인생을 살아가는 가장 기본적인 가르침

명심보감

추적 엮음 | 박승원 편역 | 값 13,000원

『명심보감』은 삶의 태도에 대한 깨달음과 반성의 기회를 갖게 하는 고전으로, 현 시대에서 우리가 취해야 할 태도와 앞으로 어떻게 살아가야 하는지에 대해 알려준다. 남녀노소 누구나 깨달음과 지혜를 얻을 수 있는 이 책을 통해, 혼란스럽고 어지러운 세상 속에서 올바른 길을 향해 나아가보자. 마음의 상처를 보듬어주고, 각박해져가는 우리 마음에 여유를 갖게 해줄 것이다.

나르시시즘을 극복하는 심리 치유법

나를 행복하게 하는 자기사랑의 기술

이계정 지음 | 값 15,000원

나를 행복하게 만드는 자기사랑의 기술을 알려주는 책이 나왔다. 이 책은 나르시시즘을 제대로 이해하기 위해 개념부터 치유 방법까지 다룬 심리 치유서다. 다양하고 풍부한 상담사례, 자칫 어렵게 다가올 수 있는 내용을 우리에게 익숙한 영화, 책, 음악을 통해 설명한다. 이 책을 통해 왜곡된 자기사랑으로 인해 고통받고 상처받는 삶에서 진정한 행복을 찾게 되는 자기사랑의 기술을 배워보자!

사진가 주기중이 들려주는 좋은 사진 찍는 법

아주 특별한 사진수업

주기중 지음 | 값 18,000원

사진을 사랑하는 사람들을 위해, 이제 막 사진을 시작하는 사람들을 위해『아주 특별한 사진수업』이 출간되었다. 30년 가까이 사진가로 현장을 누빈 중앙일보 시사미디어 포토디렉터 주기중이 사진이론을 아무리 열심히 공부해도 이론으로는 알기 어려운 사진의 본질에 대해 아주 명쾌하게 설명한다. 이 책은 사진의 기술적인 부분을 중점적으로 다루는 다른 책들과는 달리 사진의 본질을 탐구해보는 형식을 취한다.

영화감상, 이보다 더 즐거울 수는 없다!

영화를 좋아하는 사람이라면 꼭 알아야 할 70가지

주성철 지음 | 값 19,500원

〈씨네21〉 주성철 기자가 영화와 관련된 다양한 주제의 이야기를 모아 한 권의 책으로 엮었다. 더 많은 사람들이 영화를 진정으로 즐기기 위해 '영화에 어떻게 접근하면 더 즐겁게 감상할 수 있을지' 시범을 보이는 책이다. 영화를 보면서 당장 이해하지 못하더라도 영화에 편하게 다가 갈 수 있는 멋진 영화입문서다. 영화를 더욱 멋지게 향유하기 위한 방법을 자연스레 얻게 될 것이다.

내 안에 숨어있는 감정들과 만나자

감정이 있으니까 사람이다

황선미 지음 | 값 15,000원

자신의 감정을 잘 다루지 못해서, 혹은 적절히 표현하지 못해서 심리적인 어려움을 겪고 있다면 이 책에서 답을 찾아보자. 저자는 이 책을 통해 자신의 감정을 잘 알아차리고 적절히 활용할 수 있어야 한다고 주장한다. 또한 감정을 느끼고 표현하는 것이 부정적이라는 오해를 풀고자 했다. 더 나아가 일상적인 감정 이야기를 통해 '아, 나만 그런 것이 아니었구나!' 하는 공감과 위로를 제시한다.

고독한 인간에게 건네는 릴케의 격려

젊은 시인에게 보내는 편지

라이너 마리아 릴케 지음 | 김세나 옮김 | 값 13,000원

릴케의 사후 1929년에 처음 출간된 이 책은 릴케의 사상이 아름다운 문체로 쓰여 지금까지 수없이 많이 번역된 고전이다. 존재의 근원적인 문제, 신, 예술, 사랑과 성, 인생과 죽음, 고독에 대한 릴케의 생각이 담긴 이 열 통의 편지는 시인을 꿈꾸는 청년에게 들려주는 조언인 동시에 릴케의 자기 고백이자 다짐으로 알려져 있다. 릴케의 편지야말로 경쟁에 지친 우리의 지난한 갈증을 풀어줄 시원하고 맑은 샘물이 될 것이다.

먹는 것으로부터 자유로워지는 46가지

왜 나는 늘 먹는 것이 두려운 걸까

허미숙 지음 | 값 16,000원

폭식으로 힘들어하고 있다면, 마른 몸에 지나치게 집착한다면, 다이어트로 힘들어하고 있다면 이 책에서 답을 찾아보자. 섭식장애 때문에 힘들어하고 있는 사람들을 위해 섭식장애의 원인과 그 해결 방법을 엄선해 수록했다. 특히 섭식장애를 겪고 이를 극복한 사람들의 사례를 구체적으로 보여줌으로써 섭식장애에서 벗어날 수 있도록 돕고 있다. 이 책을 통해 '먹는 고통'에서 벗어나 '먹는 즐거움'을 느껴보길 바란다.

초보 사진가가 꼭 알아야 할 최소한의 지식

사진 초보자가 가장 알고 싶은 59가지

윤우석 지음 | 값 19,000원

좋은 사진을 찍고자 하는 욕심 있는 사진 초보자들이 가장 궁금해하고, 반드시 알아야 할 필수적인 지식 59가지를 엄선해 정리했다. 이 책에는 사진과 카메라의 간략한 역사부터 카메라 조작을 위해 필요한 기본 지식, 사진을 촬영하는 팁과 카메라를 관리하는 방법까지 다양한 주제를 핵심만 뽑아 실었다. 사진 초보자들을 위한 가이드북이자 사진에 열정을 담을 수 있는 뜨거운 안내서다.

서로의 마음속에 온기가 스며들다

사람과 사람 사이의 따뜻함이 그립다

이현주 · 노주선 지음 | 값 15,000원

인간관계로 힘들어하는 사람들을 위해 관계로부터 자유로워지는 심리학을 담았다. 직장내 상하 관계거나 동료 관계 혹은 사적인 관계 모두에서 서로를 향해 통로가 열려 있다고 믿는다면 갈등 상황에 놓이더라도 해결의 실마리는 함께 찾아나갈 수 있다. 우호적인 관계를 형성하기 위해서는 상대를 아는 것이 첫 걸음이다. 사람들과 제대로 소통하기 위한 심리학의 핵심 노하우들이 이 책에 모두 담겨져 있다.

난생 처음 클래식을 제대로 공부하다

5일 만에 끝내는 클래식 음악사

김태용 지음 | 값 16,000원

클래식에 관심은 갔지만 왠지 다가가기 어려웠다면 이 책을 읽어보자. 국제적 권위의 영국 클래식 저널 『the Strad』 및 『International Piano』 코리아 매거진의 클래식 음악 전문기자와 상임 에디터를 역임한 저자가 그동안의 경력을 살려 방대한 서양음악사를 흥미롭게 기술했다. 아는 만큼 들리는 클래식 음악, 이제 클래식 음악의 흥미진진한 역사 속으로 떠나보자! 이 책을 덮고 나면 오늘 길가에서 들리는 클래식 음악이 더욱 새롭고 흥미롭게 느껴질 것이다.

톨스토이가 인류에 전하는 인생의 지혜

톨스토이의 어떻게 살 것인가

레프 톨스토이 지음 | 이선미 옮김 | 값 13,000원

세계적인 대문호이자 사상가인 톨스토이의 생애를 관통하는 사상과 철학을 한 권으로 엮어낸 책이다. 이 책은 톨스토이가 동서양을 막론한 수많은 작품과 대작가들의 선집에서 직접 엄선해 엮은 철학 산문집을 현대에 맞게 발췌 · 재편집했다. 인생에 대해 끊임없이 고뇌한 톨스토이의 성찰이 담긴 이 책은 톨스토이가 죽음의 순간까지 반복해서 읽을 정도로 무한한 애정을 담은 단 한 권의 책으로 알려져 있다.

불안감을 다스리는 데 가장 효과적인 10가지 방법

왜 나는 늘 불안한 걸까

마거릿 워렌버그 지음 | 김좌준 옮김 | 값 16,000원

불안의 고통에서 벗어날 수 있는 해답을 담은 책이다. 심리학 박사이자 현장에서 불안장애 환자를 치료하는 임상심리 전문가인 저자가 불안함을 조절하는 뇌의 작동 원리를 명쾌하게 그리고, 심장에 대한 여러 가지 문제를 의학적으로 설명하면서 실제적인 조언을 전한다. 저자는 불안을 처리하는 신체 작동 원리를 알면 얼마든지 스스로 불안함을 조절할 수 있다고 강조한다.

인간 심리와 세상사의 진실을 꿰뚫는다!

성인을 위한 이솝우화

이솝 지음 | 이선미 옮김 | 값 13,000원

인간의 욕심과 시기심, 그리고 자만심에 대한 경고의 메시지가 적나라하게 담겨 있다. 권모술수가 난무하는 타락한 현실을 헤쳐 나갈 지혜가 가득한 이 책을 음미하며 읽어야 할 사람들은 바로 성인이다. 특별히 성인을 위해 기획된 이 책은 우리가 살아가는 현실 세계에 적합한 110편의 이야기를 엄선해 소개한다. 『성경』 다음으로 많이 읽힌 불멸의 고전 『이솝우화』는 여전히 현대인에게 주옥같은 인생의 지혜를 들려준다.

내 안의 나와 행복하게 사는 법

내면아이의 상처 치유하기

마거릿 폴 지음 | 정은아 옮김 | 값 16,000원

자신을 사랑하고 치유하며 성장하고 싶은 사람을 위해 쓴 책으로, 주변 사람들과의 관계와 인생을 풍요롭게 해줄 수 있는 소중한 지혜와 전략이 가득하다. 저자는 삶 속에서 상처받은 내면을 치유하고 혼란을 가라앉힐 수 있는 간단하고도 효과적인 방법들을 담았다. 이 책에 소개된 대로 내면아이에게 사랑을 베푸는 부모가 되면 자신에게 가장 사랑스럽고 믿음직한 친구가 될 수 있다.

공황장애에 걸린 사람이 꼭 알아야 할 것들

정신과 전문의 유상우 박사의 공황장애에서 벗어나기

유상우 지음 | 값 15,000원

공황장애의 이해부터 치료 방법과 극복 방법, 극복 과정에 이르기까지 공황장애의 모든 것을 한눈에 볼 수 있도록 정리한 지침서다. 이 책은 더이상 공황장애로 길을 잃지 않도록 이론과 실제를 꿰뚫는 명쾌한 설명을 통해 공황장애가 겪는 고질적인 문제를 극복할 수 있도록 돕는다. 복잡하고 어려운 의학용어를 쉽게 풀어 썼으며 보기 쉬운 도표와 그림을 곁들여 독자를 이해의 길로 이끈다.

사람들 사이에 친밀감을 얻는 7가지 방법

왜 나는 사람들과 어울리지 못하는 걸까

매슈 켈리 지음 | 신봉아 옮김 | 값 16,000원

우리 인생에서 가장 중요한 것은 무엇일까? 이 책은 우리의 인생은 사랑에 관한 것이며, 친밀함이 삶의 행복을 결정짓는 가장 중요한 요인이라고 강조한다. 인생은 우리가 소유한 돈·집·자동차에 관한 것이 아니라, 얼마나 많이 소유했느냐에 따라 인생의 가치가 달라지지 않는다고 설명한다. 이 책은 인생에서 가장 중요한 요소인 타인과 맺는 관계가 주는 의미를 통찰한다.

착한 사람들이 힘들어하는 9가지 이유

내 인생을 힘들게 하는 좋은 사람 콤플렉스

듀크 로빈슨 지음 | 유지훈 옮김 | 15,000원

좋은 사람 콤플렉스에 걸린 사람들은 남의 기대에 부응하기 위해 항상 노력하며 남들을 위한 일이라면 뭐든 발 벗고 나서면서도 사람들에게 아쉬운 소리 한 번 하는 법이 없다. 저자는 진정으로 좋은 사람이 되기 위해 남에게 비쳐지는 나보다 당당하고 솔직한 진짜 나로 살아갈 것을 당부한다. 이 책을 통해 내 안에 웅크리고 있는 나약한 어린아이의 실체를 똑바로 알고, 왜곡된 사고의 틀을 허무는 지혜를 터득할 수 있을 것이다.

문명의 발상지 터키로 떠나는 다크 투어리즘

우리가 미처 몰랐던 터키 역사기행

이종헌 글·사진 | 값 19,500원

이 책의 저자는 역사기행이라는 형식을 빌려 인간이 담긴 역사를 흥미롭게 풀어낸다. 특히 이질적인 요소들이 충돌하고 섞인 터키를 발로 뛰며 터키의 어제와 오늘을 기록한다. 결코 섞일 수 없을 것 같았던 문명과 종교가 섞이고 교차한 곳이 바로 터키다. 대륙·문명·인종·종교 등 여러 분야의 경계 지점이자 그 경계가 허물어진 터키에서 외신기자로 오랫동안 일한 저자의 시선으로 '화해와 공존'의 가치를 바라볼 수 있을 것이다.

눈치를 심하게 보는 당신, 왜 그러는 걸까?

왜 나는 늘 눈치를 보는 걸까

박근영 지음 | 값 15,000원

내 몸과 마음에 상처를 주고, 나와 타인의 가치에 해를 입히는 잘못된 눈치는 이제 그만 보자. 불안하고 소모적인 눈치가 아니라 생기 있고 야무지게 건강한 눈치를 보려면 어떻게 해야 할까? 이 책은 7가지 잘못된 눈치 보기에 대한 7가지 명쾌한 해결책을 선사한다. 말로는 정확하게 표현하기 힘든 눈치의 복잡한 맥락을 원시인류 시대로 거슬러 올라가 설명한 후 현대의 최신 심리 연구까지 분석하며 눈치의 속성을 속속들이 파헤친다.

명화와 함께 떠나는 마음 여행

나를 행복하게 하는 그림

이소영 지음 | 값 16,000원

명화와 조금 '더' 친해지기 위한 안내서다. 미술 교육자이자 미술 에세이스트인 저자가 힘들고 지칠 때 큰 위로와 용기를 주었던 그림들을 모아 엮은 책으로, 화가 혹은 명화에 얽힌 역사적 이야기와 개인적인 이야기를 함께 풀어냈다. 명화를 본다는 것은 결국 화가를 만나고, 사람을 만나고, 나의 내면과 만나는 일이다. 이 책을 통해, 그리고 명화를 통해 나를 찾고, 사회를 배우고, 관계를 이해하고, 위로를 받기 바란다.

■ 독자 여러분의 소중한 원고를 기다립니다

초록북스는 독자 여러분의 소중한 원고를 기다리고 있습니다. 집필을 끝냈거나 집필중인 원고가 있으신 분은 khg0109@hanmail.net으로 원고의 간단한 기획의도와 개요, 연락처 등과 함께 보내주시면 최대한 빨리 검토한 후에 연락드리겠습니다. 머뭇거리지 마시고 언제라도 초록북스의 문을 두드리시면 반갑게 맞이하겠습니다.

■ 메이트북스 SNS는 보물창고입니다

메이트북스 홈페이지 www.matebooks.co.kr

책에 대한 칼럼 및 신간정보, 베스트셀러 및 스테디셀러 정보뿐만 아니라 저자의 인터뷰 및 책 소개 동영상을 보실 수 있습니다.

메이트북스 유튜브 bit.ly/2qXrcUb

활발하게 업로드되는 저자의 인터뷰, 책 소개 동영상을 통해 책에서는 접할 수 없었던 입체적인 정보들을 경험하실 수 있습니다.

초록북스 블로그 blog.naver.com/soulmatebooks

1분 전문가 칼럼, 화제의 책, 화제의 동영상 등 독자 여러분을 위해 다양한 콘텐츠를 매일 올리고 있습니다.

메이트북스 네이버 포스트 post.naver.com/1n1media

도서 내용을 재구성해 만든 블로그형, 카드뉴스형 포스트를 통해 유익하고 통찰력 있는 정보들을 경험하실 수 있습니다.

STEP 1. 네이버 검색창 옆의 카메라 모양 아이콘을 누르세요.　STEP 2. 스마트렌즈를 통해 각 QR코드를 스캔하시면 됩니다.
STEP 3. 팝업창을 누르시면 메이트북스의 SNS가 나옵니다.